1일
1단어
1분으로 끝내는
미술공부

1일 1단어 1분으로 끝내는 미술공부

초판 1쇄 인쇄 2025년 4월 28일
초판 2쇄 발행 2025년 9월 26일

지은이 미술식탁
펴낸이 김종길
펴낸 곳 글담출판사 **브랜드** 글담출판

기획편집 이경숙·김보라 **영업홍보** 김지수
디자인 손소정 **관리** 이현정

출판등록 1998년 12월 30일 제2013-000314호
주소 (04029) 서울시 마포구 월드컵로8길 41 (서교동 483-9)
전화 (02) 998-7030 **팩스** (02) 998-7924
블로그 blog.naver.com/geuldam4u **이메일** geuldam4u@geuldam.com

ISBN 979-11-91309-82-9 (44080)
　　　　979-11-91309-15-7 (세트)

* 책값은 뒤표지에 있습니다.
* 잘못된 책은 바꾸어 드립니다.

만든 사람들
책임편집 김보라 **디자인** 손소정 **교정교열** 오지은

글담출판에서는 참신한 발상, 따뜻한 시선을 가진 원고를 기다리고 있습니다.
원고는 아래의 투고용 이메일을 이용해 보내주세요. 여러분의 소중한 경험과 지식을 나누세요.
이메일 to_geuldam@geuldam.com

1일 1단어 1분으로 끝내는 미술공부

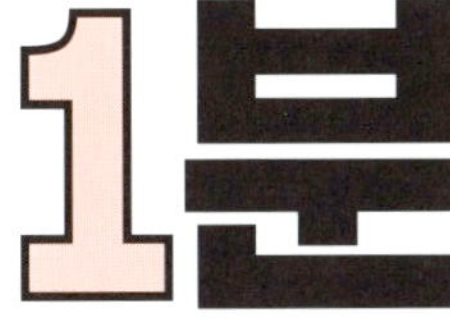

글담출판

'미술식탁'이라는 방송을 시작했을 때만 해도 과연 누가 미술 이야기에 귀를 기울일까 싶었습니다. 팟캐스트라는 매체 특성상 이미지를 보여줄 수도 없는데 말이지요. 하지만 친구들과 카페에 앉아 관심 있는 작가 또는 그림에 대해, 아니면 주말에 다녀온 전시 이야기를 나누는 것처럼 가벼운 마음으로 일단 시작해보기로 했습니다.

그렇게 다섯 명의 미술쟁이들이 모여 매주 한 가지 주제를 정하고, 각자의 자리에서 품어온 고민을 꺼내놓기 시작했습니다. 처음에는 중고등학교 교과서에도 자주 등장하는 익숙한 소재 또는 평소에 관심을 기울이고 있던 작가, 미술계 소식, 예술 관련 뉴스 등 소소한 이야기가 주를 이뤘습니다. 그러다 어느 순간부터 청취자가 사연과 질문을 보내주고, 때로는 각자가 미술 전시를 관람하며 받은 인상을 하나둘 풀어놓게 되었지요. 그렇게 '미술식탁'은 우리에게도 새로운 공부의 장이 되었습니다.

어느덧 6년, 방송은 여전히 이어지고 있습니다. 처음 시작할 때는 저희조차도 이렇게 다양한 주제로 끝없이 이야기를 나눌 수 있으리라 생각하지 못했습니다. 하지만 현재 업로드한 에피소드가 250회를 넘겼지요. 이제는 그 이야기를 책 속에 차곡차곡 눌러 담아보고자 합니다.

이 책은 미술을 쉽게, 그러나 얕지 않게 전달하려는 양영권, 권쌤, 사브레, 남미술, 영보이 다섯 사람의 마음이 담긴 결과물입니다. 크게 미술 개념, 미술사, 현대미술, 재료와 기법, 미술가, 미술관·박물관의 6개 장으로 나뉘며 전체 100개의 단어로 이야기를 풀어냈습니다. 미술을 다루는 책이라고 해서 작가나 작품에 편중되지 않고 미술의 다채로운 면을 보여주고자 오랜 논의와 고민을 거쳐 주제를 선정했습니다. 각각의 이야기는 짧지만 밀도 높은 설명과 함께, 우리가 살아가는 시대와 맞닿아 있는 미술의 맥락을 풀어내는 데 주안점을 두었습니다. 미술에 대한 지식 전달을 넘어 미술을 바라보는 시각과 사고의 확장을 경험할 수 있을 것입니다.

팟캐스트 방송과 연결되는 주제는 해당 회차의 내용을 들을 수 있도록 QR 코드를 제목 부분에 삽입했습니다. 책을 읽다가 더 자세히 알고 싶거나 가볍게 다시 떠올리고 싶을 때 귀로 듣는 미술 이야기가 또 하나의 통로가 되어줄 것입니다.

미술이 낯선 분도, 미술을 오래 공부해온 분도 모두 이 책을 통해 미술을 '나의 언어'로 말할 수 있는 경험을 해보시기 바랍니다. 우리는 언제나 그림 앞에서 정답보다는 질문을 얻었습니다. 그리고 그 질문은 언제나 우리의 삶과 맞닿아 있었습니다.

미술식탁 다섯 사람이 꼭꼭 눌러 담은 100가지 이야기가 당신의 삶에 한 줄기 색을 더해줄 수 있기를 바랍니다.

2025년 4월

미술식탁

차 례

2장 미술사

5장 예술가

1장

미술 개념

- ☑ 초상화
- ☐ 풍속화
- ☐ 정물화
- ☐ 조형 요소
- ☐ 색의 3속성
- ☐ 공공 미술
- ☐ 대지 미술
- ☐ 인터랙티브 아트
- ☐ 픽토그램
- ☐ 카툰
- ☐ 알레고리
- ☐ 오브제
- ☐ 선전 미술
- ☐ 아트테크
- ☐ 아카데미와 아방가르드
- ☐ 모더니즘
- ☐ 포스트모더니즘
- ☐ 패러디
- ☐ 개념 미술
- ☐ 오방색

1day

1Word

초상화

모습만 똑같다고 해서
잘 그린 초상화는 아니라고?

팟캐스트 미술식탁 106~108회

오랜만에 만난 친구가 많이 달라 보입니다. 화장법이나 머리 모양, 옷 입은 스타일이 바뀌어서 그럴까요? 하지만 꾸밈을 달리해도 친구를 바로 알아볼 수 있습니다. 여전히 코 왼쪽에 독특한 모양의 점이 있기 때문이지요.

얼굴의 점이나 눈썹 모양, 수염 같은 외양이 한 사람의 특징이 되어 다른 사람들에게 각인되는 경우가 많습니다. 또 얼굴의 흉터나 골격을 보고 그 사람의 성격이나 삶을 추측하기도 하지요. 지금이야 사진이 있지만 카메라가 없던 과거에는 초상화를 많이 그렸습니다. 인물의 성격이나 사회적 지위가 드러나게 표현했기 때문에 초상화는 중요한 역사 자료가 되기도 합니다.

절대왕정 시기에 잉글랜드 왕국을 통치한 여왕 엘리자베스 1세Elizabeth I(1533~1603)의 초상화에서도 역사적 내용을 찾아볼 수 있습니다. 엘리자베스 1세는 '짐은 국가와 결혼했다'라 공언하고 평생 독신으로 살며 잉글랜드를 유럽 강대국의 위치로 올려놓았습니다. 바다를 잘 아는 해적 출신 인물을 앞세워 에스파냐의 무적함대와 싸워 승리를 거둠으로써 해상무역 권한을 가져오는 성과를 이루기도 했지요. 나라를 위해서라면 해적과 손을 잡는 정책까지도 마다하지 않은 것입니다. 그럼 이제 엘리자베스 1세의 초상화를 볼까요? 화려한 드레스를 입은 엘리자베스의 뒤에 승리한 영국 함대의 모습과 전투에 패한 후 폭풍을 만나 좌초된 에스파냐 함대의 모습을 묘사한 그림이 보이네요. 위풍당당한 여왕의 모습과 그녀가 이룬 업적을 잘 보여주는

▲ 조지 고어(추정), 〈잉글랜드의 엘리자베스 1세〉, 1588

채용신, 〈고종 어진〉, 20세기 초 ▶

역사적 의미가 담긴 초상화입니다.

동양에서는 초상화를 그릴 때 인물의 외형뿐만 아니라 그의 정신까지 나타내야 한다는 '전신사조傳神寫照' 이론에 바탕을 두었습니다. 당대 화원들은 인물의 영혼이 그림 속에 깃들어 있다고 할 만큼 눈썹, 눈동자, 피부 상태, 수염, 의복 하나하나까지 공들여 꼼꼼히 묘사했지요. 조선 시대 초상화를 보면 그 사람의 성격, 사회적 신분과 함께 앓았던 질병까지 알 수 있을 정도라고 합니다.

특히 조선 후기에는 서양화의 화법이 한국화에 적용되어 더욱 입체적으로 발전했는데, 〈고종 어진〉이 그 대표작입니다. 얼굴의 명암과 함께 턱수염을 더욱 사실적으로 표현하기 위해 매우 얇은 붓으로 한 올 한 올 그렸으며, 눈의 안광을 표현하기 위해 물감을 천천히 그리고 깊게 스며들도록 여러 번 덧발랐습니다. 실제로 조선시대의 초상화는 전 세계적으로 얼굴 묘사와 표현이 탁월하다고 평가받고 있습니다.

풍속화

화가들도 그림 일기를 그렸다고?

팟캐스트 미술식탁 2회

우리나라 사람들이 국민 화가로 가장 먼저 떠올리는 사람은 단연 김홍도金弘道(1745~1806?)입니다. 김홍도는 조선 시대 풍속화의 대가입니다. 풍속화란 사회 각계각층에 있는 사람들의 생활상을 주제로 담아낸 그림이지요. 조선 중기까지 제작된 풍속화에는 대부분 관료나 공신 등 양반층이 그려졌으나, 조선 후기의 화가 김홍도는 실학의 영향을 받아 일반 서민의 생활상을 주로 그렸습니다. 김홍도 이후 소소한 일상을 담은 풍속화가 크게 유행했습니다.

김홍도의 『단원풍속도첩檀園風俗圖帖』은 서민의 일상을 스물다섯 점의 그림으로 그려 묶어낸 화첩입니다. 우리에게 익숙한 〈씨름〉, 〈서당〉이 이 화첩에 실려 있지요. 인물을 생동감 있게 표현하기 위해 배경을 과감히 생략하고 인물의 개성을 살려 등장인물 한 명 한 명이 각자의 이야기를 가진 듯한 느낌을 줍니다. 그런데 의외로 김홍도는 국가 기관인 도화서圖畵署(조선 시대에 그림 그리는 일을 관장하던 관청) 소속 화가였습니다. 왕의 초상화인 어진이나 국가와 왕실의 주요 행사를 기록하는 그림인 의궤를 그리는 화원 화가가 어떻게 풍속화를 많이 제작할 수 있었을까요? 거기에는 김홍도를 향한 정조의 총애가 있었습니다.

정조는 "무릇 그림에 관한 일은 모두 홍도가 하게 하라"라고 할 정도로 그를 아꼈습니다. 서민의 삶을 살펴보고자 김홍도에게 백성을 그린 풍속도를 그리도록 하명한 덕에 김홍도는 역사에 길이 남을 풍속화를 남길 수 있었지요. 김홍도의 작품에는

▲ 김홍도, 〈씨름〉, 〈서당〉, 조선 후기

웃통을 벗은 채 웃으며 벼 타작을 하는 사내들, 행복한 표정으로 흥겹게 춤추는 무동 등이 긍정적이고 해학적인 모습으로 담겨 있습니다. 물론 정조가 통치하던 기간 동안 나라가 발전하고 융성한 것은 사실입니다. 하지만 고단한 백성들의 삶이 그림만큼 행복하지는 않았겠지요. 김홍도가 정조의 신임을 받는 화원이었으니 태평성대에 백성들이 잘 살고 있다는 메시지를 풍속화에 담았다고 볼 수 있습니다. 그러나 백성을 아끼는 왕의 마음과 백성을 주제로 삼은 본격적인 그림이라는 점에서 김홍도의 작품은 높이 평가받고 있습니다.

김홍도와 함께 조선 시대 풍속화의 양대 산맥인 신윤복申潤福(1758~1814)은 남녀 간의 사랑 이야기와 양반의 풍류를 주제로 한 풍속화를 그렸습니다. 김홍도와 달리 섬세한 선과 산뜻한 색채로 표현했으며 특히 오방색을 또렷하게 사용해 다른 풍속화보다 화려한 분위기가 느껴집니다.

이러한 특징은 『혜원전신첩惠園傳神帖』에서 잘 드러납니다. 서른 점의 그림으로

이루어진 화첩으로 〈연소답청〉, 〈단오풍정〉이 실려 있습니다. 〈단오풍정〉은 여름 더위가 시작되는 단옷날에 여인들이 물가에서 몸을 씻고 창포물에 머리를 감는 풍습을 그린 작품으로, 그림 왼쪽 위에 그려진 바위 뒤에 숨어 여인들을 훔쳐보는 두 동자의 모습이 웃음을 자아냅니다.

조선 후기에 상업을 통해 부를 축적한 중인과 상인계층은 사대부와 취향이 달랐습니다. 신윤복은 그들의 취향을 반영해 향락적인 주제를 주로 다루었습니다. 보수적인 조선 시대에 남녀의 로맨스와 성性 이야기를 다룬 시도는 매우 파격적이었지요. 또 문인이나 화원 화가들이 주로 선택하는 수묵이 아니라 빨강, 노랑, 파랑 등 산뜻하고 선명한 원색을 사용해 경쾌한 느낌을 주었습니다. 이로 인해 신윤복은 조선

풍속화의 주제와 표현 방식을 다채롭게 만들었다는 평가를 받습니다.

서양에서도 일상생활을 주제로 한 그림을 그렸습니다. 유럽에서는 16세기 네덜란드를 중심으로 중세의 종교적 권위에서 탈피하고 민중 문화가 부흥하면서 풍속화가 발달했습니다. 그중 네덜란드 풍속화의 유행을 이끈 피터르 브뤼헐Pieter Brueghel the Elder(1525?~1569)은 하층민인 농민의 일상적인 모습을 정교하게 관찰하고 사실적으로 묘사해 '농부의 화가'라고도 불립니다. 브뤼헐을 풍속화의 선구자라고 하는 이유는 우리나라의 김홍도와 마찬가지로 평범한 서민의 삶 그 자체를 그림의 주제로 삼았기 때문입니다. 브뤼헐 이전의 작품에서는 서민의 삶이 주제로 등장한 적이 없었지요. 〈눈 속의 사냥꾼〉은 눈이 내린 마을에서 사냥을 끝내고 귀가하는 사냥꾼들의 모습을 그린 작품입니다. 왼쪽에는 모닥불로 돼지털을 그을리고 있는 사람들이 그려져 있어 매년 1월에 돼지를 도살하던 당시 풍습을 확인할 수 있습니다.

이처럼 풍속화는 당대의 생활상과 사회 분위기를 엿볼 수 있게 해줍니다. 또한 그림에 기록된 풍습이나 건축물, 의상 등 구체적인 생활 모습과 정서를 보여주는 예술 작품이자 역사 연구 자료로서도 가치가 높습니다.

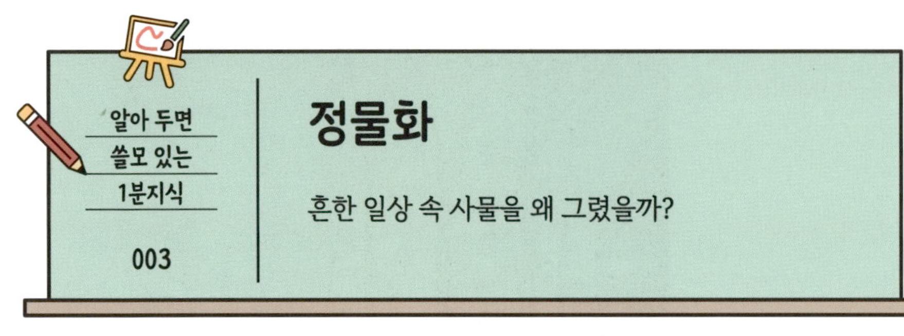

사람들은 예쁘고 귀한 물건을 보면 사진을 찍습니다. 모든 물건을 가질 수는 없으니 사진으로 찍어 간직하는 것이지요. 그렇다면 사진조차 찍을 수 없던 시절에는 어떻게 했을까요? 그 시작점이 바로 정물화입니다.

정물화란 '과일, 꽃, 화병 등 스스로 움직이지 않는 물체를 놓고 그린 그림'입니다. 학교 미술 수업 시간에 한번쯤은 그려보았을 만큼 우리에게도 친숙한 장르이지요. 정물화를 그릴 때 작가는 대상을 자유롭게 선택하고 배치하므로 사물을 놓은 구도나 선택한 제재에서 작가만의 시야나 개성이 드러납니다. 가령 친구들끼리 같은 음식을 앞에 두고 사진을 찍어도 각자 초점을 맞춘 부분이 다르듯이 말이지요.

정물화는 영어로 '스틸 라이프Still life'라고 합니다. 직역하자면 '멈춰 있는 생명'이라고 해석할 수 있는데 과일이나 꽃, 열매가 시들지 않고 그림 속에서 영원히 생생하게 살아 있음을 뜻하기도 합니다. 움직이지 않는 사물을 묘사한 정적인 그림이지만 한편으로 영원히 그 순간의 아름다움을 즐길 수 있게 된 것이지요.

그렇다면 정물화라는 장르는 언제 생겼을까요? 인류는 선사시대부터 그림을 그리기 시작한 이래 벽화나 도기 등에 열매나 꽃을 그려왔습니다. 하지만 정물화가 하나의 본격적인 미술 장르가 된 시기는 16세기 후반입니다. 르네상스 시대를 거치며 사실적 묘사가 회화의 중요한 기준이 되어 정물화로 연습하는 작가들이 등장했습니다. 또한 상공업이 발전하면서 상인들이 집을 꾸미기 위해 과일이나 꽃을 그린 그림

▲ 피터르 클라스, 〈바니타스〉, 1630

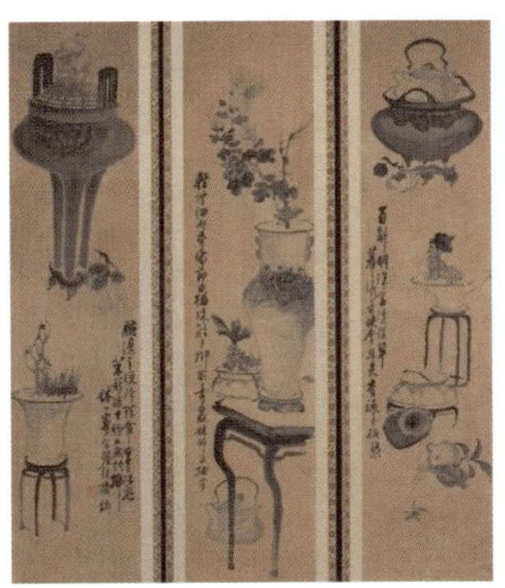

▲ 장승업, 〈기명절지도〉(부분),
19세기~20세기 초

을 구매하면서 전문 장르로 성장합니다. 재미있는 점은 비슷한 시기에 풍경화도 등장했다는 사실입니다. 상공업의 발달이 여행을 촉진하면서 여행에서 본 풍경으로 집을 장식하고 싶어 하는 수요가 생겼기 때문입니다.

한편, 정물화가 모두 화려한 것만은 아니었습니다. 16세기 네덜란드와 독일 일부 지역에서는 기독교 교리에 따라 청렴하고 소박하게 사는 생활을 강조했습니다. 덕분에 이 지역은 인간의 유한함과 물질이나 세속적 즐거움의 무상함을 일깨우는 '바니타스Vanitas' 정물화가 유행했습니다. 시들어버린 꽃이나 깨진 유리병, 비어 있는 술잔, 해골 등을 주요 소재로 한 바니타스 정물화는 절제되고 가라앉은 색조와 고요한 분위기가 캔버스 전체를 장악해 '인생의 덧없음'이라는 감정을 느끼게 합니다.

한국에도 정물화와 비슷한 '기명절지도器皿折枝圖'가 있습니다. 여러 가지 그릇과 꽃가지, 채소, 과일 등을 소재로 한 그림으로, 선비의 고고함을 보여주기 위해 주로 수묵으로 그렸습니다. 하지만 조선 말의 화가 장승업張承業(1843~1897)은 여기에 색을 더해 장식적이고 화려한 색감을 지닌 한국만의 기명절지도를 발전시켰습니다.

조형 요소

미술 작품을 구성하는 기본 요소는?

미술 작품을 구성하는 기본 요소를 '조형 요소'라고 합니다. 사람들이 모여 사회를 이루고 국가를 형성하는 것처럼 그림은 무수히 많은 점과 선, 형태, 색 등이 모여 형성됩니다. 이런 조형 요소를 이해하는 것이 미술 작품을 이해하는 데 기본이 됩니다. 조형 요소에는 앞서 말한 점·선·형·색 외에도 양감·질감 등이 있습니다.

조형 요소를 꼭 미술 작품에서만 찾아볼 수 있는 것은 아닙니다. 우리 주변의 자연물이나 인공물에서도 쉽게 볼 수 있습니다. 타일에서는 반복된 면plane이, 돌담에서는 다양한 형shape, form이 나타납니다. 돌담을 자세히 관찰해보면 맞닿아 있는 곳에서 선Line을 찾을 수 있고, 선이 모이는 부분에서는 점point이 나타난다는 사실을 알 수 있습니다. 사실 우리 눈에 보이는 모든 것은 조형 요소를 가지고 있습니다. 눈을 화려하게 사로잡는 색Color도 빼놓을 수 없습니다. 건널목의 신호등, 파란 하늘, 유치원생의 노란 모자 등 어떤 사물의 색은 우리에게 직관적인 인상을 형성해주는 주요한 수단이 됩니다.

양감Volume, mass은 물체의 부피나 덩어리감을 의미하는 용어로, 묵직하거나 두툼한 느낌을 말합니다. 미국 시카고 밀레니엄 파크에 설치된 아니쉬 카푸어Anish Mikhail Kapoor(1954~)의 〈구름 문〉은 무게 110톤의 거대한 스테인리스 조각으로, 한눈에 보기에도 매우 크고 육중하며 양감이 잘 느껴집니다. 스테인리스 표면이 빛을 반사해 작품이 더욱 굴곡져 보이는데 그 덕분에 명암shade이 매우 두드러집니다.

▲ 거친 질감이 느껴지는 그림

▲ 다양한 형이 나타나는 돌담

▲ 화려한 색의 열기구

▲ 아니쉬 카푸어, 〈구름 문〉, 2004~2006, 시카고 밀레니엄 파크

질감Texture은 거칠이나 매끄러움같이 사물 표면에서 전해지는 느낌을 말합니다. 반 고흐 작품의 질감이 독특한 이유는 붓이 아니라 나이프로 물감을 떠서 화면에 두껍게 바르는 임파스토Impasto 기법을 사용했기 때문이지요.

여러분이 좋아하는 미술 작품이나 옷, 모자, 공간을 자세히 살펴보면 아마 자신이 어떤 조형 요소를 좋아하는지 깨달을 수 있을 겁니다. 책을 덮고 주변을 한번 살펴보세요. 몰랐던 조형 요소의 세계가 눈에 들어오기 시작할 테니까요.

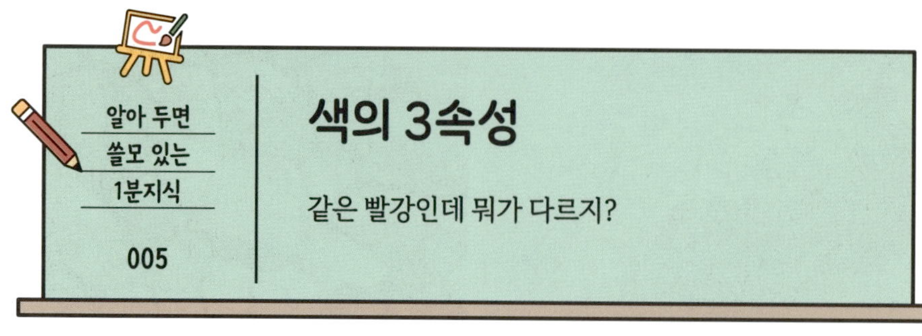

색의 3속성

같은 빨강인데 뭐가 다르지?

'하늘 아래 같은 빨강은 없다.'

한 커플이 있습니다. 여자가 남자에게 여러 색의 립스틱 사진을 보여주면서 어떤 색이 자신에게 더 잘 어울리는지 물어봅니다. 남자는 당황합니다. 남자의 눈에는 모두 다 똑같은 빨간색으로 보이기 때문입니다. 남자가 모두 같은 색 아니냐고 대답하자 여자는 모두 다른 색이라고 말하며 하늘 아래 같은 빨강은 없다고 말합니다.

같은 색상일지라도 분명히 차이는 존재합니다. 그렇다면 왜 조금씩 차이가 발생할까요? 바로 색상, 명도, 채도라는 세 가지 속성 때문입니다.

먼저 색상色相, Hue은 빨강, 노랑, 파랑 등 서로 다른 색을 구분 짓는 고유한 성질입니다. 색상을 구분하기 위해 색상환이라는 도구를 사용하는데, 색상환에서 서로 정반대의 위치에 있는 색을 보색이라고 합니다. 보색 관계인 두 가지 색상을 혼합하면 검정에 가까운 무채색이 됩니다. 서로 극명하게 대비되므로 두 색을 함께 두면 시

▲ 다양한 명도와 채도의 빨간색 립스틱

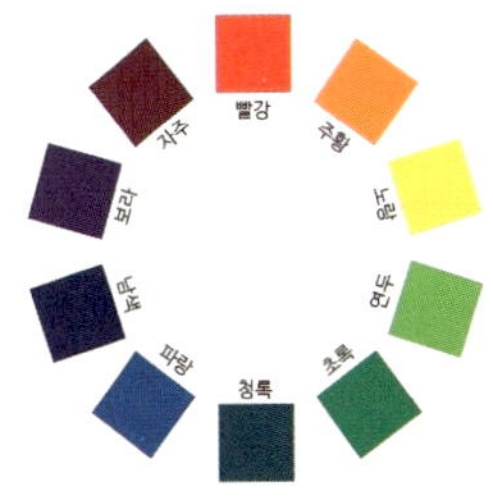

▲ 색상에 따라 색을 둥글게 배열한 색상환

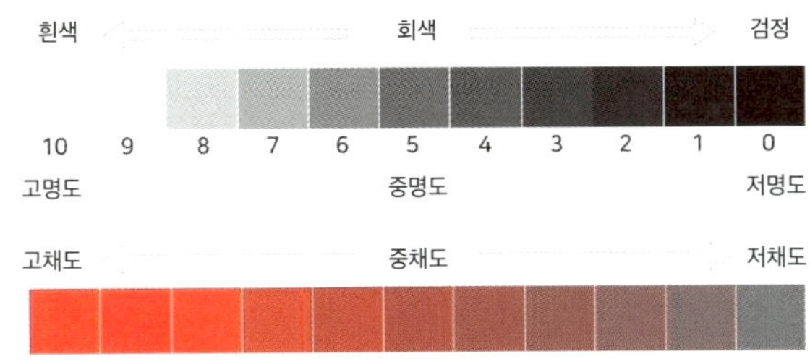

▲ (위) 명도 단계. 명도 0은 밝은 정도가 0이라는 뜻으로 검정에 가깝도록 어두워집니다. (아래) 빨강의 채도 단계

각적 집중 효과가 뚜렷해집니다.

두 번째 요소인 명도明度, Brightness는 색의 밝고 어두운 정도를 말합니다. 명도는 0~10단계로 구분하는데 어두울수록 명도가 낮고(0) 흰색에 가까울수록 명도가 높습니다(10).

마지막으로 채도彩度, Saturation는 색의 선명한 정도를 말하며, 어떤 색도 섞이지 않은 원색에 가까운 색을 '채도가 높다'라고 합니다. 팔레트에 빨강 물감을 짠 다음 점차 회색을 섞는다고 가정해보면 처음 짠 빨강은 순수한 원색으로 채도가 매우 높지만 여기에 다른 색을 섞으면 빨강의 순수한 정도가 줄어들고 탁해져 채도가 낮아집니다. 빨강처럼 채도를 지닌 색은 유채색이며, 흰색이나 회색, 검은색같이 채도를 지니지 않은 색을 무채색이라고 부릅니다.

같은 빨강 안료를 사용하더라도 노란색이나 파란색 등 조금씩 다른 색상을 섞거나 흰색 또는 검정을 섞어 채도와 명도에 차이를 준다면 앞서 보았던 각기 다른 느낌의 빨간색 립스틱을 만들 수 있습니다.

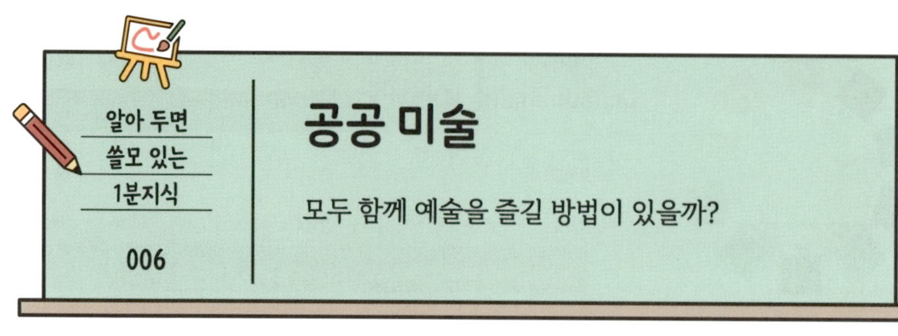

'미술은 어렵다.'

대부분의 사람이 생각하는 '어려운 미술'은 현대 미술이나 추상화일 확률이 높습니다. 그러면 '쉬운 미술'은 없을까요? 혹은 미술을 쉽게 이해하는 방법은 무엇일까요? 1960년대 이후 이 질문에 대해 많은 작가들이 고민했습니다.

통상적으로 1900년대부터 1960년대 사이의 미술을 모던 아트라고 지칭합니다. 대부분의 모던 아트 작품은 예술가의 생각을 표현해내는 과정을 거치거나 철학적 의미를 지니고 있어 일반 대중이 이해하기에는 시간도 오래 걸리고 복잡했지요. 제2차 세계대전이 끝난 1960년대부터는 위성통신의 등장과 컬러 텔레비전의 보급이 대중문화 확산에 기여했고, 쉽고 재미있는 문화를 소비하려는 대중의 욕구가 예술계에도 많은 영향을 미쳤습니다. 기존의 모던 아트는 특정 사람들만 이해하는 어렵고 난해한 엘리트 미술로 취급받게 되었고, 새로 등장한 신진 예술가들은 어떻게 하면 예술을 대중화할 수 있을지 고민했습니다.

그렇게 등장한 분야 중 하나가 바로 공공 미술입니다. 미술 작품을 보기 위해 전시관을 방문하는 것부터가 진입 장벽이라고 생각한 예술가들이 전시장에서 작품을 해방시켜 대중이 일상에서 쉽게 예술을 즐길 수 있도록 공공장소로 미술 작품을 끌고 나온 것입니다.

2021년 서울 잠실의 석촌호수에 거대한 오리 풍선이 나타났습니다. 설치예술가

▲ 플로렌타인 호프만, 러버덕 프로젝트

▲ 부산 감천 문화마을

플로렌타인 호프만Florentijn Hofman(1977~)의 '러버덕 프로젝트Rubber duck project'였습니다. 2014년 같은 장소에서 프로젝트를 진행했을 때는 약 1개월간 480만 명의 관람객이 다녀갔고 SNS에 올라온 '러버덕 인증샷' 게시물만 10만 건에 육박했다고 합니다. 그렇다면 러버덕에는 어떤 특별한 의미가 있을까요? 한 인터뷰에서 호프만은 "러버덕 프로젝트에는 국경도 경계도 어떠한 정치적 의도도 없다."라고 말하며 전 세계인이 어린 시절 추억을 떠올리고 웃으며 긴장을 해소할 수 있기를 바란다고 밝혔습니다. 불특정 다수가 모인 공공장소에서 대중이 러버덕을 보고 즐거워하는 상황 자체가 예술을 감상하는 행위가 된 것이지요. 보기만 해도 가슴이 벅차오르는 광화문 광장의 세종대왕상과 이순신 동상이나 생동감이 느껴지는 부산 감천 문화마을의 벽화도 공공 미술의 좋은 사례입니다.

설치된 장소의 의미와 어울리는 상징성, 시각적 아름다움을 나타내는 심미성, 모두가 소유하고 즐기는 공공성 등 공공 미술은 대중이 쉽게 접할 수 있는 만큼 고려해야 할 요소가 많습니다. 이 중 하나라도 소홀히 하면 그 작품은 오히려 대중의 비난을 받을 수 있으니까요.

대지 미술

돌만 쌓았을 뿐인데 작품이라고?

팟캐스트 미술식탁 90회

오른쪽 면의 위에 있는 사진을 봅시다. 자연에서 구한 돌과 모래로 호수를 빙 둘러 만든 이 작품의 제목은 〈나선형 방파제〉입니다. 그런데 물감으로 그리지도, 점토로 만든 것도 아닌 것을 작품이라고 할 수 있을까요?

이처럼 전시장을 벗어나 땅, 바다, 산 등의 대자연에 작품을 만드는 분야를 '대지 미술'이라고 합니다. 〈나선형 방파제〉는 호수 담수량의 변화로 달라지는 수면 높이에 따라 서서히 모양이 변합니다. 대지 미술 작품은 기후 변화나 자연 현상에 따라 매 순간 다른 모습을 보여줍니다. 그렇기에 대지 미술은 그 무엇도 누군가의 소유가 될 수 없고 모든 것은 영원할 수 없으며, 인간의 삶 또한 그와 같다는 메시지를 전합니다. 물론 작가는 대지 미술 작품의 제작과 변화, 소멸 과정을 영상이나 사진으로 남기기도 합니다. 작품이 전시되는 동안 자연 그 자체가 미술관이 되는 것이지요.

대지 미술의 시작은 공공 미술과 닮아 있습니다. 미술 작품을 비싸게 사고파는 엘리트 위주의 시장에서 중요한 점은 '얼마에 거래되었는가?', '어떤 작가가 최고가를 경신했는가?'였습니다. 하지만 대지 미술 작가들은 팔 수 없는 작품을 계획하고, 비싼 대여료를 내고 작품을 전시할 필요도 없으며, 아무도 소유할 수 없는 작품을 창조합니다. 누구도 범접할 수 없을 만큼 커다란 사이즈는 덤이지요.

세계적인 대지 미술 작가인 크리스토와 잔클로드는 자연 환경과 함께 거대한 건축물, 인공적 형태를 함께 보여주려 했습니다. 거대한 건물을 천으로 감싸버리면 원

래의 형태와 기능은 알아볼 수 없고 그저 단순한 형태만 남아 시각적 재미와 함께 건물의 사회문화적 의미를 되새겨볼 수 있겠다고 생각했지요. 두 사람의 시도는 무척 참신했습니다. 그러나 건물과 섬, 산을 이용하려면 지방 자치 단체의 협조가 반드시 필요했습니다. 그들의 대표 작품인 〈포장된 베를린 국회의사당〉 프로젝트는 무려 1971년부터 1994년까지 관계자를 설득해야 했고, 24년 만에 독일 의회의 승인을 받아 진행할 수 있었다고 합니다.

이 외에도 자신이 걸었던 흔적을 자연에 기록한 리처드 롱Richard Long(1945~), 계절과 날씨에 따라 달라지는 자연물을 모아 형상을 만드는 앤디 골드워시Andy Goldsworthy(1956~) 등이 대표적인 대지 미술 작가로 손꼽힙니다. 대지 미술은 현대를 살아가는 우리에게 많은 시사점을 안겨줍니다. 무분별한 개발과 물질 만능주의가 만연한 오늘날의 삶을 돌이켜보고 나아가야 할 방향이 어디인지 생각하게 합니다.

인터랙티브 아트

작품을 만져도 된다고?

팟캐스트 미술식탁 50회

상상과도 같은 작품이 2012년 영국 런던 바비칸 센터에 전시되었습니다. 예술가 집단 랜덤 인터내셔널의 설치 작품 〈레인 룸〉은 인체 감지 센서를 활용해 비가 쏟아지는 방에서도 관람객이 비를 맞지 않고 자유롭게 걸을 수 있도록 한 설치 작품입니다. 관람객이 작품을 보는 데 그치지 않고 그 속으로 직접 들어가 듣고 냄새를 맡으며 온몸으로 느낄 수 있습니다.

인터랙티브 아트interactive art는 '상호 간'이라는 뜻의 '인터inter-'와 '활동적'이라는 뜻의 '액티브active'의 합성어로 관객과 상호 작용하는 예술을 말합니다. 인터랙티브 아트는 매체를 통해 관람자의 참여를 유도하고, 그로 인해 유발된 행위와 그 변화 과정까지 예술의 일부로 받아들이는, 말 그대로 소통하는 예술입니다.

인터랙티브 아트는 1990년대 초, 컴퓨터 기반 상호작용 기술이 발달하면서 예술

◀ 랜덤 인터내셔널, 〈레인 룸〉, 2018,
아랍에미리트 샤르자

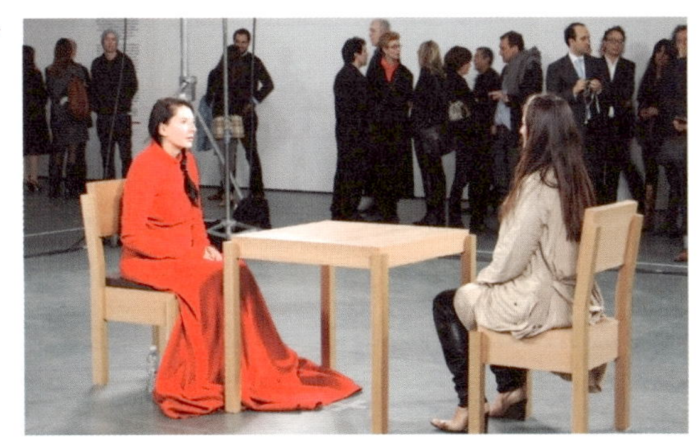

마리나 아브라모비치,
〈예술가와 마주하라〉, 2010

의 한 분야로 자리 잡기 시작했습니다. 하지만 1990년대 후반까지 예술계에서 정식으로 인정받지는 못했지요. 사람들이 이것을 공학 분야로 볼지 예술 분야로 볼지 정하지 못했기 때문입니다. 예를 들어 음악에 맞춰 색색의 조명과 다양한 모양의 물줄기를 내뿜는 음악 분수를 공학적 시설물로 보아야 할지 예술적 조형물로 보아야 할지 논의를 거듭했던 것처럼 말이지요.

현재 인터랙티브 아트는 단순히 컴퓨터 기기에 국한되지 않고 디지털 기술을 활용한 조각, 회화, 설치 작품까지 포괄하는 예술 분야로 인정받고 있습니다. 그렇다면 인터랙티브 아트에는 반드시 디지털 기기가 필요할까요? 그렇지는 않습니다. 2010년 뉴욕 현대 미술관MoMA에서 진행한 퍼포먼스 〈예술가와 마주하라〉는 어떤 디지털 기기도 없이 텅 빈 공간에 테이블 하나와 의자 두 개만 놓고 진행되었습니다. 의자 하나에는 행위예술가 마리나 아브라모비치Marina Abramović(1946~)가 앉았고, 관람객이 다가와 작가의 반대편에 있는 의자에 앉는 순간 작품이 시작됐습니다. 예술가를 마주한 사람들의 다양한 반응이 그 자체로 작품이 된 것이지요. 예술가와 마주 보며 미소를 짓는 사람이 있는가 하면 한없이 울면서 위로받았다는 사람도 있었습니다.

관객이 있어야만 결과가 생성되는 작품이라는 측면에서 인터랙티브 아트는 흥미로운 예술입니다. 하지만 짜인 알고리즘 내에서 일정한 결과만 반복 출력되므로 예술보다는 체험에 가깝다는 비판도 있습니다. 여러분은 어떻게 생각하나요?

픽토그램

전 세계인을 하나로 만들어주는 그림의 정체는?

'그림만 봐도 알 수 있잖아.'

전 세계에는 몇 개의 언어가 있을까요? 대략 81억 명이 살고 있는 지구에는 현재 약 7,000여 개의 언어가 공존한다고 합니다. 그런데 이렇게 다양한 사람들을 통하게 만들어주는 언어가 있습니다. 바로 그림이지요. 서로 언어는 다르더라도 그림을 보고 이해하는 것은 전 세계 공통입니다. 이러한 특징을 바탕으로 언어가 통하지 않아도 전 세계 누구나 그림만 보고도 의미를 이해할 수 있도록 만든 시각 언어를 '픽토그램pictogram'이라고 합니다.

말이 전혀 통하지 않는 외국에 있다고 생각해봅시다. 화장실에 가고 싶은데 아무도 내 말을 알아듣지 못할 때 우리는 어떻게 할까요? 바로 화장실 표지판을 찾습니다. 건물 안에서 길을 잃었을 때는 엘리베이터나 비상구를 나타내는 그림을 보고 이동합니다. 이런 그림이라도 없다면 바디랭귀지로 설명하느라 진땀을 빼겠지요.

픽토그램은 그림 하나로 표현하고자 하는 의미를 파악할 수 있도록 만든 대표적인 시각 언어입니다. 어떤 픽토그램

▲ 비상구 픽토그램

▲ 한자를 응용한 2008년 중국 베이징 하계 올림픽 픽토그램　▲ 한글을 응용한 2018 대한민국 평창 동계 올림픽 픽토그램

은 전 세계에서 공통으로 쓰이기도 합니다. 대표적인 것이 비상구 픽토그램입니다. 긴급하게 도망쳐야 하는 상황에서도 쉽게 눈에 띄고 모든 사람이 동일하게 이해해야 하므로 1982년 국제 표준이 만들어졌습니다. 사실 여기에는 슬픈 사연이 있습니다. 1972년 일본 센니치 백화점에서 화재가 발생했는데, 큰불이 아니었음에도 많은 사람이 사망했습니다. 나중에 밝혀진 바에 따르면 비상구 표시가 잘 식별되지 않았다고 합니다. 이런 사고를 예방하기 위해 많은 사람들이 노력한 끝에 오늘날 전 세계 공통으로 사용되는 비상구 픽토그램이 탄생했습니다.

　또 하나의 재미있는 이야기도 있는데요. 국제 표준 픽토그램과 달리 올림픽 픽토그램은 개최국마다 자국의 특징을 반영해 개성 있는 스타일로 만듭니다. 같은 종목이라도 국가별 특색을 반영해서 만들지요. 2008년 중국 베이징 하계 올림픽과 2018년 한국평창 동계 올림픽에서는 각각 한자와 한글의 글씨체를 응용해 경기 종목을 표현하는 독창성을 보여주었습니다.

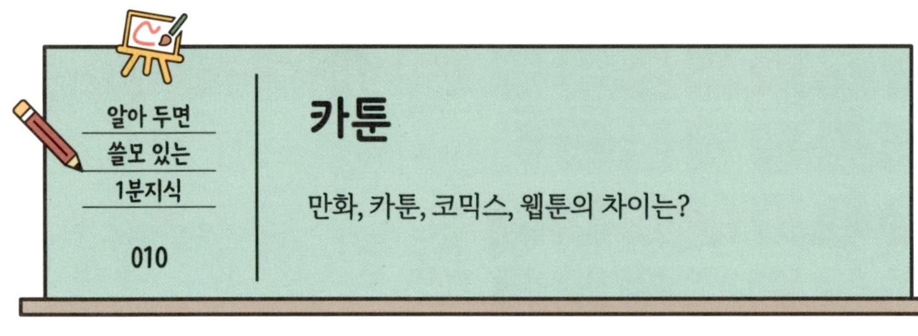

국어사전을 찾아보면 '만화'의 첫 번째 의미로 '이야기 따위를 여러 장면으로 그린 그림'이라고 기재되어 있습니다. 우리가 일상생활에서 일반적으로 많이 쓰는 단어지요. 세계적으로 유명한 만화 채널로 '카툰네트워크'라는 회사가 있습니다. 여기에서 '카툰cartoon'은 한국어의 '만화'와 같은 뜻으로 쓰였습니다. 하지만 '카툰'은 좀 더 한정적인 의미로도 사용되는데, 국어사전을 보면 '주로 정치적 문제를 풍자하기 위해 과장해 그린 만화'라고 나와 있습니다. 즉 우리가 아는 스토리 위주의 만화가 아닌 사회참여적 성격을 지닌 풍자만화를 지칭하지요.

카툰은 19세기 중반 프랑스에서 처음 시작되었습니다. 카툰이라는 명칭도 프랑스어 '카르통carton'에서 비롯되었지요. 프랑스 대혁명 이후 정치적 혼란이 계속되면서 사회가 혼란해지고 빈부격차가 극심해졌습니다. 그런 가운데 정부가 부자들의 세금은 감면해주고 서민들의 세금만 크게 인상하자 화가 오노레 도미에Honoré Daumier(1808~1879)가 〈가르강튀아〉라는 석판화를 주간지에 발표합니다. 의자에 앉아 있는 뚱뚱한 거인의 입에 긴 판자가 연결되어 있고, 가난한 백성들이 금화를 등에 지고 그의 입을 향해 걸어 올라가고 있습니다. 이 거인은 국왕 루이 필리프 1세입니다. 왕의 의자 밑에는 정치가와 법관들이 왕의 배설물로 표현된 이권을 차지하기 위해 모여 있습니다. 이 한 장의 그림으로 프랑스 사회는 발칵 뒤집혔고 도미에는 6개월간 감옥살이를 했습니다. 사회비판적 내용을 신랄하게 풍자한 도미에의 판화 작품들은

▲ 오노레 도미에, 〈가르강튀아〉, 1831

▲ 웹툰을 따라 그리고 있는 학생

민중의 큰 공감을 얻었고, 풍자만화라는 의미를 지닌 카툰의 시작이 되었습니다.

오늘날 카툰이란 용어는 지역마다 조금씩 다른 의미로 통용됩니다. 유럽에서는 일반적인 만화를, 미국과 한국에서는 신문이나 뉴스에 삽입된 풍자만화를 카툰이라 부르지요. 전문용어로는 '만평'이라고도 합니다.

만평이 아닌 일반적인 만화는 '코믹스comics'라고 하는데, 주로 스토리가 있는 장편 만화를 책으로 묶은 것을 지칭합니다. 토르, 아이언맨, 슈퍼맨, 배트맨 등의 히어로로 유명한 '마블코믹스'와 'DC코믹스'가 만화책으로 시작한 회사들이지요. 영상으로 제작한 만화는 '애니메이션animation'이라고 하는데, '움직인다'라는 의미의 라틴어 '아니마투스animatus'에서 따왔다고 합니다.

최근에는 인터넷 환경이 일반화됨에 따라 웹에서 만화를 보는 사람이 증가하면서 웹사이트와 카툰의 합성어인 웹툰webtoon이라는 장르가 새로 등장했습니다. 웹툰은 한국에서 만들어진 용어입니다. 외국에서는 웹코믹(웹사이트+코믹스)이라는 단어가 일반적으로 쓰이다가 한국의 웹툰이 인기가 많아지며 해외로 진출하면서 고유명사로 굳어졌습니다. 현재 한국 웹툰은 2022년 기준 매출액이 1조 8천억 원에 이르며 해외 각국에 수출되었고, 특히 일본 내 디지털 만화 플랫폼 점유율 1위를 한국 업체가 차지할 정도로 놀라운 성장을 거듭하고 있습니다.

알레고리

문학 작품에만
은유와 암시가 있는 게 아니라고?

팟캐스트 미술식탁 125회

'여우와 두루미' 이야기 아시지요? 장난기 많은 여우가 두루미를 집에 초대해 납작한 그릇에 수프를 담아 대접합니다. 부리가 긴 두루미가 수프를 먹지 못하자 여우가 두루미의 몫까지 먹어버립니다. 여우의 장난에 속이 상한 두루미가 이번에는 여우를 자기 집으로 초대해 목이 긴 호리병에 음식을 담아 여우에게 대접합니다. 주둥이가 짧고 뚱뚱한 여우는 음식을 집어 먹을 수가 없었지요. 이 우화에서 전달하려는 주제는 무엇일까요? 바로 상대방을 배려하는 마음을 가져야 한다는 교훈입니다. 표면적인 이야기에 숨어 있는 진짜 의미를 여우와 두루미라는 대상을 통해 은유적으로 나타낸 것이지요. 이렇게 전달하고 싶은 내용을 은유와 암시 등의 방법을 써서 비유적으로 표현하는 기법을 '알레고리allegory'라고 합니다. 미술 작품에서도 알레고리를 통해 주제를 전달하는 경우를 많이 찾아볼 수 있습니다.

이탈리아 화가 아뇰로 브론치노Agnolo Bronzino(1503~1572)의 〈미와 사랑의 알레고리〉를 봅시다. 작품 제목에서부터 미와 사랑을 주제로 다양한 알레고리를 도상으로 표현했음을 알 수 있습니다. 도상이란 큐피드의 화살, 가면, 장미처럼 무언가를 상징하는 형상을 지칭합니다. 도상이 상징하는 바를 이해하고 숨은 의미와 의도를 파악하면 알레고리를 이해할 수 있습니다.

이 작품의 중앙에 등장하는 인물은 비너스와 그녀의 아들 큐피트입니다. 그런데 거의 입술이 맞닿아 있습니다. 또한 사랑을 상징하는 큐피트의 화살은 다름 아닌 비

너스의 손에 들려 있어 두 등장인
물이 엄마와 아들인 동시에 부적절
한 사랑의 모습을 보여주는 알레고
리임을 유추할 수 있지요.

비너스의 오른쪽으로 장미꽃을
던지고 있는 아이와 그 뒤로 인간
과 동물의 몸이 합쳐진 기이한 모
습의 여인을 볼 수 있습니다. 가시
로 덮인 장미꽃 줄기를 천진난만하
게 던지는 아이는 '어리석음'을, 손
의 좌우가 바뀌어 있고 한쪽 손에
가면을 든 여인은 '변덕스러움'과
'기만', '이중적인 모습'을 의미합니

▲ 아뇰로 브론치노, 〈미와 사랑의 알레고리〉, 1503

다. 이 외에도 '질투', '망각' 등이 사람의 모습으로 표현되어 있습니다. 이 작품이 보
여주고자 하는 알레고리는 순간의 쾌락만을 추구하는 부적절한 관계에는 고통과 파
멸이 따르니 진실된 사랑을 추구해야 한다는 것으로 추측할 수 있습니다.

수수께끼를 푸는 것처럼 작품 속 도상과 상징의 숨은 의미를 찾는 과정은 흥미롭
습니다. 그러나 알레고리를 이해하려면 그 시대의 문화와 언어, 사람들의 사고방식
을 알아야 하기에 관련 기록이 남아 있지 않은 시대의 작품들 중에는 아직까지 의미
하는 바를 알 수 없는 작품도 상당수 존재한다고 합니다. 마치 더 이상 사용하지 않
는 유행어나 줄임말처럼 말이지요.

오브제

벽에 붙인 바나나도 미술 작품이 될 수 있을까?

"이 바나나 1개의 가격은 1억 5,000만 원입니다."

바나나 1개가 1억 5천만 원에 팔렸다면 믿을 수 있나요? 그것도 한 송이가 아니라 1개의 가격입니다. 사건은 2019년, 세계적으로 규모가 큰 국제 아트 페어 중 하나인 아트바젤 마이애미에서 벌어졌습니다. 이탈리아 예술가 마우리치오 카텔란 Maurizio Cattelan(1960~)이 아트 페어 근처를 돌아다니다 우연히 눈에 띈 바나나 한 송이를 사서 전시장으로 돌아와 회색 덕트 테이프로 벽에 붙인 뒤 〈코미디언〉이라는 제목을 달았습니다. 그리고 이 작품을 한 프랑스 컬렉터가 1억 5천만 원에 구매했지요. 작가의 의도는 단순했습니다. 아트 페어에서 갤러리의 역할, 작가가 마켓에서 선보이는 작품, 가격의 형성 과정 등 미술 시장에서 생겨나는 여러 가지 문제점을 보여 주려 한 것입니다.

이렇게 작가가 직접 만들거나 그린 것이 아닌 기존 제품에 의미를 담아 표현하는 기법을 '오브제Objét'라고 부릅니다. '오브제'는 프랑스어로 물건 또는 물체를 의미하는데, 일상생활 용품이나 자연물, 미술과 관련 없는 물체를 본래의 용도와는 다르게 미술 작품을 제작하기 위해 물체의 일부를 이용하거나 파편을 콜라주해 표현하는 방식으로 활용됩니다. 일상에서 볼 수 있는 물체들을 이용해 새로운 느낌을 전달할 수 있기에 오브제는 현대 미술가들이 애용하는 방법으로 자리 잡았습니다. 유명 가전제품 브랜드 시리즈 이름 중에도 '오브제'가 있는데, 가전제품에 가구라는 개념 그

▲ 마우리치오 카텔란, 〈코미디언〉, 2019

▲ 카텔란의 〈코미디언〉을 패러디한 학생 작품. 현대 미술에 열광하면서 자연에는 무관심한 사람들의 모습을 비판하기 위해 나뭇가지를 테이프로 붙였습니다.

리고 예술적인 존재를 합쳐 새로운 느낌을 주는 존재의 탄생이라는 예술적 이미지를 부여했지요. 이는 현대 미술용어를 차용한 마케팅 전략의 사례입니다.

　오브제라는 개념은 현대로 오면서 점점 그 범위가 넓어지고 있습니다. 기계문명의 산물인 공산품을 예술적 재료로 본다는 의미로 '레디메이드ready-made'라고 부르는 한편, 오브제들을 결합해 조각을 만드는 방법을 '아상블라주assemblage'라고 부릅니다. 버려지는 쓰레기를 이용하는 '정크 아트junk-art'도 넓은 범주에서 오브제라고 볼 수 있습니다. 오브제는 작품에 의미를 담아 설명하는 개념적 측면이 훨씬 중요하므로 감상자는 물체 자체보다는 작품 이면에 숨은 부분을 이해하기 위해 노력해야 합니다.

선전 미술

그림으로 생각과 신념을 조작할 수 있을까?

내가 옳다고 생각하는 신념이나 가치관을 상대방도 그렇다고 느끼게 하려면 어떤 방법을 사용해야 효과적일까요?

예술은 일상 속에 자연스럽게 의미나 의도가 스며들도록 만들어주는 아주 효과적인 장치입니다. 인류의 발전을 돌이켜 보면 이미 증명된 사실이지요. 키가 작은 나폴레옹을 그림에서 당당하고 다부진 체격으로 묘사하는가 하면, 실제 전쟁에서는 배고픔 속에 지쳐 간 군인들을 영웅처럼 표현한 조각이 많습니다. 과거에는 주로 예술이 담당했던 이런 역할을 오늘날에는 대중 매체와 인터넷이 담당하고 있습니다. 대단한 기능이 있다거나 너무나 아름다워 보이는 제품의 광고를 보고 듣다 보면 왠지 꼭 사야만 할 것 같은 기분이 들지요. 최근에는 가짜 뉴스로 인해 올바르지 않은 내용을 사실로 믿고 실천으로 옮기는 일도 많아지고 있습니다. 이렇듯 조작된 신념과 가치관을 형성하고 전달하면서 다른 사람들의 사고방식을 바꾸는 것을 '선전' 혹은 '프로파간다propaganda'라고 합니다.

1917년까지 러시아는 왕조였습니다. 노동자와 농민은 왕조 아래에서 고된 삶을 사는 데다 전쟁의 패배까지 더해져 경제적 어려움을 호소했습니다. 개혁이 필요했지요. 이때 레닌(1870~1924)의 주도 아래 혁명이 일어납니다. 그 결과 1922년 소비에트 사회주의 공화국 연방(소련)이 수립됩니다. 1924년 레닌이 갑작스럽게 사망하자 스탈린(1879~1953)이 집권합니다. 그는 빠르게 독재정치 체제를 구축하고 모든 경제

▲ 소련의 선전 포스터. 구스타프 클루트시스, 〈마르크스, 엥겔스, 레닌, 스탈린이라는 기치 아래〉, 1933

활동을 비롯해 문화 활동까지 국가에서 관리하며 국가 체제에 동조하지 않는 활동을 억압하고 개인의 자유를 제한했지요. 예술 부문에서도 혁명을 성공적으로 이끈 인물들을 영웅적으로 묘사하는 '선전 미술'만을 부각하고 나머지는 철저히 억압했습니다.

1933년에 제작된 포스터 〈마르크스, 엥겔스, 레닌, 스탈린이라는 기치 아래〉는 소련에서 미술이 프로파간다로 이용된 사례입니다. 소련 수립에 영향을 미친 사상가인 마르크스와 엥겔스를 왼쪽에 나란히 놓고 바로 그 옆으로 나란히 레닌과 스탈린을 배치했습니다. 그들의 초상 위쪽과 아래쪽에는 각 인물이 살았던 시대의 중요한 역사적 사건을 묘사했고, 특히 온화한 표정의 스탈린 아래에는 함박웃음을 지으며 행복해하는 민중의 모습을 큼지막하게 그려 넣었습니다.

그렇다면 실제로 당시 소련은 정말 살기 좋은 나라였을까요? 그렇지 않았다는 것은 역사가 증명하지요. 선전 미술을 바라볼 때에는 과연 그 속에 숨어 있는 진짜 의미가 무엇인지 비판적으로 바라보는 시각이 필요합니다.

아트테크

미술 작품을 조각내서 구매한다고?

팟캐스트 미술식탁 105회

'비록 작은 작품으로 시작하지만, 열심히 공부해서 컬렉터가 되겠어!'

20대 직장인 한미린 씨는 생애 처음으로 아트 페어에 가봤습니다. 그리고 마음에 드는 미술품을 한 점 구입했습니다. 좋아하는 연예인 방탄소년단의 RM이 미술품을 모으는 것도 멋져 보였고, 요새 미술품이 재테크로 각광받고 있기 때문입니다.

아트테크는 예술과 재테크가 결합된 용어로 미술품에 투자하는 새로운 투자 방식입니다. 과거에는 미술품 투자가 부유층만의 전유물처럼 여겨졌습니다. 그러나 2018년 이후 온라인 경매와 미술품 공동구매 플랫폼이 등장하면서 일반인들도 쉽게 미술품 투자를 할 수 있게 되었습니다. 전문 지식을 바탕으로 미술품의 가치를 평가해 수집하는 아트 컬렉팅과는 달리 아트테크는 수익 창출에 더 중점을 둡니다. 그래서 아트테크에 입문하려는 사람들은 컬렉터보다 투자자에 가깝습니다.

그렇다면 아트테크가 급성장한 이유는 무엇일까요? 첫째, 팬데믹 이후의 경제 상황이 큰 역할을 했습니다. 세계적 경기부양책으로 시장의 통화량이 증가해 예술품 투자 규모가 커진 것이지요. 두 번째는 이전과 다른 구매 방식입니다. 온라인 플랫폼을 이용한 미술품 거래가 가능해졌고, 심지어 비싼 작품의 소유권을 많은 사람들이 나누어 가지는 공동구매가 등장했습니다. 작품은 전문 갤러리나 금고에 소장되어 있고, 해당 작품의 소유권이 100개로 나뉘어 있으면, 사람들은 실제 작품의 소장 여부와 관계없이 소유권만 거래하는 것이지요. 이러한 방식 때문에 아트테크는 '조

▲ 10년간 미술 시장 거래 규모 추이

각 투자' 혹은 '분할 소유'라고도 불리며, 투자를 목적으로 소유권을 구매하는 젊은 층을 중심으로 크게 성장했습니다. 세 번째는 미술품 구매가 주식이나 부동산에 비해 세금 부담이 적은 매력적인 투자처로 인식되었기 때문입니다. 미술품을 구매할 때는 집이나 자동차처럼 취득세와 보유세가 부과되지 않고, 6,000만 원 미만의 작품을 양도할 경우 세금을 내지 않습니다. 심지어 살아 있는 작가의 작품을 거래할 때는 가격과 상관없이 양도세가 붙지 않습니다.

하지만 미술품 투자를 쉽게 생각하고 가볍게 뛰어들어서는 안 됩니다. 미술품의 가치는 주식처럼 경제 지표에 따라 결정되지 않으며 작가의 생존 여부나 예술계의 평가처럼 예측하기 어려운 요소도 많습니다. 또한 미술품은 자본시장법상 금융상품이 아니므로 소비자 보호를 받기도 어렵습니다. 이런 이유로 인해 투자를 목적으로 작품을 구매하려는 사람은 투자하려는 작품에 관해 충분한 정보를 수집하고, 작품에 대해 깊이 공부해야만 성공적인 투자를 할 수 있습니다.

아카데미와 아방가르드

아카데믹한 스타일이 도대체 뭐야?

길을 걷다가 학원이 몰려 있는 거리를 지나다 보면 자주 보이는 이름 중에 '○○아카데미'가 있습니다. 방송사나 문화센터에서도 계절에 따라 아카데미를 오픈하고 여러 강좌를 개설합니다. 아카데미는 학원을 의미할까요? 아니면 수업을 의미할까요?

아카데미academy는 고대 그리스 철학자 플라톤이 만든 교육단체 이름에서 시작됐습니다. 국가를 위해 심신을 수양할 청년들을 모아서 다양한 분야의 지식을 가르쳤던 일종의 학교인 아카데메이아Akadēmeia에서 비롯되었지요. 아카데메이아 출신의 철학자와 정치가들을 아카데미학파라고 부르면서 현재의 아카데미라는 단어가 만들어졌습니다. 이때부터 아카데미는 교육기관이나 연구기관을 지칭하는 단어로 정착했고 오늘날에는 학원 같은 교육기관이나 과학기술을 연구하는 단체를 아카데미라고 부르게 되었습니다. 미국의 유명 영화 시상식인 아카데미 시상식도 영화와 관련된 과학기술을 연구하는 전문가 단체에서 상을 준다는 의미로 지어진 이름입니다.

미술을 가르치는 최초의 아카데미는 르네상스 시기 이탈리아 지역에서 등장했습니다. 피렌체와 로마, 볼로냐 등지에서 그리스와 로마의 조각상을 참고해 정확한 해부학을 가르치고 원근법에 따라 구도를 잡고 대상을 완벽하게 묘사하는 방법 등을 주로 가르치는 것이 일반적이었습니다. 놀랍게도 아카데미의 이러한 교육 방식은 오늘날에도 그대로 이어지고 있습니다. 인물의 형태를 그리는 법, 빛의 위치에 따라

달라지는 그림자를 과학적으로 그리는 법 등이 여기에 해당하지요. 그래서 '아카데 믹한 스타일'이란 사실적으로 정확하게 표현하는 방식을 의미하며 '고전적'이라는 말로 설명되기도 합니다.

그렇다면 아카데미만큼 자주 사용되는 아방가르드avant-garde는 무슨 뜻일까요? 이 단어의 원래 의미는 프랑스어로 특수병, 용병입니다. 일반 군인과 달리 특별한 임무를 수행하는 이 특수병들은 때로는 기발하고 때로는 충격적인 전술을 사용했기에 특별하면서도 두려운 대상이었습니다. 그런데 20세기 초반 등장했던 새로운 경향의 미술사조들을 아방가르드라고 지칭하기 시작했습니다. 고전적이며 사실적인 기존의 예술 표현 방식과는 완전히 다른 충격적인 예술이라는 뜻을 강조하는 명칭이었지요. 대표적으로 입체파, 야수파, 초현실주의가 있으며 추상화 역시 아방가르드의 한 분야라고 할 수 있습니다.

아방가르드 사조는 모든 전통 형식을 정면으로 거부한 문학, 연극, 영화, 패션 부문에서도 전방위적으로 부상했으며, 현재에는 실험적 방식을 사용하거나 도전적 성향이 있는 작품을 '아방가르드하다'고 표현하기도 합니다.

다양한 건물의 내부와 인테리어를 소개해주는 TV 프로그램을 보면 출연자들이 '모던하고 깔끔하다'며 감탄하는 모습을 자주 볼 수 있습니다. 여기서 말하는 모던 modern이란 무슨 뜻일까요? 사전적 정의로는 '현대적' '근대적' '최신의'라고 합니다. 현대적인 인테리어나 가구를 보고 모던하다는 말을 주로 사용한다는 뜻인데, 그렇다면 구체적으로 어떤 특징을 '모던하다'라고 부를 수 있을까요?

인테리어와 디자인, 예술에서 사용하는 '모던'은 '모더니즘modernism'을 지칭합니다. 모더니즘이란 인상주의가 등장한 19세기 말부터 1970년대까지 약 100년 동안의 예술 사조와 이념을 함께 설명하는 명칭으로 그전과 확연하게 구분하기 위해 사용되었습니다.

모더니즘의 등장 배경에는 사진기의 발명이 있습니다. 과거의 예술, 특히 회화는 대상의 정확한 포착과 기록을 목적으로 제작되었습니다. 유명인의 초상화나 아름다운 풍경화가 대표적이지요. 그런데 사진기가 발명되고 기록 수단으로 자리 잡으면서 사실적으로 그림을 그릴 이유가 사라져버렸습니다. 미술가들은 새로운 방향을 찾아야 했고, 미술의 본질에 대해 끊임없이 질문을 던졌습니다. 인상주의 화가들은 '빛과 색은 고정되어 있는가?'라는 문제를, 입체파 화가들은 '하나의 시점에서 대상을 완벽하게 이해할 수 있는가?'라는 문제를 깊이 탐구했지요.

모더니즘 미술가들의 질문은 점점 철학적으로 발전했고, 그 답을 찾는 과정에서

▲ 몬드리안, 〈빨강, 파랑, 노랑의 구성〉, 1930

▲ 모던 스타일로 꾸민 카페

추상화가 탄생했습니다. 더 이상의 사실적 표현은 무의미하다고 여긴 미술가들이 원근법이나 명암을 사용하지 않고도 미술 작품을 제작할 수 있는지 실험적으로 접근한 결과였지요. 구체적 형상이 보이지는 않지만 그 속에는 미술가들의 철학적 질문과 이성적 사고 과정이 담겨 있습니다. 그렇기에 모더니즘 미술을 이해하려면 미술가와 미술작품에 대한 공부가 필수적이지요. 현대 미술이 어렵다는 말이 나오게 된 것도 이러한 이유 때문입니다. 결국 모더니즘은 일반 대중이 이해하기 어려운 엘리트 미술이라는 비판에 직면하게 됩니다.

아이러니하게도 모더니즘은 디자인 부문에서는 정반대의 결과를 가져왔습니다. 과거의 화려하고 장식적인 가구와 의복은 모두 전문 장인이 수작업으로 만들었기 때문에 부유층만이 소유할 수 있었습니다. 그러나 20세기 초 모더니즘과 추상화의 영향으로 대부분의 가구와 생필품이 직선적이고 단순하게 디자인되면서 공장 대량 생산이 가능해졌습니다. 대중성과 아름다움을 갖춘 데다 합리적인 가격까지 삼박자가 맞으면서 디자인 분야에서 모더니즘은 일반인들의 큰 호응을 얻게 되었지요.

포스트모더니즘

예술의 범위는 어디까지일까?

'개성·자율성·다양성·대중성·탈엘리트주의'

포스트모더니즘을 정의할 때 사용되는 말입니다. 모더니즘과는 사뭇 다른 분위기를 풍기지요. 포스트Post라는 접두사가 단어 앞에 붙으면 '다음의' 혹은 '새로운'이라는 의미를 띠게 됩니다. 모더니즘 이후 등장한 시대, 우리가 살아가는 현재가 바로 포스트모더니즘Postmodernism 사회입니다.

모더니즘의 이성적 사고방식은 사회를 '합리성'에 근거해 이분법적으로 바라보게 만들었다는 비판을 받았습니다. 사회에서는 지켜야 할 '규칙'만을 강조했고, 예술에서는 '추상화'만이 주목받았지요. 점차 대중은 회의감을 느꼈습니다. 예술 작품을 보고도 이해하기가 너무 어려웠으니까요. 오직 소수의 엘리트만이 모더니즘의 의미를 완벽히 이해하고 작품을 감상할 수 있었습니다. 이러한 현상을 무너뜨린 건 바로 컬러 텔레비전의 보급이었습니다. 1960년대에 컬러 텔레비전이 보급된 후 드라마, 음악 프로그램 등이 송출되면서 자연스레 대중문화가 확산되었습니다. 그전까지는 문화생활을 즐기기 위해 직접 영화관을 방문하거나 전시장에 가야 했지만 더 이상 그럴 필요가 없어졌습니다.

진입 장벽이 없는 대중문화의 확산은 엘리트 문화를 점점 고립시켰습니다. 획일적인 방식 대신 자신을 표현할 수 있는 다양한 방법을 찾기 시작했고, 소수의 엘리트보다는 모두가 공감할 수 있는 대중적인 것을 선호하는 경향이 나타났습니다. 예술

▲ 카라바조의 1593년작 〈바쿠스〉(왼쪽)와 똑같이 분장하고 촬영한 사진 작품인 신디 셔먼의 1990년작 〈바쿠스〉(오른쪽)

분야에서는 더 이상 이해하기 어려운 추상 대신 대중이 이해할 수 있는 현실적이고 익숙한 것들이 주목받았지요. 그렇게 포스트모더니즘 사회가 도래했습니다.

포스트모더니즘 미술가들은 어떤 표현 방식을 선택했을까요? 고정된 형식보다는 자신의 생각을 가감 없이 보여줄 수 있는 방법이라면 주저 없이 사용했습니다. 그리스·로마 신화나 종교에서 영감을 얻어 그림을 그리는 것부터 기존의 이미지를 '차용'하여 패러디하는 방식, 앤디 워홀로 대표되는 '팝 아트', 길거리의 낙서도 예술이라고 주장한 '그라피티'까지 제작 방식보다는 미술가의 자율성이 훨씬 중요해졌습니다. 이 외에도 사회 풍자를 주제로 하거나 과학과 디지털 기술을 이용한 미술 작품까지 등장하며 현재의 미술은 표현 방식과 주제의 범위를 계속 확장해나가고 있습니다.

그렇다면 포스트모더니즘은 모더니즘의 문제점을 해결했을까요? 오히려 예술의 범위를 지나치게 관대하게 해석해 예술을 모호하게 만들었다는 비판을 받기도 합니다. 우리는 앞으로 '예술을 어떻게 정의할 것인가?'에 대해 생각해볼 필요가 있습니다.

패러디

표절, 패러디, 오마주는 무슨 차이일까?

팟캐스트 미술식탁 24회

'어디서 봤더라? 너무 익숙한데, 혹시 표절 아니야?'

가끔 어떤 미술 작품을 보거나 영화, 뮤직비디오를 보다가 이런 생각이 들 때가 있습니다. 어디서 본 것 같은 그림, 그러면 이러한 작품들은 과연 모두 다 표절일까요?

레오나르도 다빈치가 그린 〈모나리자〉는 전 세계에서 가장 유명한 작품입니다. 바로 그 작품을 콜롬비아 화가 페르난도 보테로Fernando Botero(1932~2023)가 풍선처럼 부푼 모습으로 그렸습니다. 원작을 따라 그린 이 그림은 과연 표절일까요? 아니면 패러디일까요?

먼저 패러디와 표절의 개념을 잘 구분해야 합니다. 패러디는 원작의 내용이나 소재, 표현 등을 과장하거나 변형함으로써 풍자하는 기법을 말합니다. 그만큼 원작이 유명하고 모두가 원작을 잘 알아야 패러디라는 개념이 성립합니다. 보테로는 자연의 산물인 인체가 완벽하지 않다는 사실을 보여주기 위해서 '모나리자'를 패러디해 통통한 인물로 변형했습니다. 실제로 모나리자 패러디를 검색해보면 레고로 만든 모나리자, 콧수염이 달린 모나리자 등 모나리자의 원형을 그대로 간직하되 재미있는 요소를 추가한 작품을 많이 찾아볼 수 있습니다. 반면 표절은 다른 사람의 저작물을 몰래 가져와 자신의 창작품처럼 도용하여 사용하는 행위를 말합니다. 원작의 존재를 숨기고 싶어한다는 것이 패러디와 가장 크게 다른 점입니다.

비슷한 미술 개념으로 오마주hommage가 있습니다. 작가나 작품에 대한 존경의

▲ 레오나르도 다빈치의 〈모나리자〉(1503)를 패러디한 콜롬비아 화가 페르난도 보테로의 〈모나리자〉(1978)

▲ 에드워드 호퍼의 1942년작 〈밤샘하는 사람들〉을 패러디한 〈심슨 가족〉의 한 장면

표시로 원작의 형태를 따르거나 비슷하게 표현하는 것을 가리키는데, 오마주라는 단어는 프랑스어로 '존경'을 의미합니다. 패러디가 유머러스한 요소를 담았다면 오마주는 원작에 대한 존경심을 담아낸 점이 다릅니다. 현재는 미술계뿐만 아니라 대중문화 분야에서도 오마주와 패러디가 활발히 사용되고 있습니다. 특히 영화나 텔레비전 프로그램에서 많이 사용되는데, 미국 애니메이션 시리즈인 〈심슨 가족〉은 정말 많은 시대나 사건, 정치인이나 사회적으로 물의를 일으킨 인물을 패러디해 풍자하거나 뛰어난 영화의 일부 장면을 가져와 오마주해 표현하는 것으로 유명합니다.

　현대 사회에서는 표절과 패러디의 차이를 구분하기가 점점 어려워지고 있습니다. 표절해놓고 패러디라 주장하는 경우가 많아 어떤 화가들은 자신의 작품에 대해 '패러디 금지'를 공표하기도 합니다. 우리가 미디어와 이미지를 비판적으로 수용해야 하는 이유이기도 합니다.

개념 미술

개념만 있으면 그림은 그리지 않아도 된다고?

팟캐스트 미술식탁 209회

2016년 미국 샌프란시스코 현대 미술관SFMOMA, 전시장 바닥에 안경 하나가 떨어져 있습니다. 관람객들은 어느 정도 거리를 둔 채 안경 주위를 둘러쌌지요. 몇몇은 사진을 찍기도 했고, 작품의 정보를 찾기 위해 캡션을 찾아 두리번두리번 고개를 돌리기도 했습니다. 관람객들은 바닥에 놓인 안경이 전시 중인 작품이라고 생각했지만 그것은 착각이었습니다. 미술관을 찾은 고등학생 소년 두 명이 바닥에 안경을 두고 사람들의 반응을 관찰한 것이었습니다. 이 장난은 미술계에 큰 논란을 일으켰습니다. 일상용품이 현대 미술이 된다는 점을 이용해 이해할 수 없는 미술들 사이에 안경을 두고 간 행위로 현대미술 전체를 조롱거리로 전락시켰기 때문입니다.

개념 미술은 작품의 형태와 같은 외적인 요소보다 작가의 의도를 중시하는 미술을 말합니다. 즉, 작품의 의미가 가치를 결정합니다. 개념 미술은 1960년대 미니멀리즘 작가 솔 르윗에 의해 정의되었습니다. "미술가가 개념concept이라는 방식을 사용했다면, 그 실행은 있어도 되고 없어도 되는 부수적인 것이다."라고 말하며 개념 미술을 정의했습니다. 작가의 사고만 존재한다면, 눈에 보이는 외형적 결과물은 필수적이지 않다는 것입니다.

개념 미술의 의미를 가장 직관적으로 보여준 초기 작품은 마르셀 뒤샹Marcel Duchamp(1887~1968)의 〈샘〉(1916)이 있습니다. 뒤샹은 돈만 내면 전시가 가능한 뉴욕 독립미술가협회에 'R. Mutt'라는 가명을 써서 정체를 감춘 후 남성용 변기를 출품했

▲ 학생들이 전시장 바닥에 던져놓은 안경을 작품으로 생각해
   사진을 찍고 있는 관람객

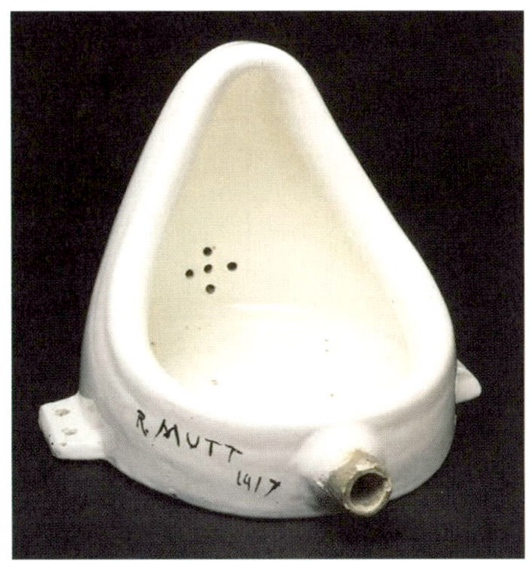

마르셀 뒤샹, 〈샘〉, 1916 ▶

습니다. 공장에서 막 생산된 변기에 서명 하나 했다고 해서 과연 이것을 작품으로 인정할 수 있을까요? 이 사건은 끊임없는 논란을 불러일으켰습니다. 뒤샹의 작품으로 밝혀진 뒤 그는 "예술가의 의도만 있다면 무엇이든 예술이 될 수 있다."라고 말했습니다. 처음에는 받아들여지지 못했던 소변기는 여러 논의 끝에 작가의 창조적 사고가 반영되었기에 하나의 조각으로 인정받게 되는 결과를 가져왔습니다.

개념 미술은 개념 자체를 예술로 간주하기 때문에 어떤 행위나 방법을 사용해도 상관없습니다. 이언 윌슨Ian wilson(1940~2020)은 텍스트를 관람객에게 전달하기 위해 갤러리에서 큰 소리로 말하는 방식을 사용했고, 조셉 코수스Joseph Kosuth(1945~)는 의자의 사전적 정의, 의자 사진, 실물 의자를 나란히 배치해 관람객들이 '진짜 의자란 무엇인가?'에 대해 고민하도록 했습니다.

오늘날에는 개념 미술을 일종의 철학적 행위로 바라봅니다. 개념 미술 작품에서 중요한 것은 표현 방식이 아니라 그 작품에 내재한 예술가의 철학이기 때문입니다. 관람객들의 관심을 한눈에 받고 있던 안경을 주워 얼굴에 쓰고 유유히 걸어나간 학생의 행위가 현대 미술에 현실성을 부여하라는 철학적 행위로 설명되는 것처럼 말이지요.

오방색

음식에 올리는 고명에도 색의 비밀이 있다?

팟캐스트 미술식탁 31회

비빔밥에는 고추장(빨강), 지단(노랑), 무나물(하양), 고사리나물(검정) 등 다양한 재료가 조화를 이루고 있습니다. 비빔밥에서 보는 이러한 색들은 색동저고리나 궁궐의 단청에서도 찾아볼 수 있지요. 아주 오래전부터 우리 조상들은 입는 것, 먹는 것 하나에도 나름의 규칙을 가지고 색을 사용해왔습니다. 그중에서도 가장 전통적인 다섯 가지 색이 있습니다. 바로 오방색五方色입니다.

오방색에서 오방五方은 동 · 서 · 남 · 북과 중앙 총 다섯 가지 방향을 의미합니다. 여기에 하늘과 땅, 해와 달, 뜨거움과 차가움이라는 정반대의 성질인 음양을 더하면 음양오행이라는 원리를 만들 수 있습니다. 우주와 자연을 이해하는 동양의 고유한 법칙이지요. 이러한 법칙에 따라서 '남쪽은 뜨거운 여름과 상응하여 양기가 왕성한 곳'이고, '북쪽은 차가운 겨울과 상응하여 음기가 강한 곳'이라는 말을 여기에 적용할 수 있습니다. 다섯 가지 방위를 상징하는 색을 한번 살펴볼까요? 해가 뜨는 동쪽에는 사계의 시작인 봄과 푸르름의 '청색'이, 해가 지는 서쪽에는 낙엽이 지는 가을과 '백색'이, 양기가 강한 뜨거운 남쪽에는 여름과 '적색'이, 추운 북쪽에는 겨울과 '흑색'이, 오방의 정중앙에는 풍요로움을 상징하는 '황색'이 자리합니다.

고구려 시대에 만든 벽화 고분 강서대묘에서도 오방색을 확인할 수 있습니다. 동쪽에는 청룡, 서쪽에는 백호, 남쪽에는 주작, 북쪽에는 현무가 그려져 있는데, 오래되어 색은 흐릿해졌지만 사신이 오방색을 의미함을 알 수 있습니다. 그런데 오방임

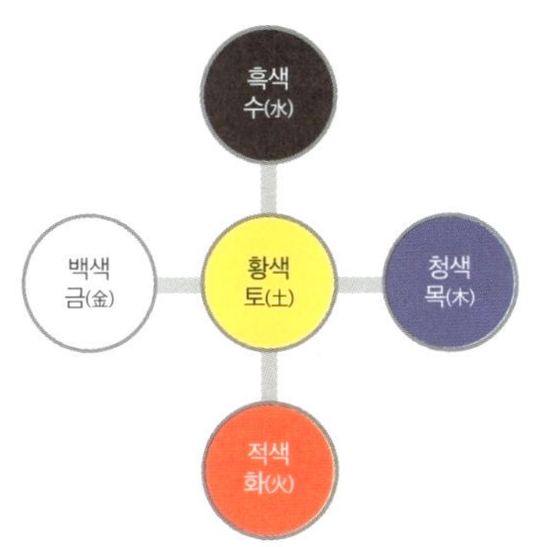

▲ 오방색의 방위

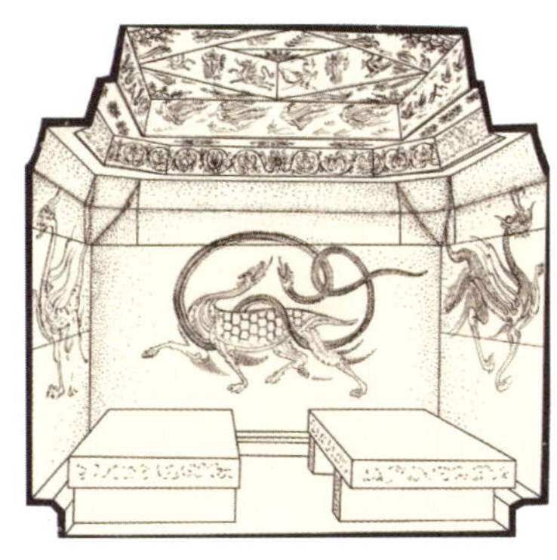

▲ 남쪽에서 바라본 강서대묘의 구조도(백호, 현무, 청룡)

▲ 비빔밥

▲ 색동저고리

에도 불구하고 사신만 존재합니다. 고분이라는 특성을 떠올리면 그 이유를 쉽게 알아챌 수 있는데, 바로 무덤의 주인이 정중앙에 위치하기 때문입니다. 오방의 원리에 따라 무덤의 주인은 금빛이 나는 노란 의복을 입었을 것으로 추측되며, 우주의 중심에서 내세의 평안함을 기원하는 마음으로 벽화에 사신을 그렸을 것입니다. 1,000년 넘게 이어져 온 오방색은 국수 고명, 김밥 속재료 등 여전히 우리의 삶 속에 자연스럽게 어우러져 살아 숨쉬고 있습니다.

추상화는 어떻게 감상하고 이해해야 할까?
_비구상과 비대상

'아는 만큼 보인다.'

바실리 칸딘스키|Wassily Kandinsky(1866~1944)의 작품에서는 사람의 얼굴이나 자연 속 나무의 모양, 집의 형태 같은 구체적 형상이 드러나지 않습니다. 그저 직선 또는 곡선과 함께 다양하게 사용된 색깔만을 구분할 수 있을 뿐입니다. 구체적으로 무엇을 그렸는지 알아볼 수 없는 그림, 실제로 존재하는 것을 재현하지 않고 조형 요소(점·선·면·형·색)만으로 화면을 구성한 그림을 '추상화'라고 합니다. 반대로 그림 안에서 구체적인 형상을 찾을 수 있다면 '구상화'로 구분하지요. 인물을 그린 초상화, 다양한 기물을 그린 정물화, 자연을 그린 풍경화는 모두 구상화에 해당합니다.

모더니즘 이후 구체적 형상을 재현하거나 신화적 주제를 묘사하는 데에서 벗어난 작가들이 추상화를 선택한 것은 사진이 표현할 수 없는 미술의 새로운 범주를 확장하기 위해서였습니다. 20세기에 들어와 전개된 다양한 미술 화파에서는 기존의 관념을 벗어난 표현이 등장했습니다. 실제 형태나 색채와 다르게 표현한 것도 미술로 받아들이고, 실존하지 않는 것, 즉 어떤 상의 본질이나 작가의 감정을 표현할 수 있게 된 것입니다.

칸딘스키는 음악의 박자와 멜로디, 분위기에서 감명을 받아 음악을 듣고 느낀 자

▲ 칸딘스키, 〈무제〉, 1910

▲ 몬드리안의 비구상 과정

신의 주관적 감정을 교향곡을 작곡하듯이 점, 선, 면과 색채를 화면에 구성하는 방식으로 추상화를 표현했습니다. 칸딘스키의 추상화를 비대상非對象이라고도 하는데, 즉흥적인 감정을 표현함으로써 구체적 대상이 없는 추상화를 말합니다.

그와 정반대의 분위기를 가진 피트 몬드리안Piet Mondrian(1872~1944)의 추상화는 그리고자 하는 대상에서 최소한의 조형 요소만을 포착해 단순하게 표현한 그림입니다. 색의 기본 요소인 빨강, 노랑, 파랑의 삼원색만이 화폭에 남고, 여러 갈래로 뻗어 나가는 나뭇가지는 오로지 수직선과 수평선으로만 남았습니다. 이런 추상 경향을 비구상非具象이라고 하며 대상이 지닌 본질에 집중해 점차 생략, 변형, 왜곡 등을 거쳐 추상의 단계로 나아가는 방법입니다.

추상화는 작품을 표현한 작가가 누구이며 어떤 과정을 거쳐 나온 표현인지에 관심을 가지고 작품을 감상해야만, 그림에서 많은 것을 발견하고 느끼고 이해할 수 있습니다.

예술 작품을 활용한 광고가 성공하는 이유는?
_데카르트 마케팅

고소하고 담백한 맛의 우유는 여러 음료의 베이스로도 다양하게 활용됩니다. 이탈리아어로 우유를 의미하는 '라떼Latte'는 다양한 맛의 차와 재료를 섞은 유음료를 지칭하는 대명사가 되었습니다. 수많은 종류의 유음료 가운데 우리에게 친숙한 것 중 하나로 '덴마크 우유'가 있습니다. 그런데 이 우유는 패키지에 우리가 잘 아는 명화를 크게 인쇄한 것으로도 유명하지요. 소비자는 많은 제품 중에서 자연스럽게 이 제품에 눈길을 주게 됩니다. 실제로 덴마크 우유 명화 시리즈는 2007년 출시된 이래 2023년 누적 판매량 2억 개를 돌파하며 스테디셀러로 자리를 잡았습니다.

그렇다면 왜 민트라떼, 토피넛라떼, 카푸치노 등의 우유 패키지에 전혀 상관없어 보이는 명화를 넣었을까요? 명화의 이미지와 덴마크라는 명칭이 우유를 고급스러워 보이도록 유도했고, 실제로 일반 우유에 비해 30퍼센트 정도 비싼 가격을 책정했음에도 판매율은 지속적으로 성장했습니다. 고급화 전략이 적중한 것이지요. 이렇듯 상품을 광고하는 마케팅에 예술을 접목하는 것을 데카르트 마케팅techart marketing, 우리말로는 '예술 감각상품'이라고 합니다.

데카르트 마케팅이란 '테크tech'와 '아트art'의 합성어로 제품에 예술을 접목하여 브랜드 이미지를 높이는 마케팅 기법입니다. 인간의 이성으로 만든 가장 실용적인 산

물인 기술과 감성의 산물인 예술을 결합
한다는 뜻이지요. 과거에 소비자가 제
품을 선택하는 기준은 제품의 성능이었
습니다. 하지만 기술이 점차 발전해 성
능이 상향 평준화된 시점에는 디자인과
마케팅 전략으로 제품의 경쟁력이 결정
됩니다. 데카르트 마케팅이라는 용어는
2000년대 중후반부터 사용되었습니다.
우리나라에서는 가전 분야에서 데카르
트 마케팅이 가장 먼저 시작되었고, 특히
2006~2007년을 전후로 기술과 예술이

▲ 신고전주의 화가 앵그르의 1806년작 〈카롤린 리비에
르 양〉이 인쇄된 덴마크 우유 민트라떼의 패키지

접목된 가전제품이 주류를 형성했습니다. 냉장고에 현대 미술 작가의 작품을 패턴
으로 넣거나 청소기를 몬드리안의 작품에서 볼 수 있는 색으로 디자인해 판매하기도
했습니다.

예술 작품을 활용한 광고가 성공하는 이유는 무엇일까요? 예술적 디자인은 사용
자의 감성을 자극하고 제품에 대한 호감도를 높입니다. 특히 많은 사람들에게 친숙
한 명화를 활용한 디자인은 소비자들에게 익숙함과 함께 클래식한 분위기를 전달합
니다.

최근에는 유명 아티스트와 협업해 제품을 디자인하거나 제품 자체를 '예술 작품'
이라 광고하는 사례가 늘고 있습니다. 명화가 아닌 키치한 분위기의 예술 작품을 적
극적으로 활용하기도 합니다. 이런 사례들 역시 데카르트 마케팅의 일종으로, 광고
와 홍보, 마케팅 분야에서 일하고 싶다면 미술을 알아야 하는 이유이기도 합니다.

공공 미술 작품에 왜 흉물 논란이 일었을까?

_슈즈트리

서울역 앞에는 1970년에 만들어진 자동차 전용 고가도로가 있었습니다. 그러나 2006년, 안정성 문제가 불거지면서 더 이상 차량 운행이 불가능해지자 도시재생 사업의 일환으로 2017년 보행자 전용 도로로 재탄생했습니다. 1970년 자동차를 위한 길에서 2017년 사람을 위한 길로 바뀌었다는 의미로 이 도로의 이름은 '서울로7017'로 결정되었습니다.

시민의 품으로 돌아온 서울로7017의 개장을 기념하기 위해 서울시는 개장일에 맞추어 공공 미술 설치를 진행했습니다. 버려진 신발 3만 켤레를 이용한 서울로7017의 난간에서부터 역전광장까지 이어진 높이 17미터, 길이 100미터의 대형 설치 작품인 〈슈즈트리〉가 그것이었습니다. 황지해 작가의 재능 기부로 제작된 이 작품은 많은 의미를 가지고 있었습니다. '수많은 사람이 오고 가는 서울역이라는 특성', '시민의 발로 직접 걷게 된 고가도로를 의미하는 상징성', '곧 폐기될 신발에 예술적 가치를 부여해 소비 문화를 되돌아보자는 취지' 등 공공 미술의 공익적·성찰적 성격을 모두 내포하고 있었지요. 그러나 작품이 공개되자 혹평이 쏟아졌습니다. 버려진 신발을 이용해 작품에 다가가기 꺼려진다는 의견부터 비가 와 신발이 젖었을 때 나는 냄새와 벌레 문제 등을 지적하는 의견, 남녀노소 모두를 만족시킬 만한 미적 경험을

▲ 황지해, 〈슈즈트리〉, 2017

제공하지 못한다는 의견 등이 이어졌습니다. 몇몇 평론가들은 공공 미술의 고정관념을 깬 도발적인 시도라고 평가했으나 대중 사이에서는 갑론을박이 이어졌습니다.

2017년 5월 20일부터 28일까지 약 9일간 설치된 슈즈트리는 전시 기간이 지나 해체되어 역사 속으로 사라졌으나 미술계와 정부, 대중 각자에게 공공 미술의 역할과 존재 방식을 고민해보는 기회를 제공했습니다. 공공 미술을 설치하기 위해서 고민해야 할 '장소와의 상관관계', 대중이 함께 적극적으로 감상하고 즐길 수 있는 '상호작용의 중요성', 공공 미술을 통해 제공할 수 있는 '미적 경험' 등을 생각하게 했지요. 공공 미술은 일상과 가장 가까운 예술이기에 대중의 이해가 중요하다는 점에서 어떤 공공 미술이 더 적합한지에 관해 사회 구성원들과 적극적으로 의견을 나누는 것이 무엇보다 중요할 것입니다.

2장

미술사

- ☑ 그리스·로마 미술
- ☐ 중세미술
- ☐ 르네상스(이탈리아)
- ☐ 르네상스(북유럽)
- ☐ 매너리즘
- ☐ 종교 개혁과 미술
- ☐ 바로크
- ☐ 신고전주의
- ☐ 낭만주의
- ☐ 사실주의
- ☐ 인상주의
- ☐ 인도 불상
- ☐ 청명상하도
- ☐ 삼국시대의 미술
- ☐ 석굴암
- ☐ 고려청자
- ☐ 고려 불화
- ☐ 조선백자
- ☐ 몽유도원도
- ☐ 진경산수
- ☐ 민화
- ☐ 우키요에

그리스 · 로마 미술

그리스 미술과 로마 미술은 어떻게 구분할까?

팟캐스트 미술식탁 204회

서양 미술을 이야기할 때 빼놓을 수 없는 두 시대가 있습니다. 바로 고대 문명인 그리스와 그 영향을 받은 로마 시대입니다. 그리스와 로마의 미술은 어떤 모습이 닮았고 어떤 모습이 다른지 알아보겠습니다.

고대 그리스 시대의 대표적인 조각인 폴리클레이토스의 〈창을 든 남자(도리포로스)〉는 이전 시대의 뻣뻣한 조각과 달리 근육이 섬세하게 묘사되어 있으며 자세도 한층 자연스럽습니다. 현대의 조각가가 만들었다고 해도 믿을 정도입니다. 이는 '콘트라포스토Contrapposto' 기법 덕분입니다. 즉, 인체를 표현할 때 무게를 한쪽 발에 싣고, 반대쪽 발을 자연스럽게 두어 몸 전체가 완만한 S자 형태를 이루도록 하는 방식입니다.

콘트라포스토는 '대비되는'이라는 뜻의 이탈리아어로, 르네상스 시기의 이탈리아인들이 그리스 미술을 연구하면서 비스듬하게 짝다리를 짚은 조각상을 다수 발굴하자 몸의 대칭이 대비된다는 의미로 이 같은 명칭을 붙였다고 합니다. 자연스러우면서도 완벽한 균형은 그리스가 추구한 아름다움이었습니다. 건축 분야에서도 마찬가지입니다. 우리가 잘 아는 대표적인 그리스 건축물인 파르테논 신전은 비례와 균형을 강조하기 위해 대칭 구조를 사용했을 뿐만 아니라 기둥의 중간이 가늘어 보이는 착시 효과를 막기 위해 중간만 살짝 더 두껍게 만드는 배흘림기둥entasis 양식을 적용했습니다.

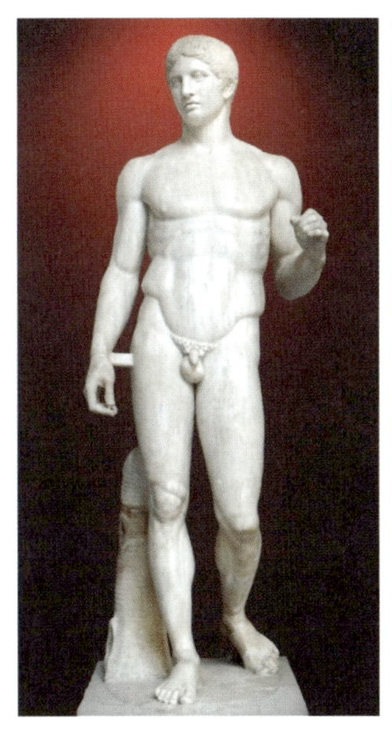

▲ 파르테논 신전, 그리스, B.C. 447~432

◀ 창을 든 남자(복제품), 그리스, B.C. 120~50

그리스의 도시국가들을 통합한 로마 제국은 유럽 전역의 문화를 흡수했고, 그중에서도 특히 그리스의 미술에 가장 많은 영향을 받았습니다. 그러나 로마 미술에는 한 가지 중요한 차이점이 있습니다. 로마인은 그리스인보다 현실적 성향이 더 강했다는 점입니다.

건축 기술의 발전과 활발한 정복 전쟁, 그에 따른 과학과 기술의 발전은 신 중심에서 인간 중심으로의 문화적 변화를 이끌었습니다. 예술에도 이런 경향이 반영되었습니다. 그리스가 비례와 균형에 중점을 두고 이상적 형상을 구현하는 데 집중했다면, 로마는 사실적 묘사에 중점을 두었고 신전보다는 주택이나 관공서, 수로, 목욕탕 등 일상생활에서 쓰임새가 큰 건축에 집중했습니다. 조각의 주제도 대부분 실재한 인물들이었습니다. 로마의 초대황제 아우구스투스의 조각상에서는 그리스 조각의 이상적인 형태를 계승하되 옷의 화려한 장식을 표현하고 인체의 비율을 사실적으로 묘사한 로마 미술의 특징을 볼 수 있습니다.

▲ 판테온, 로마, A.D. 125

◀ 아우구스투스, 로마, A.D. 14~37

　그리스의 〈창을 든 남자〉가 콘트라포스토 자세를 통해 인체의 비율과 곡선적 아름다움을 보여준다면, 〈아우구스투스〉 상은 황제의 위엄을 보여주기 위해 얼굴을 작게 조각하는 한편, 갑옷을 두른 상체를 상대적으로 커 보이게 표현했습니다. 손을 뻗어 먼 곳을 가리키는 제스처는 황제의 결단력을 상징합니다. 황제의 발 아래에는 어린아이가 매달려 있는데 자세히 보면 돌고래 위에 올라타 있습니다. 이는 로마 건국 신화에 등장하는 돌고래 등에 올라탄 아이를 부수적으로 표현한 것입니다. 여기서 그리스와 로마의 또 다른 차이점이 나타납니다. 그리스의 조각이 아름다움 그 자체를 형상화한 것이라면 로마의 조각은 설명을 덧붙이는 구조, 즉 서술적 성격을 지닙니다.

　로마를 대표하는 건축물 중 하나로 판테온Pantheon이 있습니다. 판테온의 '판Pan'은 '모든'을, '테오-theo-'는 '신'을 의미합니다. 즉 모든 신을 기리는 신전이라는 의미입니다. 그리스인들이 아르테미스 신전이나 파르테논 신전처럼 각각의 신들을 위한 공

▲ 라오콘 군상

▲ 콘스탄티누스 황제 두상, 로마, A.D. 312~315

간을 만들었다면, 로마인들은 하나의 신전에 모든 신을 모시는 방식을 선택했고, 나머지 공간에는 공공 행정기관을 세웠습니다. 실리적이면서도 합리적인 로마의 성향이 잘 드러나는 부분입니다.

그리스와 로마의 미술 특징을 키워드로 정리해볼까요? 그리스 미술의 특징이 아름다움, 신 중심, 이상주의라면 로마 미술의 특징은 실용적, 인간 중심, 현실주의라고 말할 수 있습니다. 물론 모든 작품에 이 기준을 적용할 수는 없습니다. 동방과 활발히 교류하던 그리스 시대 말에는 동양적 표현이 나타나는 헬레니즘이 등장했고, 1,000년 가까이 지속된 로마의 미술도 변화를 겪었기 때문입니다. 하지만 그리스와 로마 미술의 특징, 차이점, 그리고 시대적 배경을 이해하면 각 시대의 미술 작품을 더욱 깊이 감상할 수 있습니다. 그리스·로마 미술의 대표작을 더 알고 싶다면 〈라오콘 군상〉이나 〈콘스탄티누스 황제 두상〉을 함께 찾아보는 것도 좋겠습니다.

중세미술

가톨릭이 지배한 세상의 미술은 엄숙하기만 했을까?

팟캐스트 미술식탁 206회

기독교가 공인되기 이전에는 박해받는 신자들이 공개적으로 예배를 드릴 수 없었습니다. 다양한 종교에 관대했던 로마 제국에서 유일신을 섬기는 기독교는 배척당했기에 신자들은 지하로 숨어들었습니다. 카타콤Catacomb이라고 불리는 묘지 형태의 지하 동굴을 파고 동굴 내부에 여러 개의 방을 만들어 그곳에 숨어서 예배를 드렸고 카타콤 내부에는 성경 내용을 벽화로 그렸습니다. 협소한 공간에 성서의 내용을 그리다 보니 최대한 빽빽하게 그릴 수밖에 없었지요. 훗날 기독교가 공인되고 나서야 이들은 차차 밖으로 나올 수 있었습니다.

치열한 전투 끝에 최고 권력자가 된 콘스탄티누스(274~337) 황제는 313년 기독교를 공인한 후 경제적·문화적·군사적 요충지인 비잔티움(오늘날의 이스탄불)으로 수도를 옮깁니다. 이후 비잔티움은 콘스탄티누스의 이름을 따 '콘스탄티노폴리스'라고 불리지요. 지리적 위치로 인해 동방과 활발히 교류하면서 이곳에는 그리스·로마 문화와 다른 동양적 혼합 양식이 나타나는데, 이를 '비잔틴Byzantine' 양식이라고 합니다. 대표적인 건축물로는 성 소피아 성당(현재 아야 소피아)이 있습니다.

성 소피아 성당의 특징은 중앙 집중식 건물에 돔을 올렸다는 점입니다. 멀리서 보면 바위산처럼 보이기도 합니다. 이 성당을 처음 지었을 때에는 내부에 다양한 성상화를 금빛으로 그려 황홀한 분위기를 자아냈다고 하는데, 훗날 오스만 제국에 점령되어 현재는 이슬람 사원인 모스크로 사용되고 있습니다.

▲ 성 소피아 성당, 534~537. 네 개의 첨탑은 모스크로 사용되기 시작한 후에 지어졌습니다.

〈블라디미르의 성모〉는 전형적인 비잔틴 양식 작품으로, 12세기 초에 ▶ 콘스탄티노플에서 그려졌으나 블라디미르로 옮겨졌습니다.

이렇게 동로마가 동방 양식의 건축물을 만드는 동안 교황이 집권한 서로마는 어떻게 변했을까요? 바티칸을 중심으로 교황의 권력은 꾸준히 유지되었지만 다양한 국가가 흥망성쇠를 반복했습니다. 특히 '게르만족의 대이동' 이후에 서로마 제국은 완전히 멸망해 여러 개의 국가로 분할되었습니다.

각 지역 지배자들의 동맹과 분열, 전쟁이 이어지며 혼란스러웠던 이 시기에 유럽 남부의 이탈리아를 중심으로 '로마네스크Romanesque 양식'이 발전합니다. 로마를 이어받았다는 뜻을 지닌 이 건축 양식은 로마 시대의 공공 건물인 바실리카Basilica의 형태를 그대로 가져온 것입니다.

성당을 돌로 만들다 보니 건물 외벽이 두껍고 천장이 낮았으며 창문을 내기는 어려웠습니다. 하지만 기독교 신자들에게는 이미 해결 방법이 있었습니다. 중세 초기 카타콤에서 사용했던 방식으로 건물 내부를 꾸미는 것이었지요. 창문이 적어 어두운 내부는 벽화로 채우거나 '태피스트리'라고 부르는 면직물로 장식했습니다. 카타콤의 성화와 마찬가지로 표현의 사실성은 중요하지 않았습니다. 역사적 내용이나 성서의

◀ 두꺼운 벽으로 장중한 느낌이 드는 로마네스크 양식의 건축물 성 미카엘 대성당

◀ 11세기에 제작된 바이외 태피스트리의 일부. 색실을 이용해 그림으로 내용을 전달하고 창이 없는 공간의 내부를 장식하는 데 사용되었습니다.

내용을 모든 이에게 잘 전달하는 것이 훨씬 더 중요했지요. 중세의 일화 중에 아무리 전쟁 중일지라도 성당 내부로 도망친 사람은 해치지 않는다는 이야기가 있는데, 성당을 현실과 완전히 단절된 신의 영역이라고 보았기 때문입니다. 로마네스크 건축물 내부의 분위기는 종교적으로 엄숙하고 장중한 분위기를 연출하기에 아주 적합했습니다.

반면 유럽 북부에서는 정반대의 흐름이 등장했습니다. 로마네스크보다 조금 뒤에 등장한 '고딕Gothic 양식'은 하늘로 높이 솟은 첨탑이 특징입니다. 뾰족한 아치 형태의 천장을 올리고 텐트의 폴대처럼 여러 개의 구조물로 외벽을 지지했습니다. 이 구조물을 부연부벽 혹은 플라잉 버트레스flying buttress라고 부릅니다. 천장의 하중을

▲ 아미앵 대성당의 뾰족한 첨탑과 부연부벽은 고딕 양식의 대표적인 특징을
잘 보여줍니다.

사르트르 대성당의 장미창 ▶

지지해주다 보니 로마네스크 건축물보다 건물 외벽이 훨씬 더 얇아지고 창문도 더 많이 만들 수 있었습니다. 덕분에 건물을 더 높이 올릴 수도 있었지요.

고딕 양식의 꽃은 장미창이라고 불리는 스테인드글라스 장식입니다. 어두웠던 로마네스크 양식과는 달리 창문을 통해 빛이 쏟아져 들어오는 고딕 성당은 황홀한 분위기를 연출하기 위해 색색의 유리를 꽃잎 모양 장식 격자에 끼워 넣었습니다. 사람들이 성당에 들어갔을 때 화려한 빛에 감싸이는 분위기를 만들어 성스러움을 느낄 수 있도록 연출한 것이지요. 특히 사르트르 대성당의 장미창이 유명합니다.

천 년 동안 이어진 중세 시대에 미술이 퇴보했다고 평가하는 사람도 있습니다. 하지만 건축 공법과 기술이 발전했고, 이야기를 전달하는 데 집중하는 서술적 성격의 미술 작품은 후대에 새로운 영감의 원천이 되기도 했습니다.

르네상스(이탈리아)

르네상스 화가들은 모두 능력자다?

팟캐스트 미술식탁 93~95회

르네상스Renaissance란 재생, 부활이라는 의미의 단어로 고대 그리스, 로마 시대의 고전 문화를 새롭게 부활시키자는 뜻을 담고 있습니다. 중세 1,000년이 끝나갈 무렵, 새로운 계급이 성장하고 있었습니다. 십자군 원정(11~13세기) 기간 중에 물자 보급을 담당한 상인 계층이 부를 축적하며 세력을 키워갔던 것이지요. 이들은 길드를 조직해 자신들의 이익을 대변하는 동시에 종교 중심 사회를 상공업 중심으로 바꾸어놓습니다. 그 중심에는 이탈리아가 있었습니다. 고대 로마 제국의 중심지로 고전 문화가 많이 남아 있을 뿐만 아니라 유럽의 동서를 연결하는 무역 통로인 이탈리아는 고전 문화에 대한 관심과 상공업이 함께 발달할 수 있는 여건을 갖춘 곳이었지요. 상인 가문들은 자신들의 부와 명예를 과시하기 위해 예술을 후원했는데, 특히 막강한 권력을 행사한 피렌체의 메디치 가문은 여러 예술가들을 후원해 문화의 황금기인 르네상스 시대를 여는 데 큰 역할을 했습니다.

르네상스 예술의 가장 큰 발견은 바로 원근법입니다. 가까이 있는 물체는 크게, 멀리 있는 물체는 작게 그리는 투시 원근법은 오늘날에는 당연한 법칙으로 여겨지지만 종교적 교리를 전달하는 것이 목적이었던 중세에 이러한 과학적 원리는 중요하지 않았습니다. 건축가 브루넬레스키Filippo Brunelleschi(1377~1446)가 '산타마리아 델 피오레 대성당'의 돔을 설계하는 과정에서 돔의 정중앙으로 모이는 선의 모습이 투시 원근법의 원리라는 사실을 발견해 최초로 원근법 개념을 정리했습니다. 이후 원

▲ 산타마리아 델 피오레 대성당

마사초, 〈성 삼위일체〉, 1425~1428 ▶

근법은 모든 회화에서 가장 중요한 요소이자 대상을 사실적으로 표현하는 수단으로 필수불가결한 요소가 되었습니다. 대표적으로 마사초Masaccio(1401~1428)가 그린 〈성 삼위일체〉를 보면 십자가에 매달린 예수를 올려다보는 시점을 사용하고 천장의 네모난 패턴을 뒤로 갈수록 점차 좁게 그려 배경이 입체적으로 보이도록 표현해 원근법을 적용했다는 것을 알 수 있습니다.

르네상스는 과학적 연구를 바탕으로 새로운 질서를 잡은 시대입니다. 예술 분야에서도 과학적 원리와 이성적 태도를 강조했습니다. 르네상스 시대의 3대 거장인 레오나르도 다빈치, 미켈란젤로, 라파엘로의 작품을 보면 그러한 태도를 관찰할 수 있지요. 특히 레오나르도 다빈치Leonardo da Vinci(1452~1519)는 정확한 관찰과 사생, 수학적 비율과 원근법을 적용해 그림을 원리 원칙에 맞게 그려야 한다고 생각했습니다. 나아가 인체에도 완벽한 비율이 있다고 생각해 해부학적 사실성을 바탕으로 연구했다고 합니다. 뛰어난 관찰력으로 동물과 사람의 시체를 직접 해부하며 그린 해부도는 의학 발전에 큰 영향을 끼쳤고, 고대 로마 건축가 비트루비우스가 설명한 인체의

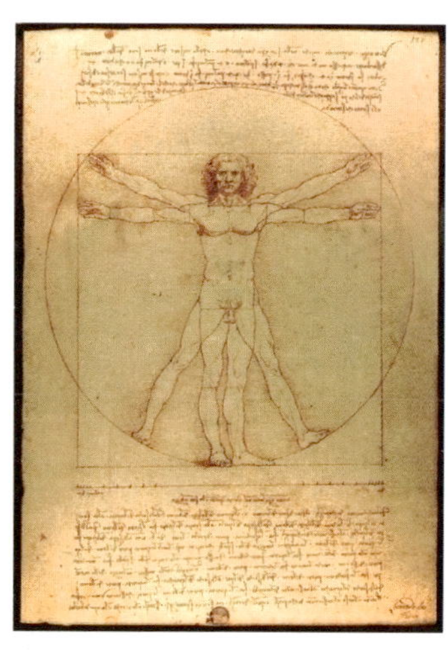

비율을 그림으로 그려 〈인체 비례도〉를 완성하기도 했습니다. 그는 이 작품을 그릴 때 사람을 데려와 실측한 후 얼굴, 손, 발 등의 크기를 숫자로 계산해 황금비율을 찾았습니다.

미켈란젤로Michelangelo Buonarroti(1475~1564)는 3대 거장 중 조각으로 가장 유명합니다. 석공을 남편으로 둔 유모에게서 자라 조각용 끌이나 망치를 가지고 놀았고, 어렸을 때부터 채석장에 있는 돌과 친숙해 재료에 대한 이해도가 높았습니다. 열여섯 살 때 그의 조각 실력은 이미 메디치 가문까지 소문이 나 있었고 스승 기를란다요의 추천을 받아 메디치가의 조각 학교로 영입되어 공부를 할 수 있었습니다. 그는 다빈치처럼 시체를 해부하기도 했습니다.

1506년, 로마의 포도밭에서 조각상이 발견되자 교황 율리오 2세는 미켈란젤로를 발굴 현장에 보냈습니다. 발견된 작품은 그리스 시대의 〈라오콘 군상〉이었고 그는 이 작품을 보고 한동안 넋이 나갔다고 합니다. 이 사건은 미켈란젤로를 더욱더 조각에 매진하게 만드는 결과를 가져왔습니다. 미켈란젤로는 돌 속에 갇힌 인물을 끌어내 생명을 주는 일을 조각가의 임무라고 생각해 "나는 대리석 안에 있는 천사를 보았고, 그 천사를 자유롭게 할 때까지 돌을 깎았다."라고 말했습니다.

미켈란젤로의 역작 〈다비드〉는 박력 있는 근육을 강조하는 한편, 감상자가 작품을 완벽하게 볼 수 있도록 몸의 비율을 왜곡했습니다. 아래에서 올려다보는 각도를 감안해 상체와 얼굴을 살짝 더 크게 만들었지요. 조각에 대한 집착은 회화 작품에도 반영되었습니다. 〈최후의 심판〉이나 〈아담의 창조〉를 보면 조각 작품처럼 인체가 근

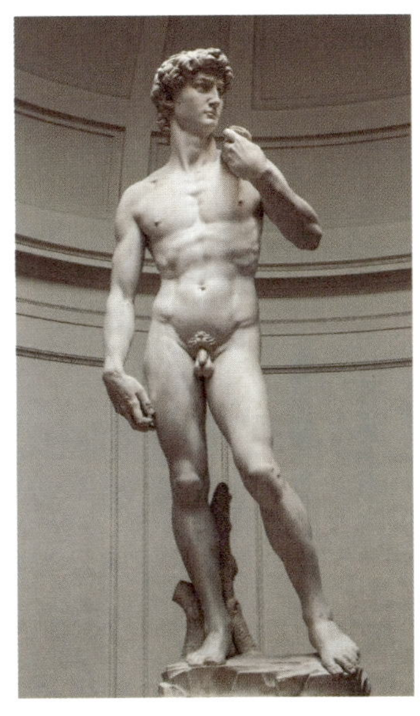

▲ 바티칸 사도 궁전 내부 중 교황의 서재인 '서명의 방'에 그려진 라파엘로의
〈아테네 학당〉(1509~1511)

◀ 미켈란젤로, 〈다비드〉, 1501~1504

육질로 묘사되어 있습니다.

예술에서 인문학과 철학, 수학을 대통합한 마지막 거장은 라파엘로Raffaello Sanzio da Urbino(1483~1520)입니다. 가장 유명한 〈아테네 학당〉은 가로 7미터가 넘는 거대한 프레스코(축축한 석회 벽 위에 물감으로 그림을 그려 젖은 석회에 물감이 스며들어 건조 후에 정착되게 하는 기법. 영어 'fresh'도 여기에서 유래했다)로, 바티칸 사도 궁전에 있는 교황의 개인 서재인 '서명의 방'에 있습니다. 다빈치의 회화 기법과 미켈란젤로의 해부학에 영향을 받은 라파엘로는 〈아테네 학당〉에 소크라테스, 플라톤, 아리스토텔레스, 피타고라스 등 그리스의 수학자, 철학자들을 그려 넣었습니다. 르네상스가 고대 그리스·로마의 부활이자 많은 학문적 발전을 이루어낸 시대임을 그림으로 표현하려 했지요. 이렇게 세 거장의 탁월한 업적에 힘입어 이탈리아를 중심으로 한 르네상스 시대에는 역사화, 종교화, 신화를 주제로 한 회화와 판화, 조각 등 뛰어난 예술성을 자랑하는 작품들이 많이 제작되었습니다.

르네상스(북유럽)

르네상스 시대 북유럽 미술이 달랐던 이유는?

여러분은 북유럽이라고 하면 어떤 국가가 떠오르나요? 대부분은 스칸디나비아 3국 (스웨덴, 노르웨이, 핀란드)을 떠올릴 겁니다. 이 국가들은 1800년대에 들어 유럽의 주류 문화권으로 편입되었습니다. 과거에는 이 지역에 사는 사람들을 바이킹이라고 불렀을 뿐 북유럽이라고 지칭하지는 않았습니다. 1800년 이전까지는 이탈리아를 중심으로 알프스산맥 이북에 있는 독일, 벨기에, 덴마크, 네덜란드 등을 북유럽이라고 불렀습니다. 비행기도 차도 없던 시절, 알프스산맥의 북쪽과 남쪽이 교류하기는 쉽지 않았습니다. 그렇기에 두 지역은 문화적 양상도 달랐지요. 북유럽 르네상스와 이탈리아 르네상스를 구분하는 이유도 이런 측면 때문입니다.

당시 북유럽은 고딕 문화의 영향을 받아 사실적이면서도 세밀한 그림을 그리는 화풍이 유행했습니다. 특히 영국, 덴마크 등과 함께 해상무역의 중심에 있던 네덜란드에서는 이탈리아와 마찬가지로 신흥 상인들이 급성장하면서 부르주아 계급이 생겨났고, 이들 역시 자신의 부와 명예를 보여줄 수 있는 그림

▲ 북유럽 르네상스 지도. 오늘날 네덜란드, 벨기에, 룩셈부르크를 포함한 지역을 플랑드르라고 부릅니다.

을 소비하기 시작했습니다. 그러나 다른
점이 있다면, 예술가를 후원한 이탈리아
와 달리 네덜란드에서는 공국들의 연맹
체제와 함께 무역의 영향으로 시장이 활
성화되어 미술 작품도 시장에서 구매하거
나 주문하는 문화가 정착했다는 것입니
다. 더불어 종교 개혁으로 북유럽 지역에
서 우상 숭배가 금지되자 일상생활에서
볼 수 있는 현실 모습을 사실적으로 묘사
한 그림도 이 시기부터 등장하게 되었습
니다.

▲ 얀 반에이크, 〈아르놀피니 부부의 초상〉, 1434

　〈아르놀피니 부부의 초상〉으로 유명
한 얀 반에이크Jan Van Eyck(1390?~1341)는 르네상스 시기 플랑드르의 대표 화가입니다.
그의 작품은 세밀하게 관찰하여 사실적으로 그리는 북유럽 회화의 특징을 잘 보여줍
니다. 세밀하게 그리는 것이라는 목표가 얼마나 확고한지 인물을 미화하기 위한 어
떤 표현도 하지 않았을 정도니까요. 물건 하나하나가 사실적으로 묘사된 이 그림에
서 각 사물은 저마다 의미를 지닙니다. 남자의 발치에 벗어둔 신발은 결혼식의 고결
함을, 화면 중앙 아래쪽에 있는 강아지는 충성심을, 샹들리에의 켜진 촛불과 창가에
놓인 오렌지는 이들이 부유한 상인임을 의미합니다. 이 외에도 이 그림에는 다양한
상징과 은유가 가득합니다. 사실주의적 기법과 알레고리(〈011. 알레고리〉 참고)가 잘 어
우러진 이 작품은 지금까지도 사람들의 흥미를 끌고 있습니다.

　반에이크는 더욱 사실적이고 생생한 색을 표현하기 위해 많은 재료들을 실험했
고, 안료를 기름에 섞어 사용하는 유화 물감을 최초로 발명해 이 작품에도 사용했습
니다. 유화 물감은 템페라나 프레스코보다 색을 자유롭게 사용할 수 있었고 수정하

▲ 알브레히트 뒤러, 〈모피 코트를 입은 자화상〉, 1500

기도 쉬워 현실 세계를 정교하고 섬세하게 표현하기에 적합했습니다. 재미있는 사실은 거울 위에 그가 '얀 반에이크 여기 있었네'라고 서명했다는 점인데, 이를 통해 화가가 이 결혼식의 증인이었음을 알 수 있습니다.

작품에서 자기 자신을 언급한 북유럽 르네상스의 화가가 또 한 명 있습니다. 알브레히트 뒤러Albrecht Dürer(1471~1528)는 〈모피 코트를 입은 자화상〉에서 자신을 예수처럼 그린 뒤 이렇게 말합니다. "뉘른베르크 출신의 나 알브레히트 뒤러는 스물여덟의 내 모습을 영원히 지워지지 않는 색으로 그렸다."

뒤러가 얼마나 자신감이 넘치던 사람인지 알 수 있는 일화이자 예술가의 지위가 굉장히 높아졌음을 파악할 수 있는 대목입니다. 뒤러가 화가로서 전성기를 누릴 때는 이탈리아와 북유럽이 서로의 르네상스 문화를 충분히 교류하고 있었습니다. 다시 말해 유럽 전체가 하나의 문화로 묶여가던 시기였지요. 뒤러는 이때 이탈리아에서 유학하며 해부학과 원근법을 체계적으로 공부했습니다. 북유럽의 사실적 화풍에 더해 이탈리아의 해부학과 원근법을 익혀온 그의 그림은 독일과 네덜란드 지역에 지대한 영향을 미치며 르네상스 문화가 완전히 정착하는 데 크게 기여했습니다. 또한 여러 번 이탈리아를 여행하는 동안에도 작품을 꾸준히 제작하기 위해 수채화를 그리거나 습작을 한 뒤 귀국해 다시 판화로 제작하는 등 표현 방식을 다채롭게 확장했습니다.

▲ 알브레히트 뒤러, 〈멜랑콜리아 I〉, 1514

▲ 알브레히트 뒤러, 〈어린 토끼〉, 1502

　뒤러의 1514년작 〈멜랑콜리아 I〉은 날카로운 바늘로 선 하나하나를 새긴 동판화이며, 마치 연필로 그린 것처럼 세밀하게 묘사된 것이 특징입니다. 배경의 빛, 천사의 주름진 옷과 동물 털의 질감까지 완벽하게 표현했습니다. 1502년작 〈어린 토끼〉는 오래된 그림 중 보기 드문 수채화 작품이자 동물이 단독 주제로 그려진 최초의 그림으로 알려져 있습니다. 한국에서는 뒤러가 조금 낯설게 여겨지지만 독일에서 그의 위상은 대단합니다. 유럽이 유로화로 화폐를 통일하기 전에는 독일의 5마르크, 20마르크 지폐에 뒤러의 초상화 작품이 인쇄될 정도였으니까요.

매너리즘

르네상스 천재 화가들을 뛰어넘으려 한
화가들이 있다?

예술은 항상 이전의 것을 뛰어넘어 새로운 것을 시도합니다. 하지만 미켈란젤로, 레오나르도 다빈치, 라파엘로 같은 천재들이 이끈 시대라면, 과연 더 나아갈 길이 있을까요?

'그들보다 더 뛰어난 것을 창조할 수 있을까?'

이러한 생각으로부터 매너리즘Mannerism이 시작되었습니다. 매너리즘은 르네상스에서 바로크로 이어지는 시기에 이탈리아에서 나타난 과도기적 미술을 말합니다. '매너'는 스타일 또는 양식을 뜻하는 이탈리아어 '마니에라maniera'에서 유래했습니다. '보편적인 예술 양식'이라는 뜻으로 당시에는 '기준이 되어 준다'는 긍정적 의미를 가지고 있었습니다. 하지만 17세기 이후 비평가들을 통해 '개성이 사라졌다'는 부정적 의미를 띠게 되었습니다. 오늘날에도 '매너리즘에 빠졌다'는 표현은 발전 없이 반복되는 상황을 묘사하는 데 쓰입니다.

매너리즘 화가들은 르네상스의 대가들과 달리 자신만의 독창적인 양식(매너)을 창조하고자 했습니다. 그러한 의도가 과했던 탓일까요? 일부 작품에서는 기괴하게 왜곡된 신체 비율, 불분명한 구도, 과장된 표현이 두드러지게 나타납니다. 그래서 어딘지 모르게 조화롭지 못해 긴장감과 불안정함이 느껴지지요.

파르미자니노Parmigianino(1503~1540)의 〈목이 긴 성모〉는 매너리즘의 대표적인 작품 중 하나입니다. 성모 마리아의 신체는 주변 인물들보다 지나치게 크고, 목이 비정상적으로 길게 표현되었습니다. 성모가 안고 있는 예수 역시 아기라 하기에는 체격이 크지요. 자세도 불안정해서 예수가 곧 성모의 무릎에서 미끄러져 떨어질 것 같습니다. 르네상스의 자연스러움에 반하는 인위적 양식과 화가의 자의식이 느껴지는 부조화스러운 모습 등 매너리즘 회화의 특징이 잘 드러나는 작품입니다.

매너리즘 화가들의 작품은 당시에는 큰 주목을 받지 못했습니다. 그러나 현대에 와서는 매너리즘이 화가의 자의식을 강조한 점에서 새롭게 주목받고 있습니다. 르네상스의 예술가들이 주로 고객의 의뢰를 받아 작품을 제작해야 했기에 화가 개인의 이야기를 담기 어려웠던 데 반해 매너리즘 화가들은 기존의 예술 양식에서 벗어나 자신만의 스타일을 만들었다고 평가받기 때문입니다. 시대가 흐르면서 역사적 평가가 달라질 수 있다는 점을 시사하는 대목이기도 합니다.

▲ 파르미자니노, 〈목이 긴 성모〉, 1534~1540

종교 개혁과 미술

종교 개혁 때문에 풍경화와 정물화가 탄생했다고?

1506년 교황 율리오 2세는 성 베드로 대성당 증축 기금 마련을 위해 유럽 전역에서 면벌부를 판매한다고 선포했습니다. 달랑 종이 한 장짜리 면벌부를 사면 잘못을 모두 용서받고 심지어 천국에 갈 수 있다고 하니, 수많은 사람들이 앞다투어 성직자들에게 돈을 냈지요. 게다가 이렇게 모은 돈이 온전히 성당 증축에 쓰인 것도 아니었습니다. 가장 청렴해야 할 성직자들이 돈을 자신의 주머니로 빼돌리기까지 했지요.

결국 면벌부를 판매한 지 10여 년이 지난 1517년 로마 가톨릭 수도회의 사제였던 마르틴 루터가 "교황은 그 직권 혹은 교회법의 위세로 부과된 형벌 이외의 어떤 벌이든지 용서할 힘이나 뜻을 가지지 못한다" 등 95개나 되는 이유를 들어 비판에 나섰습니다. 그리고 이 일을 계기로 종교가 변해야 한다는 강력한 목소리가 여기저기에서 터져 나왔습니다. 이 사건을 종교 개혁이라고 합니다.

종교 개혁의 바람은 새로운 예술 장르를 탄생시켰습니다. 중세 시대부터 천 년 넘게 성모 마리아, 예수 그리스도의 일대기부터 많은 성인들이 겪은 고초나 종교적 이야기를 바탕으로 예술 작품이 제작되었습니다. 하지만 종교 개혁이 불어닥친 북유럽 지역의 개신교는 이러한 우상 숭배가 종교의 폐단을 이끌었다고 판단했습니다.

이런 상황에서 예술은 이제 성당이나 후원자가 아닌 신흥 부르주아들의 입맛에 맞게 변해갔습니다. 그렇게 탄생한 장르가 바로 풍경화와 정물화입니다. 현실적이고 이성적인 부르주아들은 종교화보다는 자신의 부와 지위를 드러내거나 집을 꾸밀

▲ 페르디난트 파우얼스, 〈95개조 반박문을 못 박고 있는 루터〉, 1872

한스 볼롱기에르, 〈꽃이 있는 정물화〉, 1639 ▶

수 있는 그림을 찾았고, 주목받지 못했던 풍경이나 정물이 사회 상황과 맞아떨어지면서 하나의 장르로 자리 잡게 된 것입니다.

이와 관련해 재미있는 이유가 몇 가지 있는데 그중 하나가 튤립입니다. 당시 네덜란드에서는 튤립에 대한 수요가 엄청나 그 가격이 상상을 초월할 정도로 치솟았습니다. 그런데 이렇게 비싼 튤립을 구하더라도 한 철만 즐길 수 있을 뿐이니, 사시사철 튤립을 감상하고 싶은 부르주아들이 생각해낸 방법이 바로 정물화였던 것입니다. 또 하나는 신항로와 여행입니다. 새로운 항로가 개척되고 무역이 활발해지면서 부르주아를 중심으로 여행 문화가 성장하기 시작했고, 직접 여행을 가지 못하는 사람들은 여행을 다녀온 화가들이 기록한 풍경 그림이나 엽서를 구매했습니다. 이렇게 풍경화는 하나의 장르로 정착했지요.

종교 개혁의 여파가 사회와 정치를 넘어 예술에까지 큰 변화를 가져왔다는 사실은 예술이 사회를 이해하는 창이라는 점을 분명하게 보여줍니다.

바로크

바로크 시대 미술의 특징은?

팟캐스트 미술식탁 136회

바로크Baroque 시대는 예술과 건축을 중심으로 화려하고 풍부한 스타일을 지닌 17세기부터 18세기 초까지의 시기를 지칭합니다. 바로크 시대의 예술은 장식적, 웅장함, 역동적 움직임, 빛과 공간을 이용한 극적 연출, 현실적 주제의 결합 등이 특징입니다.

바로크 시대의 장식과 웅장함을 보여주는 사례는 프랑스의 베르사유 궁전입니다. '짐이 곧 국가다'라고 말한 루이 14세가 자신을 위한 더욱 화려한 궁전을 원하면서 베르사유 궁전을 증축하기 위해 건축가, 조각가, 회화 작가, 장식예술가, 수학자 들을 총동원했습니다. 더 화려하게, 더 웅장하게 증축된 궁전의 내부는 보석으로 장식한 샹들리에와 예술가들의 벽화, 가구들로 채웠고, 외벽은 금빛 장식으로 꾸미고 곳곳에 조각품을 세워 화려함을 극대화했습니다. 이 기간에는 건물만 증축한 것이 아니라 정원도 수학적으로 완벽한 대칭과 비례를 보여주도록 설계해 조성했습니다.

이렇게 완성된 베르사유 궁전의 규모는 축구장 면적의 약 열두 배 정도로, 궁전 주위를 둘러보는 데만 사흘이 걸린다고 합니다. 베르사유를 표현하는 가장 적절한 설명은 '외관은 웅장하게, 내부는 화려하게'일 것입니다. 베르사유의 수많은 공간 중에서도 가장 잘 알려진 '거울의 방'은 이름에서부터 알 수 있듯이 거울로 치장된 장소인데, 예술가들이 그린 천장화와 함께 황금 장식이 돋보이는 공간입니다. 햇빛이 들어올 때면 황금빛이 거울에 반사되어 내부의 공간을 더욱 화려하고 극적으로 보여줍니다. 태양왕 루이 14세에게 가장 어울리는 공간이라고 할 수 있지요.

베르사유 궁전의 전경 ▶

베르사유 궁전의 정원 ▶

　바로크 예술의 특징인 역동적인 움직임을 잘 보여주는 화가는 플랑드르 지역에서 주로 활동한 페테르 파울 루벤스Peter Paul Rubens(1577~1640)입니다. 〈십자가를 세움〉은 예수가 못 박힌 십자가를 건장한 남자들이 들어 올려 세우는 모습을 묘사한 작품입니다. 이 그림에서 받는 첫인상은 강하고 역동적이다 못해 구불구불한 느낌이 듭니다. 왜일까요? 첫 번째 이유는 과장된 근육의 표현입니다. 인체의 움직임에 따라 쓰이는 근육을 실제보다 훨씬 더 과장되게 묘사해 곡선이 살아 있으면서도 강한 에너지가 느껴집니다. 두 번째 이유는 강렬한 빛입니다. 오른쪽 위에서 내리쬐는 빛이 예수의 몸을 정면으로 비추어 근육의 명암을 더욱 강조해주고 배경과 인물을 완벽하게 구분시켜줍니다. 그 덕분에 우리는 예수의 모습을 먼저 본 뒤 자연스럽게 오른쪽 아래로 시선을 옮겨 가며 작품을 감상하게 됩니다. 감상자의 시선을 빼앗는 화려하고 생동감 넘치는 그림을 그린 루벤스는 주변 국가에서까지 주문을 받을 정도로 많은 인기를 누렸습니다.

▲ 베르사유 궁전에 있는 '거울의 방'

▲ 페테르 파울 루벤스, 〈십자가를 세움〉, 1609~1610

　마지막으로 빛과 공간을 이용한 극적 연출을 보여준 화가는 이탈리아의 두 작가 미켈란젤로 메리시 다 카라바조Michelangelo Merisi da Caravaggio(1571~1610)와 조반니 로렌초 베르니니Giovanni Lorenzo Bernini(1598~1680)입니다. 카라바조의 〈성 마태오의 소명〉을 보면 왼쪽에서 돈을 세던 마태오(검은 옷)가 오른쪽을 쳐다보고 있고, 오른쪽 끝에 선 한 남자가 손가락으로 마태오를 가리키고 있습니다. 그 남자의 머리 위로는 창문을 통해 들어온 빛이 실내를 길게 비추고 있지요. 오른쪽의 남자는 바로 예수입니다. 르네상스 때까지만 하더라도 예수를 비롯한 성인의 머리 주위에는 후광을 그려 넣었습니다. 하지만 이 작품에서는 창문을 통해 들어온 빛으로 예수의 후광을 대신했습니다. 빛의 방향을 이용해 자연스럽게 감상자의 시선을 마태오 쪽으로 향하게 하여 주제를 잘 살린 연출입니다.

　베르니니의 조각 〈다윗〉은 성경에 나오는 다윗과 골리앗 이야기의 주인공 다윗

▲ 카라바조, 〈성 마태오의 소명〉, 1599~1600

▲ 베르니니, 〈다윗〉, 1623~1624

을 묘사한 작품입니다. 다윗은 자기보다 덩치가 크고 힘도 센 골리앗을 상대로 기지를 발휘해 이긴 인물입니다. 양치기에 불과한 다윗은 돌멩이 다섯 개로 골리앗의 이마와 눈을 맞춰 넘어뜨린 뒤 골리앗의 칼집에서 칼을 꺼내 목을 베어버렸지요. 베르니니의 조각은 다윗이 돌멩이를 던지는 순간의 장면을 연출한 것입니다. 한껏 찡그린 미간, 앙다문 입술, 돌멩이를 멀리 던지기 위해 힘을 준 자세까지 긴장한 모습이 역력합니다.

그러나 골리앗이 보이지 않습니다. 따로 만들었을까요? 다윗을 주제로 한 조각은 대부분 다윗이 골리앗의 머리를 베어 밟고 있는 승리한 모습을 보여줍니다. 하지만 베르니니는 골리앗을 생략하고 다윗만 제작했습니다. 골리앗은 감상자의 상상에 맡겨버린 것이지요. 이전까지 누구도 시도하지 않았던 창의적인 발상이었습니다.

이렇듯 바로크 시대 미술은 움직임과 감정을 풍부하게 담아내 미술을 한층 생동감 있게 만들었습니다.

신고전주의

가장 고전적인 것이 가장 아름답다?

팟캐스트 미술식탁 147회

18세기 말 유럽에서는 왕족과 귀족 중심의 사치스럽고 화려한 바로크와 로코코 미술에 반감이 확산되기 시작했습니다. 그에 따라 고전적인 옛 그림이 주목받게 됩니다. 르네상스의 대가들부터 그리스·로마 시기의 조각에 이르기까지 단조로우면서도 엄격한 규칙성이 돋보이는 작품이야말로 명쾌한 감동을 지녔다고 본 것이지요. 때마침 화산재에 덮여 있던 고대 로마 도시 폼페이가 대대적으로 발굴되며 여행객을 끌어모은 것도 영향을 미쳤습니다. 이처럼 고전 양식을 새롭게 해석해 계승한 미술 사조를 신고전주의Neo-Classicism라고 합니다.

신고전주의가 등장한 18세기 유럽은 계몽주의 시대였으며, 이성과 합리를 중시하는 한편 감정적인 것을 천박하다고 여겼습니다. 극적 감정을 드러낸 바로크와 로코코에 대한 반동이기도 했지요. 자크루이 다비드Jacques-Louis David(1748~1825)의 〈호라티우스 형제의 맹세〉는 기원전 7세기, 패권을 다투던 로마와 알바의 비극을 기록한 역사화입니다. 왼쪽의 남성들은 조국 로마를 위해 목숨을 바칠 것을 맹세하

▲ 다비드, 〈호라티우스 형제의 맹세〉, 1785

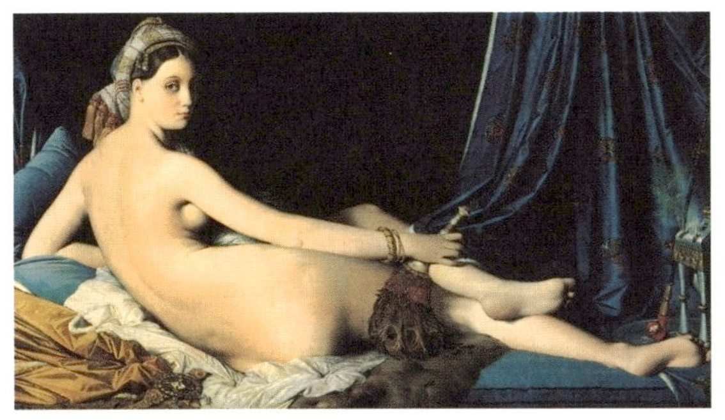
▲ 앵그르, 〈그랑 오달리스크〉, 1814

크라테르 도기, B.C. 450 ▶

는 호라티우스 형제들입니다. 그러나 그들이 싸워야 할 상대는 다름 아닌 여동생의 약혼자였지요. 그림의 오른쪽에는 슬픔에 잠긴 어머니와 여동생을 상대적으로 작은 크기로 배치해 화면의 좌우대비를 더욱 극대화했습니다. 프랑스 대혁명을 지지한 다비드는 정치적 이상이 개인의 감정보다 앞서야 한다고 생각했고, 이를 엄숙하고 고전적인 주제와 양식으로 표현했습니다. 실제로 이 그림이 공개된 후 애국과 애정을 주제로 한 토론이 활발하게 이루어졌다고 합니다.

신고전주의가 항상 역사적 내용이나 계몽적 내용만을 다룬 것은 아닙니다. 대표적인 신고전주의 화가 장 오귀스트 도미니크 앵그르Jean-Auguste-Dominique Ingres(1780~1867)는 여성의 누드를 비롯한 초상화를 주로 그렸습니다. 대표작인 〈그랑 오달리스크〉를 보면 여성의 허리를 유달리 길게 그렸을 뿐만 아니라 비스듬히 누운 자세에서는 나올 수 없는 각도로 여성의 신체를 그렸습니다. 앵그르가 인체의 비율을 잘 몰랐기 때문일까요? 아니면 기술이 부족했던 것일까요? 그렇지 않습니다. 앵그르는 여성의 몸이 지닌 아름다운 곡선을 고대 그리스 항아리의 선과 형태에 비유하며, 이를 더욱 강조하기 위해 일부러 비례를 변형했습니다. 즉, 인체의 곡선조차 고전적인 이상미를 반영할 수 있다는 '선'의 아름다움을 표현한 것이지요.

낭만주의

낭만은 아름답기만 한 것일까?

팟캐스트 미술식탁 152회

신고전주의와 동시에 유행한 화파가 있습니다. 바로 낭만주의Romanticism입니다. 낭만주의라는 용어는 로망스Romance와 같은 어원을 가지며, 일반적으로 '감미로운 분위기', '감상적이고 이상적으로 대하는 태도' 등을 의미합니다. 그러나 18세기 중엽에 나타난 낭만주의는 기존 체제와 관습에 대한 반발을 바탕으로 감정과 상상력, 그리고 예술가의 개성을 중시하는 방향으로 발전했습니다.

프랑스 혁명이 최고조에 이르자 사회적 분위기가 변화하면서 화가들은 기존의 신고전주의적 표현 방식에 대한 문제를 제기했습니다. 신고전주의는 왕과 귀족이 만든 규율을 따르는 경향이 있었고, 이는 점점 확산되는 혁명 정신과 상반되는 것이었습니다. 낭만주의 화가들은 기존의 규칙과 질서에서 벗어나 인간의 존엄성과 감정의 자유로운 표출을 강조했습니다. 이들은 감정과 상상력을 한껏 담아 더욱 개성적인 그림을 그렸습니다. 그들은 아카데미의 틀에서 벗어나 예술가의 독창성 역시 존중받아야 한다고 생각했습니다.

낭만주의의 대표 화가 외젠 들라크루아Eugène Delacroix(1798~1863)가 그린 〈민중을 이끄는 자유의 여신〉은 1830년 프랑스 파리에서 일어난 7월 혁명을 기념하기 위해 같은 해에 그려진 작품으로 투쟁의 열기와 감정이 생생히 느껴집니다. 제목에서 알 수 있듯이 중앙의 여성은 상상으로 만들어낸 여신입니다. 쓰러진 사람들 위에서 온 힘을 다해 전진하라고 외치는 목소리가 들리는 것만 같습니다. 프랑스 국기의 색채

▲ 외젠 들라크루아, 〈민중을 이끄는 자유의 여신〉, 1830　　▲ 테오도르 제리코, 〈메두사호의 뗏목〉, 1819

가 긴장감을 더욱 고조시키며 극적 연출을 돕고 있습니다.

들라크루아가 혁명 정신을 표현했다면 테오도르 제리코Théodore Géricault(1793~ 1824)는 1816년 여름에 실제 일어난 참혹한 사건을 무섭도록 사실적으로 그려냈습니다. 〈메두사호의 뗏목〉은 군함 메두사호가 난파되어 살아남은 사람들이 뗏목에 의지하고 있는 절망적인 상황을 그린 작품입니다. 뗏목의 귀퉁이에는 이미 생명이 다해 몸이 검푸르게 변한 사람들이 널부러져 있고, 뗏목 앞쪽에는 저 멀리 보이는 배를 향해 처절하게 구조 신호를 보내는 사람들이 대조적으로 묘사되어 있습니다. 실제로 제리코는 메두사호의 생존자들을 인터뷰하고, 죽은 사람의 시체를 관찰해 그림을 그렸다고 합니다. 구조를 요청하는 선봉장으로 백인이 아닌 흑인 노예를 배치한 점은 극적 반전을 노린 연출이자 백인 중심주의를 비판하는 장치입니다.

낭만주의는 이후 풍경화에도 많은 영향을 미쳤습니다. 이전까지의 전통적인 풍경화는 사실적인 재현을 중시했으나 낭만주의 이후에는 자연을 감성적으로 해석하는 방식이 자리 잡게 되었습니다. 이러한 변화는 이후 자연주의 화가들에게도 영향을 주게 됩니다.

사실주의

현실을 있는 그대로 그린 작품에는
어떤 힘이 있을까?

'사실적으로 그린다'는 것은 단순히 눈에 보이는 대상을 있는 그대로 묘사하는 것을 넘어, 그 속에 담긴 현실의 본질과 진실을 드러내고자 하는 예술적 태도를 의미합니다. 이러한 접근은 19세기 중반, 프랑스 화가 귀스타브 쿠르베Gustave Courbet (1819~1877)에 의해 구체적인 예술 사조로 발전하게 됩니다.

쿠르베는 당시 주류였던 낭만주의와 고전주의의 이상화된 표현 방식을 거부하고, 그 대신 노동자, 농민, 거리의 사람들처럼 이전까지 예술의 주제로 여겨지지 않았던 평범한 사람들의 삶을 사실적으로 그려냈습니다. 쿠르베는 "나는 천사를 그릴 수 없다. 왜냐하면 천사를 본 적이 없기 때문이다."라는 말로 자신이 추구한 사실주의의 핵심을 강조했습니다. 그의 작품에는 단순히 외형적인 사실성을 넘어서, 사회적 현실과 그 속에 살아가는 사람들의 진솔한 모습을 담아내려는 노력이 깃들어 있습니다.

이전의 예술에서도 현실이 그려지긴 했지만, 주로 귀족과 상류층의 삶을 중심으로 한 모습이 대부분이었습니다. 그러나 쿠르베는 이전까지 주목받지 못했던 노동자, 권투선수, 선술집, 노인, 거리의 사람들을 예술의 중심에 놓았습니다. 이전의 예술은 진짜 사실이 아닌 고전주의적 웅장함이나 낭만주의의 격정적 감정을 포함한 일종의 연출이라는 것이지요.

쿠르베에게 사실이란 눈앞의 사람들이 살아가는 '현실'에 가까웠습니다. 쿠르베

▲ 귀스타브 쿠르베, 〈밀 터는 여인〉, 1854

▲ 오노레 도미에, 〈삼등열차〉, 1862

는 어떤 연출도 하지 않고 노동자들의 삶을 그대로 화면에 옮긴 뒤 전시회에 출품했습니다. 그동안 이상화된 아름다움만 보아 왔던 비평가들은 큰 충격을 받았습니다. 그들은 일상 자체를 예술로 승격시키려는 쿠르베의 생각을 받아들이지 못했습니다. 쿠르베와 함께 사실주의를 대표하는 화가로 〈이삭 줍는 여인들〉, 〈만종〉 등 시골의 소박한 분위기와 더불어 밭에서 일하는 노동자들을 주인공으로 그린 장 프랑수아 밀레Jean-François Millet(1666~1723)가 있습니다.

오노레 도미에 역시 쿠르베와 같은 시기에 활약한 사실주의 화가입니다. 〈가르강튀아〉 같은 직설적이고 풍자적인 그림을 그리기도 했지만, 〈삼등열차〉에서는 프랑스의 사회 경제적 차이를 강조했습니다. 2등석이나 1등석 표를 살 여유가 없는 노동자 계급만 이용하던 삼등칸의 모습이야말로 진정한 현실임을 직설적으로 보여줍니다.

사실주의는 이후 예술가들이 현실을 바라보는 방식에 깊은 영향을 주었으며, 인상주의와 사회적 리얼리즘의 발전에 중요한 역할을 했습니다. 이를 통해 우리는 '사실적으로 그린다'는 행위가 단순한 재현을 넘어 예술가의 시선과 시대적 맥락을 깊이 고민하게 하는 힘을 가졌음을 알 수 있습니다.

인상주의

옛날에는 화가들이 사진기 역할을 했다고?

팟캐스트 미술식탁 7회

멋진 곳으로 여행을 가면 그곳의 풍경을 간직하기 위해 사진을 촬영하곤 합니다. 그렇다면 사진기가 발명되기 전에는 어땠을까요? 과거에 화가의 중요한 역할 중 하나가 '기록'이었습니다. 화가가 사진기의 역할을 한 것이지요. 19세기 중반에 사진기가 발명된 후 화가들은 시름에 빠졌고 이제 화가에게도 변화가 필요했습니다. 사진기가 담을 수 없는 것을 그려야 할 때가 온 것이지요.

화가들은 '시시각각 변하는 순간의 빛'에 집중했습니다. 빛에 의해 순간적으로 변하는 자연의 모습을 빠르게 포착해서 그리기 시작했지요. 당시에는 카메라로 사진 한 장을 찍는 데 짧게는 몇 분, 길게는 몇 시간이 걸렸으므로 화가들은 빛을 빠르게 포착하는 것이야말로 카메라가 절대 표현할 수 없는 영역이라고 생각했습니다. 이렇게 등장한 화파가 찰나의 순간, 빛과 인상에 집중하는 인상주의impressionism입니다.

인상주의의 대표 화가 클로드 모네Claude Monet(1840~1926)는 동일한 장소에서 다양한 시간대의 빛과 대기의 변화를 관찰해 그린 연작을 다수 남겼습니다. 모네는 동일한 빛을 관찰하기 위해 매일 같은 시간대에 같은 장소에서 그림을 그렸다고 합니다. 인상주의가 출현하기 전까지 화가들은 대부분 실내에서 그림을 그렸지만 인상주의 화가들이 활동한 후부터 야외 사생이 일반화됩니다. 때마침 개발된 튜브 물감도 야외 사생이 대중화되는 데 기여했습니다. 그전까지는 동물의 가죽이나 방광에 안료와 기름을 섞어 들고 다니다 보니 휴대가 불편해 풍경 화가들조차 대부분 아틀

▲ 클로드 모네, 〈인상, 해돋이〉, 1872

리에에서 작업할 수밖에 없었다고 합니다.

변화하는 찰나의 빛을 표현하려면 정확하게 관찰하고 빠르게 칠해야 합니다. 따라서 팔레트에서 물감을 섞어 색을 만들기보다는 캔버스 위에 바로 물감을 툭툭 얹어 색감을 표현하는 방법을 사용했는데, 섬세하게 그리는 화풍과 다르다 보니 물감을 대충 발라 놓은 것처럼 보이기도 합니다.

1872년 모네는 〈인상, 해돋이〉라는 작품을 선보였습니다. 이 작품을 마주한 비평가들은 '인상만을 대충 그렸다'고 비꼬듯이 말했습니다. 경멸적 의미로 쓴 인상이라는 단어가 아이러니하게도 '인상주의'라는 용어의 기원이 되었습니다. 오히려 현대에는 많은 사람들이 좋아하는 미술 사조가 되었지요. 왜일까요? 해가 막 솟아오르는 순간, 붉은빛이 스며든 바닷가의 풍경을 아름다운 색채로 표현한 작품을 보며 저마다 자신의 마음을 움직이는 감정을 느꼈기 때문일 것입니다.

인상주의의 대표적인 화가로는 밝고 경쾌한 색채로 여성 인물화를 많이 그린 오귀스트 르누아르Auguste Renoir(1841~1919)가 있습니다. 르누아르의 작품을 보면 대화를 나누거나 웃고 있는 사람들의 목소리가 들리는 듯합니다. 르누아르도 야외에서

▲ 클로드 모네, 〈루앙 대성당〉 연작 1892~1894
이 연작을 통해 모네는 빛에 따라 대상의 색은 달라질 수 있다는 자신의 생각을 분명하게 보여주었습니다. 대성당의 건물이 가진 색을 고정적으로 인식하고 있는 것과는 달리 실제로는 흐린 날, 맑은 날, 해질녘, 밤 등 시간과 빛의 변화에 따라 다른 색감을 보여줍니다.

▲ 피에르 오귀스트 르누아르, 〈뱃놀이 일행의 오찬〉, 1881

▲ 에드가 드가, 〈발레 연습〉, 1873

사람들을 관찰하고 빠르게 그림을 그렸기 때문에 붓 터치가 짧고 미묘한 표정 변화가 담겨 있어 생동감이 느껴집니다. 마치 그림속에서 사람들이 살아 움직일 것만 같습니다. 그래서 그런지 르누아르는 파티에 많이 초대받은 화가였다고도 합니다.

우키요에(《042. 우키요에》 참고)와 스냅 사진의 독특한 구도에서 영향을 받은 에드가 드가Edgar Degas(1834~1917)는 부분을 자른 듯하거나 인물들이 한쪽에 치우치도록 화면을 구성했습니다. 드가는 발레리나, 승마를 소재로 한 작품을 많이 그렸습니다. 그는 다른 인상주의 화가들처럼 야외에서 그림을 그리지도, 빠르게 그리지도 않았습니다. 그러나 도시 일상의 순간적인 이미지와 역동성인 모습을 포착한 점, 파스텔을 사용해 빛의 효과를 표현한 점 때문에 인상주의자로 평가받습니다.

인도 불상

불교에서 처음에는 불상이 없었다고?

팟캐스트 미술식탁 43회

인도의 미술은 다양한 종교의 영향을 받으며 발전했습니다. 힌두교, 이슬람교와 함께 인도에서 시작한 불교는 삼국시대에 우리나라에 유입되어 고려시대까지 크게 융성했습니다. 그런데 인도에서는 불교가 만들어진 후 약 600년 가까이 불상이 등장하지 않습니다. 그 이유는 무엇일까요?

이는 불교를 창시한 석가모니의 유언에서 비롯되었습니다. 석가모니는 사람들을 현혹할 수 있는 불상을 제작하지 말고, 개인의 기도와 수련으로 깨달음을 얻기를 바랐습니다. 대신 부처를 상징하는 보리수나 연꽃을 표현하거나 탑을 제작하는 문화가 발전했습니다. 이렇게 개인의 해탈을 강조하는 불교를 소승불교小乘佛敎라고 합니다.

그런데 쿠샨 왕조(78~226년경)가 세워져 국가가 불교를 주도하면서 불교 교리에도 변화가 생깁니다. 모든 중생의 구제를 목적으로 하는 대승불교大乘佛敎가 성립하면서 석가모니가 신격화되고 아미타불, 미륵불 등 여러 부처가 생겨난 것이지요. 또 많은 사람들에게 부처의 가르침을 전파하기 위해 상징적인 불상이 필요해지게 됩니다. 당시 알렉산드로스 대왕의 원정으로 인해 인도에 신상을 숭상하는 문화와 그리스 조각이 유입되는데, 이로써 서북부 인도 지방에 전파된 그리스 헬레니즘 양식의 영향으로 물결 모양의 곱슬곱슬한 머리와 서양인처럼 뚜렷한 이목구비, 섬세하게 표현한 법의 주름 등의 특징을 지닌 간다라Gandhara 양식이 만들어졌습니다. 이와 대

▲ 간다라 불상

▲ 마투라 불상

조적으로 중남부 인도 지방에서는 인도 전통 문화권의 토속성이 반영되어 동글동글한 곱슬머리, 인도인의 생김새를 닮은 얼굴, 법의가 얇아 신체 윤곽이 그대로 드러나는 표현 등이 특징인 마투라Mathura 불상이 만들어졌습니다. 각 지역의 문화와 지리적 특징이 반영된 것이지요.

굽타 왕조(320~606년경)가 들어선 후 두 양식을 융합한 스타일로 불상의 양식을 새롭게 형성하고 불교 사원 건축, 불화와 석불 제작 등도 활발하게 이루어져 인도 불교문화의 전성기를 맞이합니다. 하지만 이후 등장한 왕조에서는 불교를 국교로 선택하지 않고 힌두교와 이슬람교를 번갈아 받아들이면서 인도 본토에서는 점차 불교가 쇠퇴했습니다. 하지만 힌두교 조각상을 제작할 때에도 불상 제작 방식을 적용하였기에 여전히 불교의 흔적을 찾아볼 수 있습니다.

청명상하도

그림 한 폭에 900년 전 일상이 다 담겼다고?

나라가 평안하여 걱정할 일이 없는 세상, 어진 임금이 다스리는 시대를 '태평성대太平聖代'라고 합니다. 전 세계적으로 태평성대를 이룬 시기에는 경제 부흥과 함께 누구나 즐길 수 있는 문화와 예술이 함께 발전했다는 특징이 있습니다. 조선의 세종 때에는 한글 창제와 함께 한글 소설이 전파되었고, 영조와 정조 때에는 판소리와 풍속화가 만들어졌지요.

중국에도 손꼽히는 태평성대가 있었습니다. 바로 송나라 때입니다. 송나라는 수-당-5대 10국 이후에 건국된 나라로 기존의 귀족제도를 타파했습니다. 지역에 따라 차별적인 행정 실태를 없애려는 시도였지요. 또 국교로 불교나 도교가 아닌 유교를 선택했습니다. 교육을 강조하는 유교 교리 덕분에 사회 시스템도 꽤 잘 만들어졌습니다. 송나라는 고려뿐만 아니라 유럽과 터키, 아프리카와도 활발하게 교류했지요.

이 시기를 자세하게 그린 그림이 남아 있습니다. 장택단이 그린 〈청명상하도清明上河圖〉는 송나라 수도인 카이펑(개봉开封)에서 '청명절'을 지내는 다양한 서민 군상을 그린 작품입니다. 청명절은 24절기* 중 다섯 번째에 해당하는 청명일을 기념하는 명절로 하늘이 차츰 맑아지는 시기에 사람들은 나무를 심거나 성묘하며 가족과 단란한 시간을 보냈다고 합니다. 선선한 날씨에 성묘와 나들이를 떠나는 가족의 모습을 떠올리면 행복한 기분이 들지 않나요? 장택단은 그런 서민들의 모습을 포착하여 5미

▲ 장택단, 〈청명상하도〉, 1120년경

터가 넘는 비단 두루마리에 옮겨 그렸습니다. 오른쪽에서 왼쪽 방향으로 그림을 감상하는 〈청명상하도〉는 크게 세 부분으로 나뉘는데, 가장 오른쪽에는 카이펑 근교의 숲과 강의 모습이 그려져 있고, 가운데에서는 물건을 사고파는 상인들과 무역을 위해 정박한 배의 모습이 보입니다. 조금 시선을 이동하면 중앙부에는 강 위의 다리에 펼쳐진 노점상과 서민을, 왼쪽으로 가면서 카이펑으로 들어가는 성문과 도성 내의 다양한 인간 군상을 표현했습니다. 얼마나 세밀한지 직업에 따라 의복을 다르게 그렸으며, 외국인들도 그려져 있는데 고려인으로 추정되는 사람도 있다고 합니다.

당시의 풍속과 문화를 생생하게 엿볼 수 있는 이 작품은 중국 북송 시대의 사회상을 알 수 있는 귀중한 자료이자 동양뿐만 아니라 당시 동양 문화를 알 수 있는 귀중한 자료로 평가받고 있습니다. 이런 이유로 중국과 대만 등지에서는 국보 1호라는 별명을 지니고 있습니다.

---

* 24절기: 태양의 위치에 따른 계절 변화를 참작해 24개로 나눈 동양의 계절 구분법이다. 이 중 청명일은 다섯 번째 절기로 양력 4월 5일경에 해당한다.

삼국시대의 미술

고구려, 백제, 신라 문화는 어떻게 구분할까?

팟캐스트 미술식탁 20회

우리는 한국사 수업 시간에 고구려, 백제, 신라 삼국의 역사를 배웠습니다. 각기 독립된 역사와 뚜렷한 개성이 있는 나라들이지요. 그렇다면 세 나라에 공통점도 있었을까요? 서로 국경을 맞대고 있었던 만큼 세 나라는 교류가 활발했고 서로 문화적으로도 영향을 끼쳤습니다. 여기에서는 미술 양식을 중심으로 그 차이와 공통점을 살펴보겠습니다.

삼국 중 가장 먼저 성장한 나라는 고구려입니다. 드넓은 만주 벌판부터 고산지대인 개마고원까지 넓은 영토를 다스리기 위해서 기동력이 좋아야 했던 고구려는 기마 민족답게 기백이 넘치고 활달한 풍모를 지녔습니다. 고구려 고분 벽화인 무용총 〈수렵도〉에서 산과 산 사이를 뛰어다니는 고구려인들의 모습에서 역동적이다 못해 빠른 속도감이 느껴집니다. 심지어 사람이 호랑이나 산보다 크게 그려져 있어 고구려인들이 스스로를 대범하고 강건하게 생각했음을 알 수 있습니다. 고구려는 중국과 한반도의 중간에 위치하여 잦은 전쟁에 대비해야 했기에 문화적으로도 강인함을 표출하는 방향으로 성장했습니다. 산과 동물의 모습을 역동적이고 율동감 있게 그려낸 점, 노란색, 주황색, 빨간색 등 원색을 주로 사용한 점 등이 모두 여기에 해당합니다.

고구려는 불교 문화도 삼국 중 가장 먼저 수용했습니다. 고구려의 불교는 신라와 일본에도 영향을 미쳤는데, 일본의 호류지法隆寺에는 고구려와 백제의 영향을 받은

▲ 무용총 〈수렵도〉 벽화, 5세기

▲ 담징, 〈호류지 아미타정토도〉, 7세기

벽화가 남아 있어 바다 건너 일본에 불교를 전파하는 데 고구려가 큰 역할을 했음을 알 수 있습니다.

고구려 다음으로 고대 왕국의 체제를 수립한 국가는 백제입니다. 지금의 서울에서부터 시작해 충남과 호남 지역을 지배한 백제는 넓은 평야와 곡창지대, 상대적으로 더운 기후로 인해 여유로우면서 세련된 문화가 발전했습니다. 백제는 고구려와 마찰을 빚지 않도록 주로 뱃길을 통해 중국의 문화를 수용했고 백제만의 것으로 발전시켰습니다. 독특한 점이 있다면 대부분의 미술품에 자연을 사랑한 백제인의 취향이 잘 나타난다는 점입니다.

대표작인 〈백제 금동 대향로〉를 보면, 뚜껑 부분에는 신선이 산다는 전설 속의 박산博山과 신선들의 모습을 화려하게 묘사하고, 뚜껑 꼭대기에는 날개를 펼친 봉황을 세웠습니다. 향로 본체에는 연꽃을 형상화하고 꽃잎마다 각종 동물을 조각했습니다. 향로의 받침 부분은 힘차게 하늘로 뻗어나가는 용의 형상으로 만들어 위엄을 더했습니다. 불교 신앙과 도교적 상징, 왕실의 권위를 뛰어난 예술적 독창성을 발휘해 형상화한 작품으로, 화려한 가운데 자연의 신비로움과 평안함을 동시에 느낄 수 있습니다. 〈백제 산수봉황무늬벽돌〉이나 〈서산 마애여래삼존상〉에서도 유사한 특징

▲ 백제 금동대향로, 6~7세기

▲ 백제 산수봉황무늬벽돌

을 찾아볼 수 있습니다. 백제 특유의 완만하고 부드러운 모양으로 조각된 산이나 의복에서 여유로움을 느낄 수 있지요. 모두 불교 사찰이나 제례용으로 만들어졌다는 점을 생각하면 백제의 불교 문화가 얼마나 융성했는지 알 수 있습니다.

신라는 고구려와 백제에 비해 발전이 상대적으로 늦었습니다. 중국의 문화를 받아들이려면 육로로는 고구려를 거쳐야 했고 해로로는 백제를 거쳐야 했기에 자연스럽게 고구려와 백제를 통해서 불교 문화를 수용하게 되었습니다. 가장 늦게 성장했지만 화려한 문화를 꽃피운 신라의 예술품을 보면 고구려와 백제의 특징을 잘 수용하여 문화를 발전시켰음을 알 수 있습니다. 지붕의 기와 장식이나 귀걸이를 보면 고구려와 백제의 것과 형태는 닮았지만 더욱 섬세하고 장식적으로 발전시켰지요.

이렇게 문화적으로는 고구려와 백제의 것을 받아들여야 했지만 마지막에 삼국을 통일한 국가는 신라입니다. 신라의 통일로 삼국의 미술 문화가 하나의 문화로 융합되면서 한민족의 문화가 만들어지는 기틀이 다져진 것이지요. 실제로 고구려, 백제, 신라는 언어가 통했고, 중국의 고서들에서는 삼국을 가리켜 동이東夷 라고 지칭하기

	고구려	백제	신라
기와 장식			
귀걸이			
문화의 특징	활발하고 기백이 넘침	여유롭고 세련됨	화려하고 장식적임
문화의 공통점	건축과 장신구의 형태가 닮아 있음 옷과 음식 문화를 공유해 의식주 문화 전반이 닮아 있음		

도 했습니다. 의복이나 음식 문화도 상당히 닮아 있었기에 서로의 문화를 받아들이는 데 거리낌이 없었을 것입니다. 이러한 특징으로 인해 우리는 삼국을 하나의 문화권으로 이해할 수 있습니다.

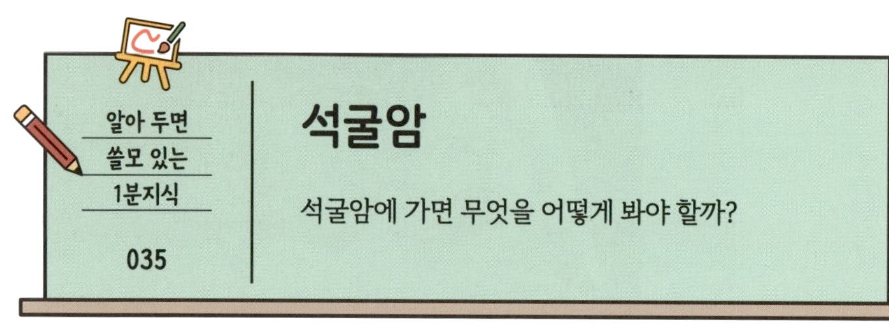

경주 토함산에 있는 석굴암石窟庵은 말 그대로 석굴 속에 있는 암자, 즉 사찰입니다. 대한민국 사람이 태어나서 반드시 한 번은 방문한다고 알려진 경주의 유적이자 유네스코 지정 문화재입니다.

석굴암의 우수성은 널리 알려져 있습니다. 화강암으로 만든 인공 석굴로 과학적 원리를 적용해 축조했고, 불상과 주변 조각들이 완벽한 좌우대칭과 황금비율로 구성되어 있어 1,300여 년 전 통일신라 시대에 만들어졌다는 사실이 놀라울 따름입니다. 사실 석굴 사원은 전 세계 곳곳에서 찾아볼 수 있습니다. 불교가 시작된 인도에는 1,200여 개가 넘는 석굴 사원이 있고 중국 간쑤성 둔황에는 1,000년 동안 만들어진 막고굴(둔황 석굴)이 있지요.

그렇다면 우리나라의 석굴암은 무엇이 그렇게 특별할까요? 다른 석굴 사원과 뚜렷이 구별되는 특징은 '인공 석굴'이라는 점입니다. 우리나라의 지질 환경을 분석해보면 땅을 구성하는 대부분의 암석이 화강암입니다. 화강암은 석영과 장석류가 주성분이며 매우 단단한 것이 특징입니다. 우리 주변에서 가장 자주 볼 수 있고 잘 부서지지 않다 보니 우리나라 사람들은 이 화강암으로 많은 조각 작품을 제작했습니다. 그리스나 로마의 조각상은 주로 대리석으로, 인도는 사암으로 조각을 만들었음을 생각해보면 우리나라가 조각을 제작하기 훨씬 힘들고 까다로울 수밖에 없었겠지요. 그런데 이 화강암으로 조각뿐만 아니라 하나하나 돌을 깎고 조립하여 만든 사원

▲ 경주 석굴암 본존불

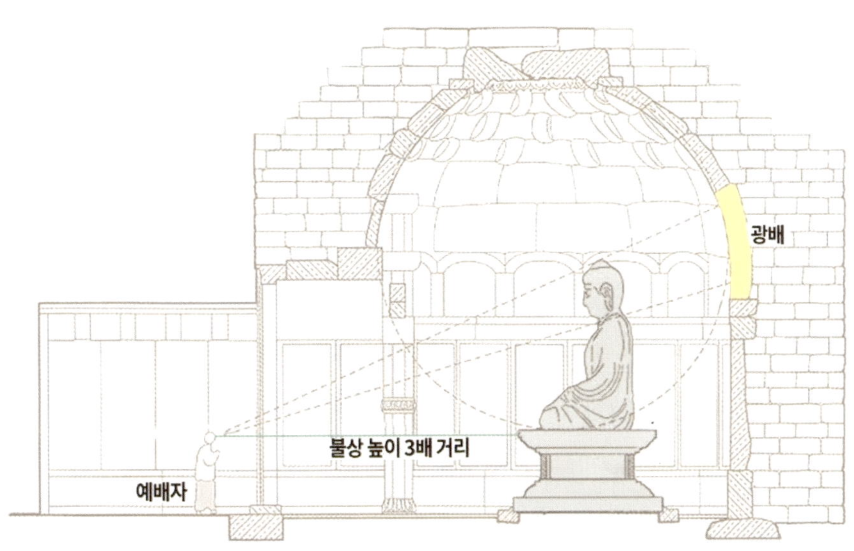

▲ 석굴암 구조도

참배자가 전실에서 부처님을 바라보면 광배가 보이도록 인체공학적으로 설계한 구조도. 이와 더불어 부처님의 상체가 비율적으로 조금 더 길게 제작되었는데, 이것 역시 참배자가 보았을 때 부처님의 형태가 왜곡되게 보이지 않도록 고려한 설계입니다.

이 바로 경주의 석굴암입니다.

본존불 사진을 자세히 살펴보면 부처의 머리 위로 모든 돌을 서로 맞물리게 설계했음을 알 수 있습니다. 접착제를 전혀 사용하지 않고 짜임만으로 이토록 튼튼하게 만든 것입니다. 또 참배자의 눈높이에서 부처를 바라보면 머리 뒤에 광배가 위치하도록 수학적으로 치밀하게 계산한 흔적을 찾아볼 수 있습니다.

석굴암은 신라 경덕왕 10년(751)에 재상 김대성이 불교 교리에 따라 전생의 부모를 위해 창건을 시작해 774년에 완공했다고 알려져 있습니다. 재미있는 사실은 현생의 부모를 위해서 증축한 사찰이 바로 불국사라는 점입니다. 통일신라 시기에 불교가 얼마나 융성했는지 추측해볼 수 있는 대목입니다.

석굴암 본존불은 싯다르타가 수행하던 중 깨달음을 얻은 순간을 표현한 불상입니다. 오랜 기간 명상에 빠져 있던 싯다르타가 한순간 깨달음을 얻고 무릎을 '탁!' 치던 순간이지요. 자세히 보면 왼손은 손바닥을 하늘로 향한 채 무릎 위에 올려져 있고 오른손은 손바닥을 오른쪽 무릎에 올리고 검지가 땅을 가리키고 있습니다. 불교에서는 이러한 손 모양(수인)을 항마촉지인降魔觸地印이라 부르는데 이는 모든 악마를 굴복시켜 없애버림을 뜻합니다. 오로지 석가모니만이 취할 수 있는 수인이지요. 석가모니가 깨달음을 얻는 과정에서 수많은 악마들이 주변에서 괴롭히고 방해했는데, 깨달음을 얻은 순간 석가모니가 바닥을 가리키자 밝은 빛이 주변을 감싸며 악마들을 물리쳤다고 합니다. 석굴암은 그때의 모습을 조각으로 표현한 것입니다.

석굴 중앙에는 본존불을 배치하고 그 주위 삼 면에 석가모니의 제자 열 명을 부조로 조각해 본존불을 에워쌌으며, 본존불 뒤쪽에는 모든 중생을 구제한다는 십일면관음보살 부조상을 배치했습니다. 석굴암 입구에는 석가모니를 지키는 사천왕상과 문지기 역할을 하는 금강역사를 조각했습니다.

깨달음을 얻은 석가모니는 무엇을 했을까요? 불교의 설법을 전파하며 중생을 구제하러 다녔습니다. 그러한 석가모니를 아주 선하다고 생각하여 자신의 자리를 내어

▲ 십일면관음보살상과 석굴암의 전경. 입구 좌우에 금강역사상이
있다.

◀ 석굴암 십일면관음보살상

준 존재가 있었으니, 석가모니 이전에 깨달음을 얻고 부처가 된 다보여래입니다. 이
두 부처가 나란히 위치한 사찰이 있는데, 바로 다보탑과 석가탑이 있는 불국사입니
다. 각각 다보여래와 석가모니를 의미하지요.

석굴암에 대한 이야기를 구체적으로 알게 되니 어떤가요? 실제로 석굴암을 방문
해보고 실물로 감상한다면 아마 감동이 더 커질지도 모르겠습니다.

고려청자

고려청자는 초록색일까, 파란색일까?

팟캐스트 미술식탁 23회

여기 〈청자 상감 운학문 매병〉이 있습니다. 유려한 S자 곡선과 세련되고 은은한 푸른빛이 매력적인 이 청자는 오롯이 사람의 손으로 균일하게 학과 원판, 구름무늬를 정교하게 새긴 것이 특징입니다. 고려청자 중에서도 수준급인 세공 기술로 전 세계에서 극찬을 받는 작품입니다. 그렇다면 청자는 고려에서만 만들어졌을까요?

청자는 중국 송나라에서 제일 먼저 만들어졌으나 유약층이 두꺼워 색감이 둔탁했습니다. 시간이 지나 고려에 청자 제작 기술이 전파되었는데, 한국의 흙과 유약이 청자 제작에 더 유리한 성질을 지녀 투명하고 푸른 빛깔을 내는 방향으로 발전했습니다. 고려청자만이 지닌 맑은 푸른색은 초록색도 파란색도 아닌 귀한 옥이라는 뜻의 '비색翡色'이라고 불렸습니다. 송나라 사람들도 고려청자의 비색이 천하제일이라 평가할 정도였지요. 서긍이 쓴 「고려도경」에는 개경 시가지의 건물 지붕이 모두 청자 기와로 뒤덮여 있어 장관을 이루었다는 기록이 남아 있습니다.

초기의 청자는 〈청자 참외모양 병〉같이 아무 무늬가 없는 순청자였습니다. 12세기경 고려가 원 간섭기에 접어들며 화려하고 섬세한 무늬의 상감청자가 유행했습니다. '상감'이란 바탕과 다른 색의 재료를 오목한 곳에 끼워 넣는 기법으로, 초기에는 목공예나 금속공예에 주로 사용하다가 원나라의 영향을 받아 귀족적 취향이 유행하면서 청자에도 적용되었습니다. 또 청자의 비색을 내는 안료인 회회청回回靑은 지금의 튀르키예 지역에서 공수했다고 하니 청자가 얼마나 귀했는지 짐작할 수 있습니다.

▲ 〈청자 상감 운학문 매병〉, 12세기 후반, 국보

▲ 〈청자 참외모양 병〉, 12세기 전반, 국보

▲ 〈분청사기 음각어문 편병〉, 16세기, 국보

영원할 것만 같던 청자의 전성기는 고려와 함께 운명을 다했습니다. 고려 말 사회가 혼란해지면서 재료 수급이 원활하지 못하자 회회청 대신 흰색 백토를 칠한 청자가 등장했는데 바로 '분청사기', 즉 하얗게 분장한 회청색 자기입니다. 도공들은 다양한 문양을 넣어 질이 떨어진 흙과 유약의 단점을 보완했습니다. 국화, 연꽃 등의 문양을 도장처럼 찍는 인화기법, 백토를 바른 뒤 조각칼로 문양을 오목하게 새기는 조화기법 등을 사용했습니다. 청자가 기품 있는 귀족의 아름다움이라면, 분청사기는 형식미를 벗어난 자유분방한 서민의 아름다움입니다. 무늬도 학이나 용과 같이 고상하거나 상상의 세계의 것들이 아니라 생활에서 볼 수 있는 친근한 것들입니다.

분청사기는 고려 말부터 조선 중기까지 약 200여 년에 걸쳐 만들어졌으며 청자와 백자를 연결하는 과도기적 역할을 했습니다. 백토를 귀얄(지푸라기나 말총 등으로 만든 넓고 굵은 붓)에 묻혀 빠르게 칠하는 귀얄기법이나 백토물에 그릇을 덤벙 담그는 덤벙기법을 사용해 백자를 흉내 내기도 했습니다. 전 세계적으로 유례 없이 한국에만 존재하는 분청사기는 한국의 정서를 잘 드러낸 도자기라는 점 때문에 외국인에게도 큰 사랑을 받고 있습니다.

고려 불화

고려시대의 문화는 얼마나 화려했을까?

고려청자가 지닌 비색의 아름다움만큼이나 독보적인 고려의 예술품을 꼽아보자면 고려 불화를 빼놓을 수 없습니다. 불화란 불교의 종교적 이념을 표현한 그림을 지칭합니다. 불교 국가인 고려에서는 개인이 자기 집에 작은 사원을 차려 의식을 치를 만큼 불교가 일상에 스며들어 있었습니다. 귀족 계층은 사원을 화려하게 꾸며 자신의 권력과 부를 드러내기도 했지요. 고려 불화가 더욱 화려하고 섬세해진 데에는 이러한 배경이 있습니다.

2014년 일본 도쿄 미쓰이 기념 미술관이 고려 불화 〈수월관음도水月觀音圖〉 1점을 공개했습니다. 원작의 형태가 거의 그대로 유지된 이 작품은 붉은색, 녹청색, 군청색을 기본으로 사용하고 금색과 흰색으로 마무리 장식을 더한 고려 불화의 채색 방식을 온전하게 보여주어 찬사를 받았습니다.

수월관음의 치마는 붉은색으로, 그가 앉아 있는 보타낙가산(관세음보살이 머무른다는 산)은 녹청색으로 칠해져 있어 색의 대비가 눈에 띕니다. 또한 주름진 옷의 형태에 맞추어 장식 패턴을 하나하나 다른 형태로 그려 고려 회화 기술의 높은 수준을 알 수 있습니다. 왼쪽 하단에는 수월관음을 찾아온 선재 동자 일행의 모습을 작은 크기에도 불구하고 얼굴의 표정이나 옷의 주름까지 살려 세밀하게 표현했습니다. 또 장식적 효과를 더하기 위해 흰색의 아주 가느다란 선을 여러 번 덧그려 반투명한 사라를 표현했습니다. 머리에서 내려와 어깨와 팔을 감싸며 자연스럽게 흘러내려 오는 사

라는 섬세함과 우아함의 극치를 보여
주지요. 마지막으로 금을 물감에 개어
장식을 그리는 금니金泥 채색 방식으
로 불화를 완성했습니다.

현재 고려 불화는 170여 점이 전해
져 내려오고 있습니다. 이 중 130여 점
은 일본과 외국에 반출되었고 국내에
는 40여 점가량이 남아 있습니다. 그
이유로는 첫째, 고려를 방문한 일본 관
료들이 구매해 간 불화가 보존되었기
때문입니다. 일본은 꾸준히 불교 문화
를 유지했기에 상대적으로 불교 문화
재가 잘 보전되었습니다. 둘째, 조선이
건국된 후 불교 문화가 위축됨에 따라
상당수의 불교 문화재가 소실되었습
니다. 셋째, 임진왜란과 일제 강점기를
거치며 우리 문화재를 수탈당했는데

▲ 〈수월관음도〉, 14세기, 도쿄 미쓰이 미술기념관 소장

이때 고려 불화도 많이 빼앗겼습니다. 최근에 정부는 외국에 소재한 고려 불화를 환
수하기 위해 국가적으로 많은 노력을 기울이고 있습니다.

조선백자

백자는 만들다 만 것 아니냐고?

팟캐스트 미술식탁 23회

백자는 조선 시대에 만들어진 순백색 자기입니다. 화려한 장식을 뽐내는 고려청자와 달리 단아한 모습이 특징입니다. 깨끗하고 깔끔한 백색 자기는 유교를 바탕으로 한 조선의 특징을 가장 잘 보여주는 공예입니다. 청렴하면서도 소박해야 하고, 외유내강의 태도를 지녀야 하는 '군자', '선비'의 모습과 많이 닮아 있기 때문입니다.

가장 많이 사랑받는 백자는 달항아리입니다. 달이라는 말 때문에 완벽한 원형일 것이라는 예상과 달리 대부분의 달 항아리는 조금씩 찌그러져 있습니다. 크기가 크다 보니 윗부분과 아랫부분을 따로 만들어 이어 붙였기에 그 흔적이 그대로 남아 비대칭의 형상을 지니게 되었지요. 고려청자가 귀족의 취향에 맞추어 완벽하게 세공되었다면 백자는 조선 시대의 여유와 여백을 보여준다고 말하는 이유이기도 합니다.

백자의 형태를 보고 너무 단순하다고 느끼는 사람도 있지만 조선에서는 백자의 품질 유지에 많은 공을 들였습니다. 나라에서 백자를 생산하고 관리하는 관요官窯를 설치하고, 일정한 품질 이상의 상품만 왕실과 중앙 관청에 상납했으며, 도화서에 소속된 화원을 파견해 백

▲ 〈백자 달항아리〉, 국보

▲ 〈백자 청화 국화 대나무무늬 병〉, 17세기

▲ 〈백자 철화 운룡문 항아리〉, 17세기, 보물

자에 그림을 그리도록 했습니다.

　조선백자는 해외에서도 최고급품으로 여겨졌습니다. 심지어 1592년 일어난 임진왜란은 '도자기 전쟁'이라 불리기도 합니다. 도자기 제작 기술이 부족한 일본은 전쟁 중에 사기장(도공)을 납치해 간 뒤부터 도자기를 본격적으로 생산하게 되었고, 비약적인 발전을 이루었습니다. 아리타 지역에 형성된 조선인 도자기 마을에서 도자기를 대량생산하고 유럽에 수출까지 하게 되면서 일본 자기는 세계적 명성을 얻는 발판을 마련합니다. 일본의 도자 기술이 조선에서 시작되었음을 알린 건 그리 오래되지 않았습니다.

　백자 중에는 순백자 외에 선비 정신을 담은 사군자, 산수 문양이 그려진 것도 있습니다. 임진왜란 이후에는 백자에도 청화(파란색), 철화(검은색), 동화(붉은색) 등 다채로운 색이 입혀지게 됩니다. 용, 까치, 호랑이 등을 소재로 서민적인 주제를 담은 백자도 많이 만들어졌지요. 이러한 백자는 조선 후기 풍속화와 함께 시대의 흐름을 잘 보여주는 역사 유물로 평가받고 있습니다.

몽유도원도

안견이 초현실주의 그림을 그렸다고?

팟캐스트 미술식탁 194회

세종의 셋째 아들 안평대군은 시서화詩書畵에 능한 시인이자 서예가였습니다. 안평대군은 예술가를 후원하고 중국의 명화를 수집하는 컬렉터이기도 했지요. 권력욕보다는 예술적 감성이 충만한 사람이었습니다. 안평대군은 집현전의 학자들과 예술가들을 자신의 집으로 불러 모아 함께 그림을 감상하고 시를 지으며 풍류를 즐겼지요. 그중에서도 가장 아낀 사람이 바로 화가 안견입니다.

1447년 4월 20일 밤, 안평대군은 꿈속에서 박팽년과 함께 어느 산속 골짜기를 따라 들어가 기암괴석이 가득한 봉우리들이 나오고, 복숭아나무가 가득한 도원 속을 노닐었다는 이야기를 안견에게 말합니다. 너무나도 생생한 안평대군의 이야기를 듣고 안견은 사흘 만에 꿈의 내용을 그림으로 완성합니다. 이 그림이 바로 꿈속 풍경화, 〈몽유도원도夢遊桃源圖〉입니다.

안평대군은 왜 이런 꿈을 꾸었을까요? 왕자 신분이었지만 복잡한 속세를 벗어나고 싶은 마음이 컸기 때문은 아니었을까요? 정치적 소용돌이에 휘말리는 것보다는 유유자적한 삶을 바라는 사람이었으니까요. 우리의 옛 글이나 그림은 일반적으로 오른쪽에서 왼쪽으로 읽지만 〈몽유도원도〉는 왼쪽에서 오른쪽 방향으로 산의 초입, 기암괴석의 골짜기, 분지 형태의 무릉도원이 순서대로 그려져 있습니다. 어떤 이유 때문에 역순으로 그렸는지 정확히 알 길이 없어 '꿈은 역순으로 그리는 규칙이 있다', '안평대군의 꿈의 내용을 역으로 풀어 그린 것이다' 등 다양한 견해가 있습니다.

▲ 안견, 〈몽유도원도〉, 1447

　　이 그림의 크기는 세로 38.7센티미터, 가로 106.5센티미터이지만 그림 옆에 '그림을 그린 이유'와 문인들의 찬시讚詩*가 덧붙어 있어 이를 포함하면 가로 길이가 무려 20미터에 육박합니다. 안평대군의 주변 인물들이 모두 참여한 시이기에 문학적으로나 역사적으로나 중요한 사료적 가치를 지니지요. 하지만 안타깝게도 〈몽유도원도〉는 일본으로 반출되어 현재 덴리대학교에 소장되어 있습니다. 일본에서도 중요문화재로 지정되었을 정도니 그 가치가 어느 정도인지 알 수 있습니다.

　　'몽유도원'은 현대에도 여전히 매력적인 주제입니다. 꿈속 내용을 그렸다는 점에서 초현실주의와 연관되기도 합니다. 그래서 현대의 많은 작가들이 몽유도원도를 활용하여 미디어 아트, 뮤지컬 등 다양한 형식의 예술로 재탄생시킨 바 있습니다.

* 　찬시: 작품을 감상하고 난 후의 느낌을 쓴 시

진경산수

조선시대에도 여행 인증샷을 남겼다고?

팟캐스트 미술식탁 35회

〈금강전도〉는 정선이 직접 금강산을 유람한 후 그린 작품입니다. 조선 후기에 경제 성장과 함께 여행 문화가 등장하며 금강산 여행이 유행했습니다. '금강산도 식후경' 은 이 시기에 만들어진 유명한 속담이지요.

오늘날에는 눈앞에 있는 풍경을 보고 그리는 것이 당연하게 여겨지지만 옛날에 는 그렇지 않았습니다. 화가들은 일정한 법도와 규칙에 따라 그림을 그려야 했지요. 주로 상상 속의 산수나 중국 화보집에 있는 풍경을 따라 그리는 '관념산수觀念山水'를 잘 그려야 문인화가라고 인정받을 수 있었습니다.

그러나 조선 후기에는 사실을 바탕으로 진리를 연구하는 실학의 영향, 서민 문화 와 상공업의 발달로 시대상이 완전히 뒤바뀝니다. 이제 중국의 산수가 아닌 우리 주 변의 산천을 탐구하고 기록하는 문화가 생긴 것입니다. 특히 여행의 영향으로 인해 산수화도 직접 눈으로 본 풍경을 그리는 방향으로 바뀝니다. 정선은 여기에 자신만의 감상과 주관을 담아 산수화를 발전시킵니다. 그것이 바로 '진경산수眞景山水'입니다.

〈금강전도〉를 살펴보면 위에서 아래를 내려다보는 시점으로 산을 원형 구도로 배치했습니다. 그림의 왼쪽에는 나무가 무성한 토산(흙산)이, 오른쪽에는 뾰족한 암 산(바위산)이 그려져 있습니다. 토산과 암산의 흑과 백, 점과 선, 부드러움과 날카로움 등 대조되는 요소가 많은데 이는 음양의 조화를 나타내며 태극 문양을 연출한 것이 기도 합니다. 산수를 똑같이 그리는 데 그치지 않고 자연이 내포한 정신과 철학을 담

▲ 정선, 〈금강전도〉, 1734. 국보

으려 한 것이지요. 동양에는 많은 산수화가 남아 있지만 이처럼 독창적이고 개성적으로 자신만의 생각을 담아낸 산수화풍은 오직 한국에만 있습니다. 김홍도와 강희언 역시 전국 팔도의 풍경을 대상으로 자신만의 생각을 담은 진경산수화를 남겼습니다. 현대의 미술사학자들은 작가가 어떤 눈으로 산수를 관찰했는지 확인하기 위해 실제 풍경과 작품을 함께 감상해보기도 합니다.

민화

조선 후기 서민층의 성장은 예술에
어떤 영향을 미쳤을까?

팟캐스트 미술식탁 161회

여러분이 만약 복권 1등에 당첨된다면 제일 먼저 무엇을 하고 싶나요? 여행을 떠나거나 최고급 음식을 먹어보고 싶을 수도 있습니다. 그렇다면 조선시대 사람들은 갑자기 부자가 된다면 무엇을 하고 싶어 했을까요? 실제로 조선 후기에는 광작과 상품 작물의 보급 등으로 인해 서민층이 금전적으로 여유로워집니다. 또 잉여 생산물을 거래하는 시장이 성장하면서 상업이 발전하게 되었지요. 서민층이 경제를 주도하게 된 것입니다.

조선 후기 서민층의 선택은 바로 양반이 누리던 문화를 자신들도 누려보는 것이었습니다. 서화와 기악 등 다양한 문화가 등장한 이 시기에 단연 돋보인 분야는 바로 '민화'입니다. 양반이 먹으로 사군자(매화, 난초, 국화, 대나무)나 산수화에 선비의 고상함을 비유해 그림을 그렸다면, 서민층은 다양한 색채를 사용한 화려한 그림으로 집안을 장식했습니다. 붓글씨를 배워서 서예를 하는 방법으로 그림을 그리는 것이 양반의 문화라면, 서민 화가가 전문적인 배움 없이 자신만의 방식대로 개성적으로 그린 것이 민화입니다. '백성이 그린 그림'이라는 의미의 민화는 서민층이 스스로 생산하고 향유한 예술이었습니다.

민화의 종류로는 한자의 뜻에 어울리는 동물과 식물, 사물을 결합하여 그린 '문자도', 방을 장식하기 위해 사방탁자에 금은보화와 값진 도자기, 장식품, 책을 그려 병풍으로 만든 '책가도冊架圖'가 대표적이며, 십장생이나 동식물을 그린 작품도 많습니

▲ 〈일월오봉도 병풍〉, 19세기~20세기 초, 국립고궁박물관

◀ 매현 김미진, 〈모란도〉, 2021

다. 장원급제를 한 사람이 쓰는 관모와 닮은 맨드라미 꽃이나 벼슬을 가진 수탉은 성공과 출세를 기원하는 의미를 지니고, 알을 많이 낳는 잉어나 열매가 많은 석류는 자손의 번창을 의미합니다. 특히 모란은 조선 시대까지 가장 화려한 꽃으로 통하며 가장 많이 그려진 소재입니다. 민화를 감상할 때 동식물의 숨은 의미를 찾아보아도 꽤 재미있습니다. 민화는 왕실에도 영향을 미쳤습니다. 사극을 보면 왕의 뒤에 항상 등장하는 그림이 있습니다. 해와 달이 다섯 봉우리와 바다 위에 떠 있는 〈일월오봉도〉는 왕의 권세와 힘이 전국에 널리 퍼지기를 바라는 의미를 담고 있습니다.

조선 후기에는 민화와 함께 판소리, 한글 소설 등이 등장해 유행합니다. 이 시기 예술의 공통점은 서민이 주도한 문화라는 점입니다. 서민 문화가 양반과 왕실의 문화에까지 영향을 미친 경우는 전 세계적으로도 흔하지 않기 때문에 이러한 양상은 오늘날 많은 주목을 받고 있습니다.

우키요에

초밥집에서 자주 보이는 파도 그림은 뭘까?

팟캐스트 미술식탁 34회

일본의 수도인 도쿄는 과거에 '에도江戸'라고 불렸습니다. 1603년 도쿠가와 이에야스가 일본을 통일하고 에도를 새로운 정치 중심지로 삼으면서 에도 시대가 시작되었습니다. 기존의 귀족 중심지였던 교토에서 벗어나 막부 중심의 체제를 확립하기 위해 천도를 단행한 것입니다. 도쿠가와 가문은 에도를 거점으로 중앙 집권적 통치를 강화하고, 지방 다이묘(영주)들을 효과적으로 통제할 수 있었습니다.

에도에 상공업이 성장하면서 자연스레 화폐 문화가 정착했습니다. 무역항을 낀 에도를 중심으로 많은 외국인이 유입되었고, 에도는 대도시로 성장해나갔지요. 에도가 번성하면서 일본 전역에서 에도로 여행을 오는 것이 유행이 되었고, 후지산 풍경이나 에도 사람들의 생활을 그린 그림을 기념품으로 남기려는 수요도 증가했습니다. 이에 따라 붓으로 그리던 그림 대신 다색 목판화를 이용한 대량 인쇄 기술이 발달하면서 우키요에浮世繪가 본격적으로 자리 잡게 되었습니다. 우키요에는 당시 서민들의 일상과 여행, 가부키 배우, 미인도 등을 주제로 다루며, 강한 윤곽선과 선명한 색감을 특징으로 합니다.

우키요에 중 가장 유명한 작품 중 하나는 가쓰시카 호쿠사이葛飾北斎(1760~1849)의 〈가나가와의 큰 파도〉입니다. 이는 그의 대표작인 〈후지산 36경〉 연작 중 하나로, 일본의 상징인 후지산과 거친 자연의 힘을 동시에 담고 있습니다. 큰 파도 속에서 작고 연약해 보이는 배들은 인간의 나약함과 자연의 위대함을 대비적으로 보여주

며, 이 작품은 일본뿐만 아
니라 전 세계적으로도 가
장 유명한 우키요에 중 하
나로 평가받고 있습니다.

우키요에가 유럽에서
본격적으로 주목받기 시작
한 계기는 19세기 중반 일
본이 개항하면서부터였습
니다. 일본에서 수출된 도
자기의 포장지로 우키요에
가 사용되었고, 이를 본 유
럽 예술가들은 그 강렬한
색채와 대담한 구도에 매료
되었습니다. 특히 프랑스
에서는 자포니즘Japonisme
이라는 일본 미술과 문화에
대한 열풍이 불었으며, 고
흐, 모네, 마네, 드가 같은
인상주의 화가들에게 깊은

▲ 가쓰시카 호쿠사이, 〈가나가와의 큰 파도〉, 1830

▲ 우타가와 히로시게의 1857년작 〈대교에 내리는 소나기〉(왼쪽)를 보고, 고흐가 1887년에 따라 그린 〈비가 내리는 다리 풍경〉(오른쪽)

영향을 미쳤습니다. 화가들은 우키요에에서 영감을 받은 작품을 만들었고 음악가 드뷔시는 〈가나가와의 큰 파도〉를 보고 교향곡을 작곡했다고 합니다. '떠다니는 세상'이라는 뜻을 가진 우키요에, 현실을 즐기자는 그 의미처럼 오늘날에도 많은 사람들에게 즐거움을 주는 것만은 확실합니다.

지폐에 들어가는 그림은 어떤 기준으로 정해질까?
_화폐 도안

어쩌면 우리는 매일매일 그림 작품을 감상하며 살고 있는지도 모릅니다. 미술관에 가지 않아도, 인터넷 창에서 화가와 작품을 검색하지 않아도 자신도 모르게 예술품을 주변에 두고 있기 때문입니다. 가지고 있는 미술품이 없다고요? 그럼 자신의 지갑을 한번 열어보세요.

천 원권을 꺼내 앞면을 보면 퇴계 이황이 인쇄되어 있고, 지폐를 뒤집어 보면 지면의 절반 이상을 차지한 그림이 눈에 들어옵니다. 이 그림은 겸재 정선의 작품인 〈계상정거도〉입니다. '시냇가에 조용히 머물다'라는 제목의 의미처럼 편안하고 따스한 느낌을 주는 그림이지요. 오천 원권의 앞면에는 율곡 이이와 그가 살았던 강릉의 오죽헌이, 뒷면에는 율곡 이이의 어머니인 신사임당의 작품 〈초충도〉가 인쇄되어 있습니다. 〈초충도〉는 번영과 성공을 기원하는 의미의 그림입니다. 만 원권 앞면에는 세종대왕과 함께 〈일월오봉도〉가 인쇄되어 있고, 뒷면에는 '혼천의'와 '천상열차분야지도'의 모사본이 있습니다. 우리나라의 과학 발전을 한눈에 담았다고 할 수 있지요. 오만 원권의 뒷면에는 조선 중기 문인 어몽룡의 〈월매도〉와 이정의 〈풍죽도〉가 겹쳐져 인쇄되어 있는데 사군자의 품격을 높인 두 작가의 그림에서 조형적 아름다움을 느낄 수 있습니다. 이렇듯 우리나라 화폐에는 우리 문화를 대표하는 유물과 그림이

▲ 대한민국 화폐(위)와 노르웨이 화폐(아래)에 그려진 역사적 인물과 대표적인 유물 유적들

주로 인쇄되어 있습니다.

외국도 우리와 비슷합니다. 존경받는 인물이나 대표적인 유물, 유적 등을 화폐에 넣어 국민들의 자부심을 드높이지요. 화폐가 단순히 돈으로서의 기능뿐만 아니라 국민을 하나로 묶어주는 역할을 하며, 나아가 한 나라를 대표하는 상징물이 되기도 하기 때문입니다. 그렇기에 화폐 디자인을 결정할 때에는 국가적인 관심이 집중됩니다.

최근에는 화폐의 위조나 훼손을 방지하기 위해서 플라스틱을 섞어 만들거나 디지털 패턴을 적용한 화폐도 등장했습니다. 2017년 노르웨이 정부는 신권 화폐를 발행하면서 디지털 패턴과 플라스틱 재질을 적용했고, 이전 화폐에 넣었던 위인과 문화유산 대신 노르웨이를 상징하는 자연유산을 전면에 내세웠습니다.

다른 나라를 여행하게 된다면 그 나라의 화폐에 관련된 이야기를 찾아보는 건 어떨까요? 화폐를 통해 그 나라의 문화와 예술, 역사까지 이해할 수 있을 것입니다.

메디치 가문의 후원은 어떤 영향을 미쳤을까?
_르네상스의 통치자

15세기 이탈리아 피렌체의 메디치 가문은 르네상스 발전에 지대한 영향을 미쳤습니다. 평범한 상인 가문을 피렌체의 통치자로 성장시킨 사람은 조반니 데 메디치(1360~1429)입니다. 그는 은행을 설립해 부를 축적했고, 그 뒤를 이은 아들 코시모(1389~1464)와 양모 사업을 함께하며 재력을 키웠습니다. 코시모는 탄탄한 은행을 기반으로 바티칸 교황청의 재산까지 관리하며 정치적 힘까지 갖게 되었습니다.

메디치 가문이 본격적으로 예술을 후원하기 시작한 것은 코시모 때부터입니다. 성서에는 "부자가 천국에 가는 것은 낙타가 바늘구멍에 들어가는 것보다 힘들다."라는 구절이 있는데, 이를 보고 코시모는 자신이 구원받을 수 있는 방법을 고민하지요. 이런 이유로 피렌체 지역에 교회를 재건하고 교회의 제단화와 프레스코 벽화를 주문하는 등 그 나름대로 속죄하려고 시작한 일이 예술 후원의 시초가 되었습니다. 코시모는 피렌체 시민들을 위한 공공 건물을 다수 건립했습니다. 1444년에는 '산 마르코 도서관' 건립도 후원했는데 이는 수도원이나 왕실이 아닌 일반 시민도 이용할 수 있도록 개방한 초기의 공공도서관 중 하나로 평가됩니다. 이로 인해 메디치 가문의 명성은 더욱 높아졌습니다.

코시모의 손자 로렌초는 메디치 가문의 전성기를 이끈 통치자인 동시에 미켈란

젤로의 재능을 알아본 사람으로 유명
합니다. 로렌초가 청소년 시절에 산마
르코 아카데미에서 열 살의 미켈란젤
로가 그린 사슴 조각을 보고 한마디를
건넸습니다. "나이 든 사슴한테 좋은 이
빨이 많을 수는 없어." 이 말을 들은 미
켈란젤로는 사슴의 이빨을 몇 개 제거

▲ 미켈란젤로가 제작한 로렌초 데 메디치의 무덤 조각

한 후 다시 그에게 보여주었지요. 로렌초는 미켈란젤로의 재능을 높이 사 그를 자신
의 집으로 데려온 뒤 메디치 가문이 후원하는 화가이자 교육자인 도나텔로를 사사할
기회를 제공했습니다. 로렌초의 후원 아래 훌륭한 스승에게 그림과 조각을 배운 미
켈란젤로는 로렌초와 그의 동생 줄리아노의 무덤에 설치한 조각상뿐만 아니라 교황
청으로 건너가 〈최후의 심판〉, 〈시스티나 성당 천장화〉 등의 역작을 남겼습니다.

메디치 가문의 후원은 미술뿐만 아니라 음악과 과학 발전에도 큰 영향을 미쳤습
니다. 후원을 받은 음악가들이 결혼식과 궁정 행사에서 공연한 곡들은 이후 오페라
발전의 기초가 되었고, 메디치 가문의 후원을 받은 악기 제작자 바르톨로메오 크리
스토포리(1655~1731)가 최초의 피아노를 발명했습니다. 또 프랑스에서 발레를 융성시
킨 사람은 프랑스 왕비가 된 카테리나 데 메디치(1519~1589)였습니다. 메디치 가문은
과학자 후원에도 적극적이었으며, 갈릴레오 갈릴레이는 메디치 가문의 후원을 받아
천체 관측을 비롯한 여러 혁신적인 연구를 수행했고, 이러한 공로를 인정받아 그는
메디치 가문으로부터 '수학자 겸 철학자'라는 직위를 부여받았습니다.

이렇듯 메디치 가문은 르네상스 시대 전반에 걸쳐 막대한 영향을 미쳐 '메디치의
역사가 곧 르네상스의 역사'라는 말이 생겨날 정도였지요.

예술가들이 파리로 몰려든 이유는?
_프랑스 아카데미와 벨 에포크

낭만과 예술의 고장, 예술가들의 도시. 파리를 수식하는 다양한 표현입니다. 그렇다면 언제부터 예술가들이 파리로 몰려들기 시작했을까요?

루이 14세가 재위하던 시절인 17세기 후반, 재무부 장관 장바티스트 콜베르Jean-Baptiste Colbert(1619~1683)는 프랑스 왕실을 절대적 위치로 올려놓기 위해서는 예술의 역할이 무엇보다 중요하다는 점을 잘 알고 있었습니다. 보이는 것이 힘이라고 생각한 그는 화가 샤를 르브룅Charles Le Brun(1619~1690)과 함께 국가 표준의 예술 양식을 만들어 가르치는 기관을 설립했지요. 이 기관에 합격하면 그림을 배우며 소정의 급여를 받았고, 우수한 성적으로 졸업하면 왕실 화가로 근무하며 상류층에 이름을 알리고 부와 명예를 모두 얻을 수 있었습니다. 이 기관이 바로 '프랑스 왕립 예술 아카데미'로 세계 최초의 고등 예술 교육 기관입니다. 이 아카데미는 왕의 초상화와 역사화를 그리는 방법 및 건축과 장식예술까지 가르쳤는데, 체계성을 갖추게 되면서 유럽 전역에서 명성이 높아졌습니다.

이 시기에 루이 14세는 루브르 궁전에 거장들의 작품을 수집해 두었습니다. 그래서 왕립 아카데미의 화가가 되면 루브르 궁전을 방문하여 명화를 직접 보고 배울 수 있다는 소식이 퍼졌고, 이 때문에 프랑스에 유학을 오는 주변국 예술가들도 늘어났습니다. 심지어 프랑스 아카데미를 본떠 만든 교육 기관이 유럽 곳곳에 등장하기도 했습니다.

프랑스 왕정이 끝나고 왕립 아카데미가 운영되지 않았던 19세기에도 수많은 예술가들이 파리로 모여들었습니다. 아카데미 출신 화가가 운영하는 교육 기관들이 파리 곳곳에 만들어졌을 뿐만 아니라 이미 예술적 인프라를 충분히 갖춘 파리에서는 다른 예술가들과 교류하며 작품을 전시하고 자신을 알릴 수 있는 기회가 많았기 때문입니다.

▲ 루이 14세의 초상

특히 19세기 말부터 제1차 세계대전 전후까지 파리를 중심으로 인상주의, 입체파, 야수파, 초현실주의 등의 다양한 모더니즘 사조가 등장하며 파리 예술의 전성기를 맞이했습니다. 반 고흐(네덜란드), 피카소(스페인)도 파리에서 활동했던 이 시기를 프랑스어로 '아름다운 시절'이라는 의미의 벨 에포크Belle Époque라고 합니다. 문학, 음악, 무용, 미술, 패션 등 파리가 모든 분야의 예술을 이끌었던 이 시기의 문화는 프랑스의 정체성으로 불리기도 하지요.

1940년대 이후 미국, 호주, 아시아 등지에서 다양한 예술 도시가 성장했지만 파리는 여전히 현대 예술계에 큰 영향력을 행사하며 소프트파워 1위 도시로 자리를 지키고 있습니다.

3장

현대미술

- ✓ 동시성
- ☐ 행위 예술
- ☐ 다다이즘
- ☐ 초현실주의
- ☐ 앵포르멜
- ☐ 올오버 페인팅
- ☐ 팝 아트
- ☐ 발주 예술
- ☐ 키네틱 아트
- ☐ 라이프캐스팅
- ☐ 그라피티
- ☐ YBAs
- ☐ 미디어 아트

1day

1Word

동시성

입체파와 미래파는 무엇이 같고 무엇이 다를까?

파블로 피카소Pablo Picasso(1881~1973)가 사실적인 그림을 매우 잘 그렸다는 것을 아는 사람은 많지 않습니다. 그는 아홉 살 때부터 누구보다 그림을 잘 그리는 신동으로 유명했습니다. 그러나 이미 너무나도 많은 작가들이 고전적이고 사실적인 그림을 그려 왔기에 피카소는 자신만의 방법을 찾기로 결심했지요.

전통적인 사실주의적 기법을 완벽히 익힌 피카소는 기존 회화의 한계를 넘어 새로운 표현 방식을 찾고자 했습니다. 대상의 외형뿐만 아니라, 한 화면 안에서 여러 시점에서 바라본 모습을 동시에 담아내는 방법을 고민했습니다. 우리는 한 대상을 볼 때 단 하나의 시점에서만 바라보지만, 그 대상은 본질적으로 여러 각도에서 존재합니다. 피카소는 단일시점에 의존하지 않고, 한 화면에 여러 시점을 중첩시키는 방식을 고민했습니다. 그렇게 탄생한 첫 번째 작품이 바로 〈아비뇽의 처녀들〉입니다.

그림 오른쪽 아래에 있는 여성의 얼굴을 보면 눈은 정면에서 바라본 모습이지만 코는 옆면에서 본 모습으로 그려졌고, 입은 한쪽으로 치우쳐 있습니다. 한 가지 재미있는 사실은 이 그림에 아프리카의 영향이 나타난다는 점입니다. 피카소가 아프리카 대륙에서 건너온 조각품이나 장신구의 과장된 표정과 인상을 보고 이것이야말로 새로운 돌파구라고 생각했기 때문이라고 합니다. 이렇게 대상의 여러 면을 동시에 그리는 화풍을 '입체파'라고 합니다.

피카소의 새로운 시도는 예술계에 적잖은 충격을 주었습니다. 예술의 흐름을

▲ 파블로 피카소, 〈아비뇽의 처녀들〉(1907)을 관람하고 있는
사람들

▲ 자코모 발라, 〈줄에 매인 개의 움직임〉(1912)
개의 다리를 겹쳐 그림으로써 뛰어가는 개의 움직임을 속
도감 있게 표현했습니다.

완전히 뒤바꾸어 '모더니즘'으로 전환시켰거든요. 피카소의 입체파는 당시 유럽 전
역에 큰 영향을 미쳤고, 특히 이탈리아 화가들에게 자극을 주었습니다. 20세기 초
이탈리아는 급격한 산업화와 기술 발전 속에서 '속도'와 '기계문명'을 시대정신으
로 내세웠고, 이를 반영한 예술 운동이 등장했습니다. 그 결과 자코모 발라Giacomo
Balla(1871~1958)의 그림처럼 마치 사진을 연속 촬영해 겹친 듯한 그림이 유행했습니
다. 실제로 연속 촬영된 사진을 관찰하고 중첩해보며 그림을 그린 작가들의 유파를
'미래파'라고 합니다.

'입체파'와 '미래파'는 모두 '동시성'을 탐구했지만, 각기 다른 방식으로 접근했습
니다. 입체파는 대상을 여러 시점에서 해체해 한 화면에 펼쳐 놓음으로써 공간의 다
면성을 표현하려 했고, 미래파는 연속적인 움직임을 한 화면에 압축해 담아 시간의
흐름을 시각적으로 구현하고자 했습니다. 이처럼 입체파와 미래파는 전통적인 회화
방식에서 벗어나 새로운 시각적 개념을 도입하며, '예술의 본질은 무엇인가?'라는 모
더니즘의 근본적인 질문을 던지는 계기가 되었습니다.

행위 예술

예술은 어디까지 확장될 수 있을까?

1952년 8월 29일 뉴욕의 한 한 야외공연장, 관객석에 가득 찬 사람들이 숨죽인 채 조용히 앉아 있습니다. 피아노 한 대가 놓여 있는 무대에 한 피아니스트가 올라와 관객에게 인사하고 피아노 앞에 앉습니다. 악보를 펼치고 시계를 들어 버튼을 누르더니 피아노 뚜껑을 닫습니다. 계속 시계만 보던 그는 시간을 확인한 후 피아노 뚜껑을 다시 열더니 연주가 끝난 듯이 관객에게 인사하고 퇴장합니다.

이 공연은 예술계에 엄청난 파장을 일으켰습니다. 음악이란 연주를 통해 소리를 만들어내는 것인데 연주자가 아무런 연주도 하지 않고 피아노 앞에 앉아 있다가 공연을 끝냈으니까요. 심지어 피아노 위에 악보도 있었습니다. 그러나 악보에는 제목과 작곡가, 박자, 마디의 구분만 있었지 그 어디에도 음표는 없었습니다. 음이 비어 있는 연출된 공연이었지요. 이 곡의 제목은 〈4분 33초〉이며, 이 곡을 작곡한 사람은 행위 예술가 존 케이지입니다. 음표가 비어 있었지만 소리가 없는 것은 아니었습니다. 공연장의 소음과 관객들의 웅성거리는 소리 자체가 예술이 될 수 있다는 생각을 퍼포먼스로 보여준 것입니다.

'행위 예술'은 회화나 조각 같은 작품으로 표현할 수 없는 주제를 신체와 같은 도구를 이용해 표현하는 행위를 말합니다. 행위 예술 자체를 '살아 있는 조각'이라고 보는 시각도 있습니다. 존 케이지의 이 작품은 행위 예술의 장르를 대중적으로 인식시키고, 예술 장르 간의 경계를 허무는 계기가 되었습니다. 몸을 이용한다는 측면에서

▲ 존 케이지가 작곡한 〈4분 33초〉를 피아니스트 윌리엄 마크 　 ▲ 〈4분 33초〉의 악보
스가 공연하고 있습니다.

공통점이 있는 영화, 연극, 무용, 미술, 음악 등 다양한 장르 간에 교류하며 예술의 표현 방식을 크게 확장할 수 있게 되었지요.

　행위 예술은 예술가가 시간과 장소에 상관없이 관객과 직접 접촉하면서 퍼포먼스를 하는 현장성을 띠기 때문에 회화나 조각처럼 작품이 남지는 못합니다. 그렇기에 그 순간이 더욱 특별하고 의미 있게 느껴집니다. 그래서 영상이나 사진을 통해 기록을 남기거나 전시할 경우에는 예술가가 선택한 특정 시간대에만 퍼포먼스를 하기도 하지요.

　간혹 인파가 많은 거리에서 온몸에 금색이나 은색 물감을 칠하거나 히어로 분장을 하고 조각처럼 서 있는 사람을 볼 수 있습니다. 아주 가끔 몸을 움직이거나 퍼포먼스를 하면 지나가던 사람들이 놀라기도 하지요. 행위 예술이 대중화되면서 많은 사람들이 거리에서 예술을 즐길 수 있게 된 것입니다.

다다이즘

예술이 아닌 것도 예술이 될 수 있을까?

팟캐스트 미술식탁 128회

1916년 스위스 취리히의 클럽이자 공연장인 카바레 볼테르의 무대 위로 두꺼운 마분지로 만든 원통형 옷을 입은 후고 발Hugo Ball(1886~1927)이라는 독일 시인이 걸어 올라왔습니다.

"올라카 올랄라 알로고 붕 블라고 붕."

이게 무슨 소리냐고요? 바로 후고 발이 무대 위에서 낭송한 자신의 시 〈카라바네Die Karawane〉입니다. 1910년대 유럽은 제1차 세계대전으로 인해 극심한 혼란에 빠져 있었습니다. 젊은 예술가들은 전쟁을 피해 중립국 스위스로 모여들었습니다. 이 시기에 후고 발이 설립한 카바레 볼테르는 전쟁과 기존 사회 질서에 환멸을 느낀 예술가들의 모임 장소 역할을 했지요. 이들은 산업화와 과학 기술의 발전이 인간성을 상실시키고 전쟁을 촉진했다고 비판하며 기존의 이성적이고 합리적인 사고가 만능이 아니라고 목소리를 높였습니다. 그리고 지금까지의 모든 과학 기술, 관습화된 문화와 예술 전부가 사회적 부조리를 반영하고 있다고 주장하며, 이를 전복하는 새로운 예술 운동을 반反예술로 정의했습니다.

다다dada라는 이름도 카바레 볼테르에서 몇몇 예술가들이 가지고 있던 사전의 아무 페이지에서나 따온 것이라고 합니다. 아무 의미도 목적도 없는, 비이성적인 태도의 일환이었지요. 다다이즘 작가들은 '모든 것이 예술이 될 수 있다'는 생각으로 기존 예술에 반하는 시도를 했다는 것 외에는 서로 공통점이 없습니다. 후고 발의 시 또한 이와 같은 맥락에서 나온 작품이지요. 제1차 세계대전이 끝난 후 다다이즘 작가들은 고향으로 돌아가 계속 반反예술 정신을 보여주었습니다.

여기 현대 미술사에서 가장 논쟁적인 작품 중 하나인 남성용 소변기가 있습니다. 1917년, 마르셀 뒤샹의 〈샘〉이라는 작품입니다(《019. 개념 미술》 참고). 공장에서 생산된 아무 의미 없는 소변기를, 일반적으로 더럽다고 여겨지는 물건을 공모전에 출품한 그의 시도는 예술계에 큰 파장을 불러일으켰습니다. 이 작품은 예술이란 반드시 작가의 손을 거쳐야 하는가? 예술의 기준은 무엇인가? 등의 근본적인 질문을 던졌으며, 현대 개념 미술의 출발점이 되었습니다.

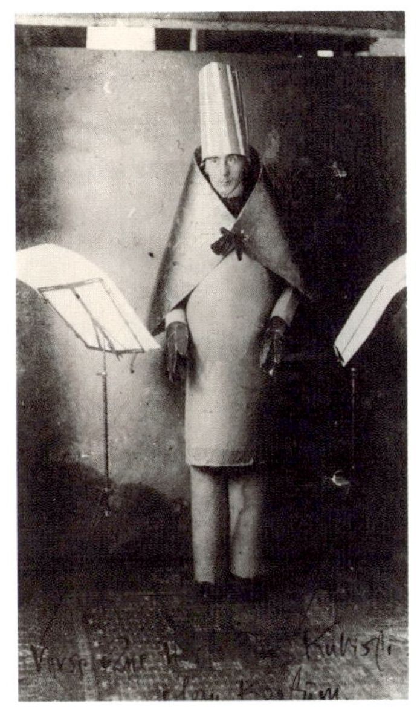

▲ 후고 발, 〈'카라와네'를 읽다〉, 1916

기존의 모든 예술 개념을 부정하고 해체하려고 했던 다다이즘은 이후 다양한 현대 미술 장르의 시초가 되었습니다. 후고 발의 시 낭독은 최초의 행위 예술로 평가받고 있으며, 마르셀 뒤샹은 개념 미술의 선구자로 손꼽힙니다. 또한 다다이즘 이후 등장한 초현실주의, 플럭서스, 포스트모더니즘 등에도 영향을 미쳤습니다. 다다이즘은 전통적 예술 개념을 부정하면서도, 오히려 새로운 예술 형식을 만들어냈습니다. 철저한 이성과 구조를 중시했던 모더니즘에 대한 반작용으로 등장한 다다이즘은 이후 포스트모더니즘에 큰 영향을 미치며, 오늘날까지도 예술의 경계를 확장하는 중요한 이정표로 남아 있습니다.

초현실주의

현실 그 너머에는 무엇이 있을까?

팟캐스트 미술식탁 128회

꿈속이나 잠재의식 속에서는 설명할 수 없는 놀라운 일을 겪기도 합니다. 꿈은 사람의 내면 의식을 반영한 결과이자 상상으로 가득한 세계입니다. 이러한 꿈과 내면 의식에 관심을 가진 미술가들은 무의식의 세계를 예술로 구현하고 싶었습니다. 초현실주의는 이렇게 탄생했습니다.

제1차 세계대전 이후 다다이즘으로부터 영향을 받은 몇몇 작가들이 현실의 부조리함을 극복하는 방법으로 꿈을 그려내려고 시작한 것이 초현실주의의 시작입니다. 전쟁으로 인해 전방위적으로 큰 타격을 입은 유럽은 기술과 군사력 위주의 기존 공학에서 벗어나 프로이트의 정신분석학처럼 사람의 내면을 연구하는 학문에 관심을 갖게 된 것도 중요한 계기가 되었지요.

사람들이 현실의 고통을 피해 꿈속으로 도망쳐버린 것일지도 모른다고 생각한 심리학, 정신의학계는 연구를 활발히 진행했습니다. 초현실주의자들은 꿈속 환각이나 환상을 그림으로 표현하는 것이 치료의 과정이자 인간을 해방시킬 수 있는 수단이라고 생각했습니다. 다다이즘이 세상을 전복하려 했다면 초현실주의는 말 그대로 현실을 초월해버린 것이지요. 두 미술 사조 모두 이성적이고 과학적인 태도를 비판했지만 그 방식은 조금 달랐습니다.

초현실주의는 인간을 어떻게 해방시키려고 했을까요? 꿈이나 상상, 환상 속에서 본 모습을 사실적으로 그려내 비논리적인 상황을 현실과 교묘하게 닮게 그리는 방

▲ 달리, 〈시간의 지속〉, 1931

▲ 오펜하임, 〈오브제, 모피로 된 아침 식사〉, 1936

식을 통해 목적을 이루고자 했습니다. 초현실주의자로 유명한 살바도르 달리Salvador Dali(1904~1989)는 실제로 정신 질환을 앓았는데, 종종 눈에 보이는 환상을 화폭에 옮겨 담았습니다. 그의 대표작 〈시간의 지속〉은 시계가 흘러내리는 환상을 본 직후에 그린 작품입니다. 르네 마그리트René Magritte(1898~1967)는 비 대신 하늘에서 사람이 내려오는 그림을 그렸고, 메레 오펜하임Meret Oppenheim(1913~1985)은 1936년 작품 〈오브제, 모피로 된 아침 식사〉를 통해 '따뜻한 커피'가 지닌 축축한 액체의 질감을 예상하고 눈을 감은 입술에 털의 부드러운 감촉이 닿는 어색한 경험을 유도했습니다.

초현실주의는 문학, 영화, 광고, 디자인 등 다양한 분야에 영감을 주었습니다. 무의식과 상상의 세계를 탐구하는 방식은 심리학과 철학에도 영향을 미쳤으며, 오늘날에도 초현실적 표현 기법은 예술 창작에서 중요한 요소로 작용하고 있습니다. 또한 현실을 바라보는 새로운 관점을 제공함으로써 현대 예술과 문화 전반에 창조적 사고를 촉진하며 많은 아이디어 발상법을 발전시키는 역할을 해왔습니다. 꿈과 현실의 경계를 탐구한 크리스토퍼 놀란 감독의 2010년 영화 〈인셉션〉의 모티브가 되기도 했고, 아동의 창의성과 개성을 계발하는 교육 방법에도 많은 영향을 미쳤습니다. 결국, 초현실주의는 인간의 상상력과 자유로운 사고를 해방시키려는 목표를 이루며, 일상의 틀을 깨고 새로운 가능성을 탐색하는 데 기여했습니다.

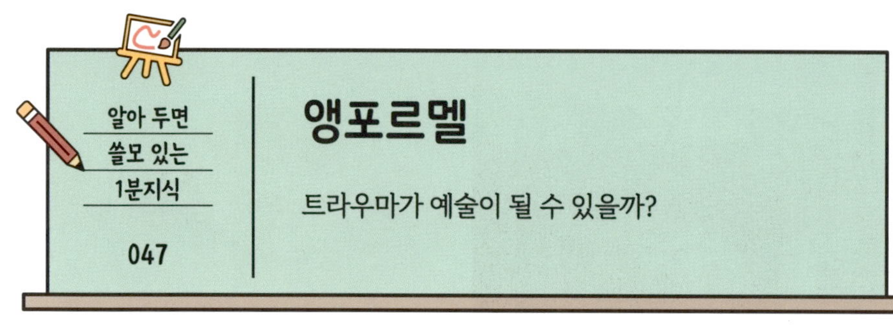

한 아이가 컵라면을 먹으려다가 실수로 뜨거운 물을 쏟아서 허벅지에 화상을 입었습니다. 다행히 빨리 치료를 받아서 큰 흉터 없이 나았습니다. 얼마 후 친구가 따뜻한 음료를 만들어주기 위해 컵에 뜨거운 물을 부으려고 하자 아이는 무의식중에 몸을 뒤로 빼며 방어하는 자세를 취했습니다. 이처럼 어떤 사건과 사고를 겪은 뒤 자신도 모르게 정신적 또는 신체적 반응이 나타나는 현상을 '트라우마Trauma'라고 합니다. 일상에서 흔히 일어날 수 있는 일로도 생길 수 있는 트라우마가 전쟁처럼 충격적인 사건을 겪게 되면 어떤 식으로 나타날까요?

1950년대 후반, 제2차 세계대전을 겪은 유럽은 전쟁의 참혹함을 온몸으로 느끼고 있었습니다. 전쟁으로 인한 고통과 불안, 공포감, 무력감이 유럽 전역에 만연했고, 유럽에 남은 예술가들은 전쟁 트라우마로 고통받는 사람들의 상처와 암울한 상황에 주목했습니다. 두 번의 전쟁을 겪고 살아남은 예술가들은 다다이즘과 표현주의의 영향 아래 전쟁의 참상에 시달리며 이성은 사라지고 광기와 공포, 불안에 사로잡힌 사람의 감정 자체를 일그러진 형상과 재료의 질감으로 표현하고자 했습니다. 이러한 예술 사조를 앵포르멜Informel이라고 합니다. 앵포르멜은 '비정형'이라는 뜻의 프랑스어입니다.

장 포트리에Jean Fautrier(1898~1964)는 앵포르멜 미술의 대표적인 작가입니다. 포트리에는 전쟁 중에 일자리를 잃어 저렴한 집을 찾아 이사했는데 하필 그가 얻은 작업

▲ 장 포트리에, 〈괴롭히는 존재〉, 1948

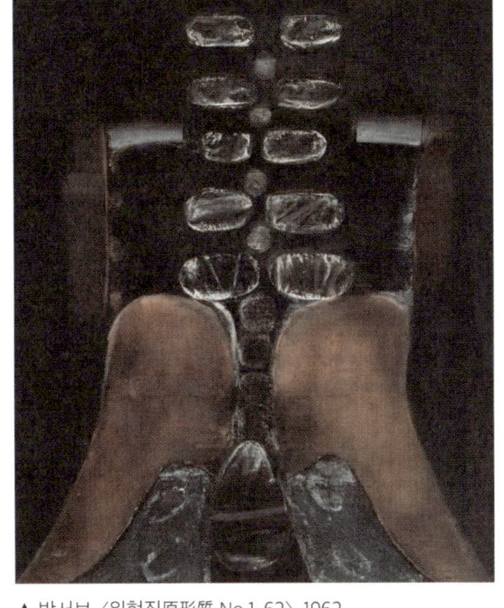

▲ 박서보, 〈원형질原形質 No.1-62〉, 1962

실 주변에 나치의 포로수용소가 있어서 매일 고문당하는 사람들의 비명이 들렸다고 합니다. 〈인질〉 연작에서 포트리에는 인물의 두상을 물감과 시멘트, 석고 등을 반죽해 캔버스에 두텁게 발라 표현해 전쟁으로 살아남은 자들의 고통을 시각적으로 보여 줍니다. 제목을 보지 않으면 이것이 사람의 머리인지조차 알아보기 어려울 만큼 '비정형'이라는 앵포르멜의 특징이 잘 나타난 작품입니다.

앵포르멜 경향은 1960년대까지 유럽을 넘어 전쟁을 겪은 많은 나라에서 찾아볼 수 있습니다. 1950년 발발한 한국전쟁은 대한민국에 엄청난 트라우마를 입혔고 앵포르멜이 정착하는 계기가 되었습니다. 박서보, 하인두, 김창열 등으로 대표되는 한국의 앵포르멜은 정형화되지 않은 형태와 그로테스크하고 어두운 색채가 특징입니다. 전쟁의 상흔이 남긴 예술 작품을 감상할 때 그 작품의 배경이 된 전쟁의 참혹함에 대해 생각해 본다면 더욱 깊이 있게 작품을 이해할 수 있을 것입니다.

올오버 페인팅

화면을 모두 동일한 방법과 강도로
칠하는 것이 무슨 의미일까?

팟캐스트 미술식탁 103, 104회

제2차 세계대전 이후 유럽에서 앵포르멜이 성행할 때 미국은 자신만의 새로운 예술 화풍을 만들어냈습니다. 거대한 캔버스에 특정한 형상 없이 형형색색의 물감만 균질하게 칠해진 회화가 등장했습니다. 이것을 '전면균질 회화' 혹은 '올오버 페인팅All Over Painting'이라고 합니다. 이름에서 알 수 있듯이 주요한 주제부 혹은 상대적으로 덜 중요한 부분이 구분되지 않고 화면 전체에 균질하게 물감을 칠한 회화를 뜻합니다. 전통적인 회화는 평면의 화면에 대상을 입체적으로 보이도록 그림으로써 2차원에 3차원의 실재감을 구현하는 것이 목표였습니다. 따라서 생생하고 사실적으로 그리는 것이 중요했지요. 반면 올오버 페인팅은 오직 물감만이 화면에 존재하므로 등장인물 간의 관계나 사물의 형태를 관찰하고 어떤 의미인지 유추해보는 감상 방법이 불가능합니다. 그렇다면 올오버 페인팅은 언제 등장했으며, 어떻게 감상해야 할까요?

제1차 세계대전이 끝난 후 경제 대공황을 맞이한 미국 정부는 사회를 재건하기 위해 뉴딜 정책을 내놓았습니다. 정부는 사회문제를 해결하는 방법 중 예술가들을 활용하는 방법으로 거리의 벽화를 제작하는 사업을 운영했습니다. 이 과정에서 예술가들은 대형 그림을 그리는 방식에 익숙해졌습니다. 비슷한 시기에 전쟁을 피해 유럽의 많은 예술가들이 미국으로 건너왔습니다. 그중에는 초현실주의자들도 섞여 있었습니다. 선진적인 유럽 예술가들을 만나게 된 미국인들은 이전과는 다른 완전

히 새로운 방식에 도전해볼 의지와 환경을 갖추게 되었습니다. 그 첫 시도를 한 작가가 바로 잭슨 폴록Jackson Pollock(1912~1956)입니다.

폴록은 캔버스를 바닥에 눕혀 놓고 캔버스 사이를 걸어 다니며 물감을 붓거나 떨어뜨리는 방식으로 작업했습니다. 붓을 사용하여 구체적인 형태를 표현하는 것이 아니라 작가의 발걸음에 따라 물감 자국이 즉흥적이고 우연적으로 나타나는 이 방식은 움직이는 미술이라는 의미로 액션페인팅Action Painting이라고 불립니다. 1949년 미국의 유명 잡지인 『라이프』지가 잭슨 폴록을 조명하면서 그는 가장 미국적인 화가로 일약 스타덤에 올랐습니다. '천재인가 사이코인가'라는 제목이 달린 특집 기사는 폴록

▲ 뉴욕 메트로폴리탄 미술관에서 마크 로스코의 작품을 감상하고 있는 관람객

의 작품 세계 소개와 인터뷰로 구성되었는데 여기에서 폴록은 자신의 내면을 그려내기 위해 몰두했다고 말했습니다. 이를 계기로 그는 대중적으로 큰 인기를 얻었는데, 심지어 그의 작품을 마주하고 슬픔을 느끼거나 위로를 받는다며 눈물을 흘리는 감상자들도 있었습니다. 초현실주의의 영향을 받은 폴록은 드리핑dripping 기법을 사용해 작품을 제작하면서 추상화의 새로운 차원을 열었다고 평가받고 있으며, 1940년대 후반에서 1960년대 초반에 걸쳐 미국에서 전개된 미술 운동인 추상표현주의abstract expressionism의 대표적인 작가로 알려져 있습니다.

추상표현주의의 또 다른 대표 작가 마크 로스코Mark Rothko(1903~1970)는 물감을 부어 스며들게 하는 방식으로 올오버 페인팅을 전개했습니다. 캔버스에 그림을 그릴 때에는 먼저 석고와 아교를 혼합한 흰색 제소gesso를 발라 캔버스 표면을 매끄럽게 하고 천의 짜임 사이사이를 메꿔주는 바탕 작업을 진행합니다. 이 위에 물감을 바르면 발색이 좋고 그림을 그리는 속도가 빨라집니다. 하지만 로스코는 제소를 전혀 사용하지 않은 캔버스를 바닥에 눕혀 놓고 물감을 부어버렸습니다. 이렇게 하면 둥둥 떠 있던 물감이 조금씩 캔버스에 스며들고 가장자리에는 얼룩이 생깁니다. 하지만 붓질은 찾아볼 수 없지요. 모든 형상을 제거하고 '색'이라는 요소 하나만으로 화면 전체를 채움으로써 내면의 본질적인 것, 초월적인 것에 집중하도록 했습니다. 오로지 색으로만 이루어졌기에 그의 작품은 색면 회화라고도 불리는데, 그의 감정에 따라 작품에 사용된 색채가 강렬한 붉은색이나 짙은 어두운 색으로 달라지기도 합니다.

잭슨 폴록과 마크 로스코, 두 사람의 작품은 모두 큰 사이즈와 형상이 없는 평평한 그림이라는 공통점을 가지고 있습니다. 하지만 전시장에서 그들의 작품이 주는 긴장감과 강렬함은 전통적인 회화보다 돋보입니다. 무겁게 드리운 커튼을 열고 들어간 전시장에서 다채로운 색의 물감으로 뒤덮인 작품들로 둘러싸인 방에 혼자 있다면 어떤 기분이 들까요? 올오버 페인팅 작가들은 이 지점을 노렸습니다. 어떤 구체적 형상 없이 오롯이 색채만을 느끼며 자신의 내면을 돌아보기를 바란 것이지요.

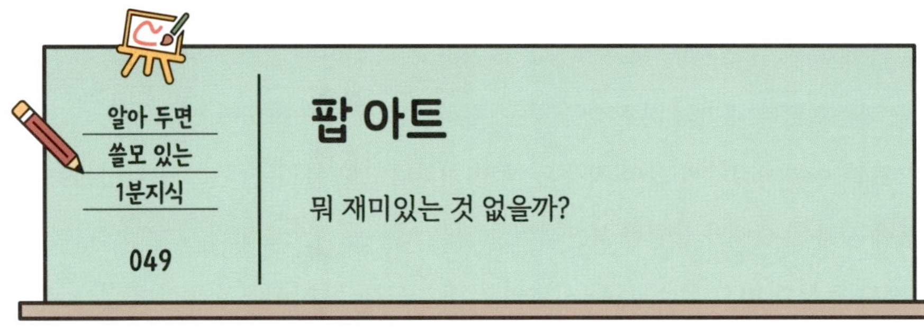

팝 아트Pop Art에 대해 이야기할 때 가장 많이 떠올리는 이미지는 강한 원색과 반복되는 패턴입니다. 우리에게 매우 익숙한 이 이미지는 1960년대 미국에서 성행한 팝 아트의 전형적인 스타일입니다. 앤디 워홀Andy Warhol(1928~1987)이나 로이 릭턴스타인Roy Lichtenstein(1923~1997)이 대표적인 작가지요.

하지만 팝 아트의 원류는 미국이 아닌 영국입니다. 팝 아트는 1950년대 중반에 영국에서 시작되었으나, 유럽과 떨어져 있던 미국이 제2차 세계대전을 계기로 강대국으로 성장하며 1960년대 초 미국에서 대중적인 인기를 끌고 '가장 미국적인 미술'이라는 타이틀을 얻게 됩니다. 미국은 전쟁 중에 유럽에 필요한 군수물자와 식량, 의류를 생산하면서 공업과 대량생산이 발전했고, 수출을 통해 부를 축적했지요. 경제 대공황이 무색하게 일자리가 증가하고 경제적으로 풍족해졌으며 이는 곧 사람들의 소비로 이어졌습니다. 이때 미국의 분위기는 어땠을까요? '돈이 최고야!'를 외치는 상업주의가 주류를 이루면서 공장주들은 돈을 더 많이 벌기 위해 아동에게 노동을 시키는 것은 물론, 근로자들에게 하루 열여덟 시간씩 일을 시키는 경우도 다반사였습니다. 하지만 인권 문제를 제기한 사람은 아무도 없었지요. 자본주의의 논리가 그 어느 때보다도 강한 힘을 가지고 있던 때의 부작용이었습니다.

상업주의에 빠진 미국의 모습을 흥미롭게 지켜보던 그룹이 영국에 있었는데, 런던의 '현대미술 연구소Institute of Contemporary Art' 내의 작은 토론 모임이었던 인디펜던

트 그룹Independent Group입니다. 이들
은 특히 미국의 대중문화, 소비문화
에 대해 비판적인 입장을 취했습니
다. 필요 이상으로 많은 물건을 가지
려는 사람들, 유흥을 위한 소비, 물질
만능주의 같은 당대인들의 특징을 비
판했지요.

그 시작을 알린 대표적인 작품이
바로 리처드 해밀턴Richard Hamilton
(1922~2011)의 〈오늘날의 가정을 그렇
게 색다르고 멋지게 만드는 것은 무

▲ 리처드 해밀턴, 〈오늘날의 가정을 그렇게 색다르고 멋지게
만드는 것은 무엇인가?〉, 1956

엇인가?〉입니다. 이 그림은 미국 중산층 집안의 모습을 보여줍니다. 자동차 엠블럼,
진공청소기, TV 같은 공산품을 그리고 보디빌더와 스트립 걸을 콜라주 형식으로 구
성해 소비문화에 길들여져 보여주기 식의 삶을 사는 사람들을 은유적으로 표현했습
니다.

해밀턴 이후 영국의 팝 아트 작가들은 주로 대중에게 익숙한 이미지와 전단지 등
을 활용해 사회 비판적 견해를 드러냈습니다. 우리가 아는 팝 아트와 달리 학문적 느
낌이 강하지요. 반면, 미국의 팝 아트는 현실과 동떨어져 가는 추상표현주의에 현기
증을 느껴 대중문화를 적극적으로 사용하는 방향으로 나아갔습니다.

미국의 팝 아트가 주로 이용한 대중문화는 무엇일까요? 첫 번째는 만화입니다.
로이 릭턴스타인은 검은 윤곽선과 강렬한 원색, 분할된 칸, 내레이션 등을 활용해 만
화의 한 장면을 확대한 것처럼 표현했습니다. 〈꽝!〉은 그의 대표작 중 하나로, 전쟁
장면을 연출한 작품입니다. 전쟁이라는 무거운 주제를 장난스럽게 표현한 점이 아이
러니합니다. 릭턴스타인이 이런 그림을 그리게 된 이유는 어린 아들의 한마디 때문

▲ 로이 릭턴스타인, 〈꽝!〉, 1963

이었습니다. 만화영화를 좋아하던 아들이 "아빠는 만화처럼 못 그려?"라고 말한 것이
그림체를 바꾼 계기가 되었지요. 그의 그림은 단순히 만화의 한 장면을 그린 것 같지
만 대중문화와 순수 예술을 결합한 미국 팝 아트의 특징이 잘 드러난 작품입니다.

두 번째는 대중문화의 이미지입니다. 팝 아트의 대가 앤디 워홀은 가정에서 일상
적으로 먹는 깡통 수프, 대형 마트에서 판매되는 세제 상자 같은 공산품을 작품에 등
장시켜 미국의 소비주의를 표현했습니다. 상업광고 디자이너로 일한 그는 실크 스
크린 기법을 활용해 그림을 여러 장 복제하고 빠르게 인쇄물을 찍어낼 수 있었습니
다.(《067. 실크 스크린》 참고) 워홀은 잡지나 포스터를 예술 작품처럼 보이도록 그대로 재
현했습니다. 수프 통을 여러 개 반복적으로 찍어낸 판화 〈캠벨 수프〉 연작은 특별한
기교 없이 조수들과 함께 대량생산 시스템으로 제작했습니다. 워홀의 손에서는 미술
작품도 공산품이 되어버리며 유일성을 잃게 된 것이지요. 이런 뜻을 반영해 워홀은
자신의 작업실 이름을 '팩토리factory'라 짓기도 했습니다. 엘리트의 전유물에서 뛰쳐
나온 예술이라고 할 만합니다.

세 번째, 일상적인 물건입니다. 팝 아트 조각가 클래스 올덴버그Claes Oldenburg
(1929~2022)는 페이스트리, 케이크 등을 조각으로 만들고 마치 매장에 진열하듯이 작

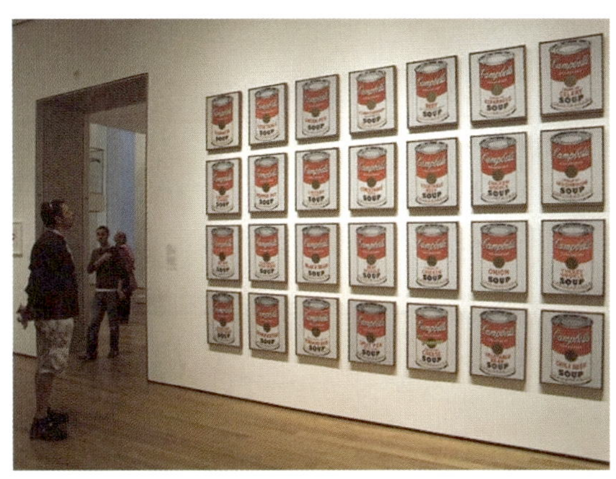

앤디 워홀, 〈캠벨 수프〉, 1962 ▶

클래스 올덴버그, ▶
〈페이스트리 케이스〉, 1961~1962

품을 전시했습니다. 이 외에도 의류, 식품 같은 일상적 소재를 비닐이나 라텍스 등으로 표현하여 '부드러운 조각soft sculpture' 시리즈를 제작했습니다. 서울 청계천에 있는 고둥 모양의 작품 〈스프링〉을 만든 사람이기도 하지요. 팝 아트 작가들의 이런 시도는 고급 미술과 대중 미술의 경계를 허물어 많은 사람들이 미술을 일상적으로 즐기는 환경을 만드는 데 기여했습니다.

발주 예술

다른 사람이 만들어도 자기 작품이 될 수 있다고?

발주發注란 '계약을 통해 물건을 주문함'이라는 뜻이며, 발주 예술이란 말 그대로 작품을 예술가가 직접 제작하지 않고 제작 공정을 위탁 주문해 결과물을 만들어내는 예술을 말합니다. 그렇다면 발주 예술을 진정한 예술가의 작품으로 인정할 수 있을까요?

전통적 개념에 따르면 예술이란 온전히 예술가의 손으로만 만들어지는 것이었습니다. 예술가가 직접 제작하지 않는다면 예술이라고 인정하지 않았지요. 그러나 오늘날에는 조금 다릅니다. 예술가가 직접 제작하기 어려운 공정을 전문 업체에 맡겨 가공하는 방식이 일반화되었습니다. 예를 들어 철제 판면을 한 번도 절단해보지 않은 예술가가 철을 이용해 작품을 제작하고 싶다면 제작 의뢰서를 들고 철공소를 방문해 원하는 사이즈와 형태의 철판을 만들어 달라고 주문하면 됩니다. 미술대학에 재학 중인 많은 학생들이 이런 방식으로 작품을 제작합니다.

현대 미술에서는 예술가의 아이디어가 가장 중요하므로 제작을 외부에 맡기는 것을 큰 문제로 여기지 않곤 합니다. 예술가가 직접 제작에 참여하지 않고 예술가의 아이디어대로 조수들이 작품을 제작한 앤디 워홀의 팩토리 시스템 역시 이와 비슷한 맥락에 있다고 볼 수 있습니다.

발주 예술이 단순히 작품의 주문 제작에서만 시작한 것은 아닙니다. 1960년대에 등장한 미니멀리즘은 조각 부문에 과거와는 완전히 다른 시각을 제시했습니다. 미

▲ 칼 안드레, 〈144개의 납 사각형〉, 1969

칼 안드레는 공업사에서 자른 144개의 납을 가져와 전시장에 그대로 배치했습니다. 어떤 형태적 암시 없이 순수한 사각형만을 반복함으로써 작품을 순수한 명상의 대상으로 존재하게 했습니다.

미니멀리스트들은 가장 순수한 예술의 언어는 기하학적인 조형의 형태를 드러내는 것이라고 생각했고, 따라서 예술가가 직접 제작하는 순간 작품에 개성이 반영되어 순수성을 잃어버린다고 생각했습니다. 매우 단순하고 몰개성적인 형태 그 자체만이 완전한 순수 예술이라고 생각했지요. 이러한 상황에서 예술가의 개성을 제거할 수 있는 방법은 공업사에 돌이나 시멘트, 스테인리스 등 작품의 재료를 가공하는 단계를 맡기는 것이었습니다. 예술에 아무런 견해가 없는 사람들이 참여하므로 순수하게 절단 기술만을 보여줄 수 있다고 생각한 것입니다. 즉 발주 예술은 제작을 다른 사람에게 맡기는 작업 형태의 변화뿐 아니라 새로운 예술적 표현 방식에서 시작되었다고 볼 수 있습니다.

키네틱 아트

예술품이 살아 움직인다면?

'키네틱Kinetic'은 '운동의', '운동에 의해 생기는'이라는 뜻의 형용사로 키네틱 아트는 실제로 움직이거나 운동성을 표현하는 예술 작품을 총칭합니다. 그렇다면 시간의 변화에 따른 움직임을 그린 미래파의 회화는 키네틱 아트에 포함될 수 있을까요? 움직이는 예술이란 무엇을 의미할까요?

미래파futurism는 앞서 살펴본 것처럼 빠른 속도로 발전하는 사회를 표현하기 위해 속도와 운동성을 강조한 예술 사조입니다(〈043. 동시성〉 참고). 키네틱 아트에서 추구하는 움직임을 가장 먼저 포착한 예술 사조이기도 하지요. 움베르토 보초니Umberto Boccioni (1882~1916)의 〈공간에서의 독특한 형태의 연속성〉을 보면 앞으로 걸어가는 인물을 슬로 모션으로 여러 장 촬영한 것 같아 보입니다. 그러나 이 작품에 실질적인 움직임은 없습니다. 움직임이 느껴지기만 하지요. 미래파는 움직임이란 개념을 시각적으로 표현했다는 점에서 키네틱 아트의 이론적 기반을 제공했지만, 실제로 작품이 움직이는 것은 아니었기 때문에 키네틱 아트와는 차이가 있습니다.

키네틱 아트에서 최초로 실제 움직임이 적용

▲ 보초니, 〈공간에서의 독특한 형태의 연속성〉, 1913

▲ 덴마크 모빌 제작 브랜드 플렌스테드 모빌의 '플로우 리듬'

된 작품은 바로 '모빌mobile'입니다. 오늘날 아기의 머리 위에 달아두는 장난감과 같은 형태지만, 본래는 미국 조각가 알렉산더 칼더Alexander Calder(1898~1976)가 창안한 조형예술 기법입니다. 1932년 칼더의 움직이는 조각 작품을 본 마르셀 뒤샹이 프랑스어로 '움직인다'는 뜻을 가진 '모빌'이라는 이름을 붙였고, 이후 이러한 형태의 조각이 모빌로 불리게 되었습니다. 칼더는 유럽을 여행하면서 몬드리안의 그림을 마주합니다. 빨강, 파랑, 노랑, 검정, 하양이라는 단순한 색의 반복과 멈춘 듯한 화면의 컬러를 보던 칼더는 이런 생각이 떠올랐습니다.

'몬드리안의 작품을 움직이게 할 수는 없을까?'

칼더는 몬드리안의 작품에 쓰인 색을 입힌 철제 조형물에 철사와 실을 연결해 천장에 매달았습니다. 약한 바람에 의해 움직이는 모빌은 자연의 힘을 이용해 끊임없이 변화하는 미술 작품으로, 새로운 예술적 시도의 결과물이었습니다. 이후 키네틱 아트는 다양한 방식으로 발전했습니다. 전기 모터나 센서를 활용해 기계적으로 움직이는 조각, 관객의 움직임을 반영하는 인터랙티브 아트, 빛과 그림자를 이용한 영상 기반의 키네틱 아트까지 표현 방식이 확장되었지요. 최근에는 드론아트쇼와 같이 공중에서 움직이는 이미지가 만들어지거나, 관객의 움직임을 감지해 실시간으로 반응하는 체험형 미술 등으로 키네틱 아트의 영역이 더욱 넓어지고 있습니다.

라이프캐스팅

살아 있는 사람을 조각 작품으로 만든다고?

'데드마스크Dead mask', 즉 죽은 자의 얼굴이라고 불리는 이 조각은 죽은 사람의 얼굴을 그대로 본뜬 조각을 지칭합니다. 고대 로마에는 죽은 자와 가까운 가족의 행사나 장례식을 치를 때 데드마스크를 들고 참여하는 풍습이 있었습니다. 15세기 이후에는 유명인들이 죽은 뒤에 생전의 모습을 남기기 위해, 또는 위인의 육체적 기록을 전하기 위해 데드마스크를 만드는 의례가 일반화되었습니다. 세계적으로 유명한 데드마스크 중 하나로 나폴레옹의 것이 있습니다. 죽은 사람의 표정에서 느껴지는 고요함과 적막감은 일반적인 조각이 주는 생동감과는 무척 대조적이지요.

▲ 나폴레옹의 데드마스크

그런데 이런 방법을 살아 있는 사람에게 적용해 조각을 만든다면 어떨까요? 조지 시걸George Segal(1924~2000)은 주변 사람들을 모델로 본을 떠 일상을 살아가는 평범한 사람들의 모습을 조각으로 재현했습니다. 옷을 입은 상태의 모델에게 석고붕대를 감아 틀을 떠 신호등에서 대기하는 사람, 자전거를 타는 사람, 공원에서 대화하는 사람 같은 일상적인 모습을 연출했습니다. 하지만 석고가 굳기까지 시간이 걸리고 하얀 석고틀을 다듬거나 색

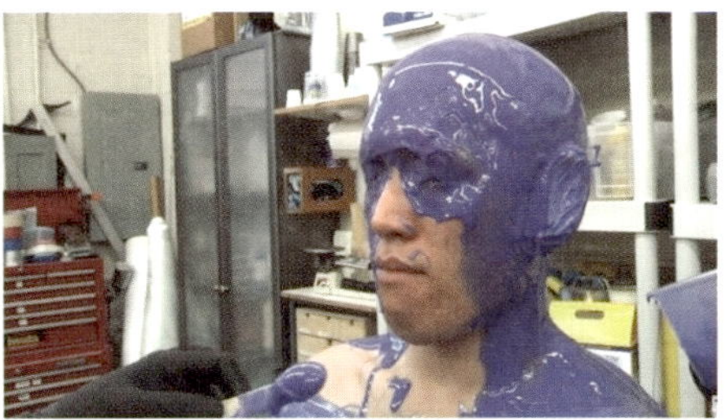

▲ 라이프캐스팅을 하는 장면

◀ 조지 시걸의 작품을 감상하는 사람들

채를 입히지 않았기 때문에 어딘지 모르게 데드마스크와 비슷한 분위기를 풍깁니다. 다른 점이라면 어떤 행동을 하고 있던 사람의 전신을 묘사했다는 것이었지요.

이렇게 살아 있는 사람을 대상으로 틀을 떠 조각을 제작하는 기법을 라이프캐스팅lifecasting이라고 합니다. 시걸은 지나치게 추상적이고 어려운 현대 미술을 벗어나 현실감 있는 작품을 제작해야겠다는 의지로 라이프캐스팅을 선택했다고 합니다. 실제로 조지 시걸의 전시회가 열렸을 때 많은 사람들이 방문해 그의 작업 과정을 눈으로 직접 보고 작품과 같은 포즈를 취하기도 했습니다.

오늘날에는 영화나 드라마를 제작할 때 배우를 대신할 인체 모형을 만드는 데에도 라이프캐스팅을 사용합니다. 라이프캐스팅으로 인체의 본을 뜰 때는 재료가 몸에 묻거나 신체 내부로 들어가지 않도록 잘 감싸고 콧구멍과 귓구멍을 막아 보호하고, 눈썹처럼 털이 있는 부분에는 유분기가 많은 로션을 미리 발라 잔여물이 남지 않도록 예방합니다. 작품의 대상이 되는 사람은 많이 힘들고 고생스럽지만, 관람하는 입장에서는 무척 즐거운 경험이 될 것 같네요.

그라피티

공공장소에 한 낙서도 예술이 될 수 있을까?

2022년 9월 인천의 지하철 차량기지에 몰래 침입해 전동차에 그라피티를 그리고 달아난 외국인들에 대한 뉴스가 보도되었습니다. 이들은 가로 2미터, 세로 1미터 크기로 'WORD'라는 알파벳 글자를 그림으로 그리고 사진을 찍은 뒤 해외로 도주했는데, 서울·대전·부산 등 전국 여섯 곳의 지하철 차량기지에도 침입해 전동차 외벽 등지에 그라피티를 그리고 달아났다고 합니다. 이 사건에 대한 여론은 '공공 기물에 낙서하는 것은 범죄다', '예술이 아닌 흉물이다' 같은 부정적 견해가 대부분이었습니다.

반면 어떤 그라피티는 예술로 받아들여집니다. 영국 런던의 쇼디치 거리는 거리 전체가 그라피티로 도배되어 있고, 심지어 인테리어를 할 때에도 그라피티를 고려해 디자인을 결정한다고 합니다. 같은 그라피티인데 이처럼 다르게 대우받는 이유는 무엇일까요?

처음부터 그라피티가

▲ 인천 전동차에 그려진 그라피티

▲ 영국 쇼디치 벽화 거리　　　　　　　　　　▲ 베를린 이스트 사이드 갤러리

환영받은 것은 아니었습니다. 우리가 알고 있는 페인트와 스프레이 래커를 이용해 그리는 길거리 그라피티는 1970년대 유럽과 미국에 처음 등장했습니다. 건물 외벽이나 전봇대, 담벼락 등에 욕설이나 불만을 표출한 그림이 주를 이루었고 시민들은 달가워하지 않았지요. 인천 지하철 사건과 동일하게 당시에도 그라피티는 사회적 위법행위로 간주되었습니다. 그러나 시민의 눈을 사로잡거나 공감할 만한 메시지를 전달하는 작품이 등장하면서 그라피티 아트를 옹호하는 사람이 늘어났습니다.

1970년대 말에는 전문 예술교육을 받은 작가들이 그라피티를 활용해 도시의 미관을 바꾸는 작업을 했는데, 이때 사회적 인식이 달라졌습니다. 특히 베를린 장벽 붕괴와 통일을 기념해 118명의 예술가가 1.3킬로미터 길이의 장벽에 그라피티를 그린 이스트사이드 갤러리는 그라피티가 자유, 평등, 개방 등을 상징하게 되는 계기가 되었습니다. 그 후 그라피티는 전 세계적으로 대유행했고, 공공 미술로서 인정받는 한편 화랑에서도 그라피티를 전시하며 이전과 달리 대우받게 됩니다.

그러나 공공기물이나 역사적 장소에 그라피티를 그리는 행위는 여전히 논란의 대상입니다. 그라피티 아트의 가치가 공공 질서나 역사적 가치보다 우위일 수 없다는 의견이 팽팽하게 맞서고 있기 때문입니다.

YBAs

어디까지 예술로 인정해야 할까?

자신의 얼굴을 그린 그림을 자화상自畵像이라 하고 자신의 얼굴을 조각으로 만든 것을 자소상自塑像이라고 합니다.

여기 남다른 색을 지닌 자소상이 있습니다. 〈셀프〉라는 제목의 이 작품은 영국 작가 마크 퀸Marc Quinn(1964~)이 눈을 감은 자신의 모습을 그대로 본뜬 것입니다. 검붉고 검푸른 얼룩덜룩한 얼굴색에 머리카락도 없습니다. 미처 완성하지 못한 작품처럼 보이기도 합니다. 일반적으로 작가들이 자기 자신을 묘사할 때는 아름답고 위대해 보이게 표현하는데 이 작품은 어떤 면에서는 지나치게 현실적이고 그로테스크해 보이기까지 합니다. 그렇다면 이 자소상의 재료는 무엇일까요? 〈셀프〉라는 제목에 걸맞게 퀸은 자신의 몸에서 나온 재료, 바로 피로 자소상을 제작했습니다.

1991년 6주마다 자신의 피를 뽑아 총 4.5리터의 혈액으로 〈셀프〉를 제작한 퀸은 2006년까지 5년에 한 점씩 총 4점의 자소상을 제작했습니다. 그는 자기 육체의 일부로 만든 자소상을 통해 자아와 생명의 관계를 탐구하려는 의지를 표현했다고 밝혔지만 징그럽다

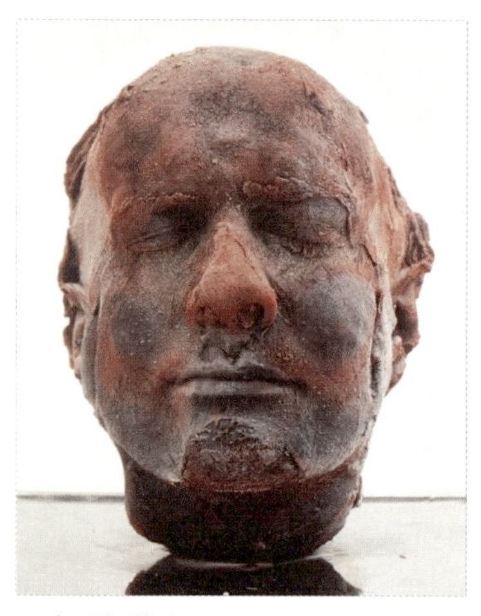

▲ 마크 퀸, 〈셀프〉, 1991

는 감상부터 작가의 생각에 동의하기 어렵다는 평가까지 다양한 반응이 나왔습니다. 그런데 이 작품의 의미를 곱씹어보게 만드는 사건이 발생합니다. 1996년 제작된 두 번째 〈셀프〉가 냉동고 전원 코드가 뽑히는 바람에 유실되고 말았습니다. 작품을 보관 중인 영국 사치 갤러리에서 내부 수리를 하던 중에 건설업체 소속 청소부가 실수로 전원 코드를 뺀 것이었지요. 전기라는 에너지가 없으면 형태를 유지할 수 없는 마크 퀸의 자소상은 생명의 유약함을 보여주는 철학적 작품으로 인식되었고, 많은 사람들이 작가의 의도에 공감하게 되었습니다.

1980년대 후반 영국에서 마크 퀸과 함께 전위적이고 실험적인 예술 작품을 제작한 일군의 젊은 작가들을 YBAs라고 불렀습니다. '영 브리티시 아티스트Young British Artists'의 줄임말이지요. 대부분 20대였던 YBAs 작가들은 고전 예술이나 모더니즘 미술에 반대하며 이전까지 시도하지 않았던 새로운 방식으로 예술 작품을 제작하고 싶어했습니다. 그중 데이미언 허스트Damien Hirst(1965~)는 YBAs를 결성하고 이끈 존재로 1991년 〈프리즈〉라는 전시를 기획해 단숨에 현대 미술의 주목받는 아티스트가 되었습니다. 그는 작품에 생명을 이용해 삶과 죽음의 경계를 충격적인 비주얼로 보여줌으로써 미술계와 대중 양쪽에서 큰 관심과 비판을 동시에 받았습니다.

그에게 '현대 미술의 악동'이라는 별칭을 가져다준 작품은 상어를 포름알데히드 5퍼센트 희석액으로 채운 수조에 넣어 전시한 〈살아 있는 자의 마음속에 있는 죽음의 물리적 불가능성〉입니다. 호주의 한 어부를 통해 포획한 상어를 박제 처리한 후 부패를 막는 포름알데히드 희석액에 담가 보관한 것이지요. 당시 상어를 사는 데 든 약 2,000만 원을 포함해 총 제작비가 약 1억 원에 이르렀습니다. 작가는 관람객들이 이미 죽은 상어이지만 공포감을 느끼길 바랐다고 합니다. 또한 작품의 제목을 보고 죽음에 관해 철학적으로 생각하길 원했습니다.

이 같은 허스트의 의도는 어느 정도 통했습니다. 작품을 관람한 감상자들은 모두 죽음에 대해 한마디씩 할 수밖에 없었으니까요. 그와 동시에 이 작품은 제작 방식의

▲ 데이미언 허스트, 〈살아 있는 자의 마음속에 있는 죽음의 물리적 불가능성〉, 1991

▲ 런던에서 가장 큰 기차역이자 유로스타의 출발역이자 종착역인 세인트 판크라스에 설치된 트레이시 에민의 작품. "당신과 함께하고 싶어요I want my time with you"라는 문구가 분홍색 네온등으로 빛나고 있다.

윤리성과 예술성을 두고 엄청난 논란에 휩싸였습니다. 이러한 논란이 무색하게 이 작품은 2004년 약 120억 원에 판매되며 데이미언 허스트를 살아 있는 작가 중 가장 비싼 판매가를 올린 작가로 만들어 주었습니다. 허스트는 이런 상황 역시 예술적 실험의 결과라고 밝혔습니다. 이 외에도 그는 수만 마리의 나비를 키운 뒤 박제해 작품을 제작하거나 절단된 소의 머리를 전시하는 등 파격적인 행보를 보여주었습니다.

다른 YBAs 작가들의 작품들도 독창적이었습니다. 트레이시 에민Tracey Emin (1963~)은 자신이 몇 달 동안 생활하면서 제대로 치우지 않은 침대를 그대로 전시장에 옮겼고, 질리언 웨어링Gillian Wearing(1963~)은 길가에서 만난 사람들에게 종이를 주고 지금 떠오르는 생각을 쓰게 한 뒤 손에 들고 있는 모습을 사진으로 남겼습니다. 일반적으로 생각하는 예술과는 완전히 다른 방식이었지요. 여러 가지 논란이 있지만

아라리오 뮤지엄 인 스페이스 ▶

아라리오 뮤지엄 인 스페이스의 중정 ▶

YBAs의 다양한 시도가 오늘날 현대 미술의 범주를 확장하고 개념적으로 사고할 수 있도록 했다는 데에는 반박할 여지가 없습니다.

만일 YBAs의 작품을 직접 감상하고 싶다면 서울 창덕궁 옆에 위치한 '아라리오 뮤지엄 인 스페이스'를 방문해 보세요. 이 갤러리는 YBAs를 비롯한 많은 현대 미술 작가들의 작품을 수집해 상설 전시를 운영하는 곳으로 책에서 접한 작품을 가까운 거리에서 만날 수 있습니다. 작품을 직접 감상한다면 글로 이해하는 것과는 또 다른 감동을 받을 수 있을 것입니다.

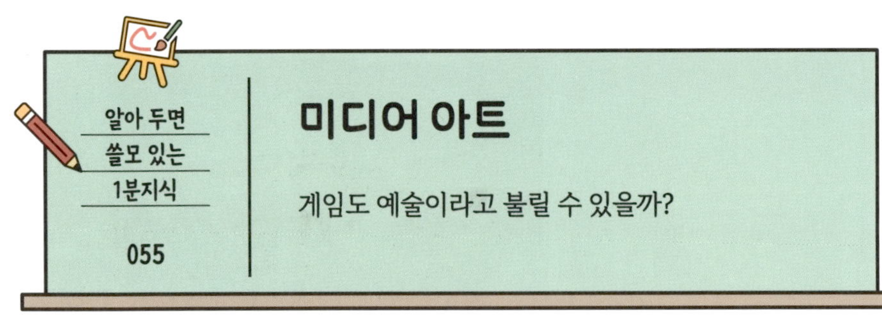

인류 역사에서 과학은 계속 발전해 왔습니다. 19세기에는 사진과 전화, 20세기에는 영화와 TV, 21세기에는 컴퓨터와 스마트폰 등 기술의 발전은 인류의 삶을 끊임없이 변화시켰습니다. 이는 예술 분야도 예외는 아니어서 첨단 기술과 결합하며 새로운 형태의 예술이 등장했는데, 이를 미디어 아트media art라고 합니다. 미디어 아트는 영상, 디지털 기술, 가상현실, 인공지능 등 다양한 첨단 매체를 활용한 예술을 포괄하는 개념입니다.

1980년대에 백남준은 TV 화면에서 재생되는 영상을 조각적 요소로 활용해 전통적인 미술과 기술을 결합하는 혁신적인 작업을 선보였습니다. 그의 작품에는 스토리가 없는 추상적인 영상, 고장난 TV처럼 보이는 지직거리는 화면, 혹은 반복되는 색채와 이미지들이 등장했습니다. 이러한 기법은 단순한 영상 재생이 아니라, TV라는 매체 자체를 예술적 도구로 변형한 새로운 표현 방식이었습니다. 비디오를 매체로 한 이러한 장르를 비디오 아트라고 부르며, 백남준은 이 분야의 선구자입니다. 비디오 아트는 기술이 발달함에 따라 인터넷, 컴퓨터, 로보틱스, 가상현실까지 영역을 넓혀 가며 미디어 아트로 발전했습니다.

미디어 아트는 이제 단순히 작가가 작품을 보여주는 방식에서 벗어나 관객이 직접 참여하고 상호작용하는 단계로 발전했습니다. 일부 작품은 관객이 움직이거나 조작하면 형상이 변하거나 소리가 나는 등 감상자의 개입에 따라 변형됩니다. 이를

▲ 독일 프랑크푸르트 커뮤니케이션 박물관 앞에 세워진 백남준의 〈프리 벨 맨〉, 1990

▲ 2023 국립현대미술관에서 열린 '게임 사회'의 전시 포스터

인터랙티브 아트interactive art라고 하며(〈008. 인터랙티브 아트〉 참고), 감상자가 없으면 작품이 온전히 완성되지 않는다는 점에서 전통적인 예술과 차별됩니다.

그렇다면 게임도 예술이 될 수 있을까요? 게임도 유저와의 상호 작용을 기반으로 운영되는 기술매체이니 말입니다. 2022년 문화예술진흥법에는 예술이 다음과 같이 정의되어 있습니다. '예술은 감상과 소통을 목적으로 한 창의적 표현활동과 그 결과물을 말한다.' 오늘날에는 게임을 예술의 일부로 받아들이는 움직임이 나타나고 있습니다. 예술가가 게임 개발자와 협업해 퀘스트를 깨면 예술 작품을 모을 수 있는 미니게임을 만들기도 하고, 게임을 주제로 한 전시도 열리지요.

하지만 여전히 게임의 예술성을 둘러싸고 다양한 논쟁이 이어지고 있습니다. 일부는 '게임은 예술적 요소를 포함할 수 있지만, 본질적으로 유희를 위한 매체이므로 순수 예술과는 다르다'고 주장합니다. 반면, '게임도 회화나 영화처럼 창의적 표현을 담고 있으며, 감상과 소통을 위한 매체로 볼 수 있다'는 입장도 있습니다. 그러나 기술 중심의 접근이 미학적 토대를 간과한다면, 단순한 감각적 자극에 그쳐 예술로서의 가치를 잃을 가능성도 있다는 점을 고려해야 합니다.

뱅크시는 왜 자신의 작품을 갈아 버렸을까?
_미술시장의 논란

2018년 10월 영국 런던의 소더비 경매장에 세간의 관심이 쏠렸습니다. 얼굴 없는 화가로 알려진 영국의 그라피티 예술가 뱅크시Banksy가 2002년 런던의 한 건물 담벼락에 그린 벽화를 재현한 작품 〈풍선을 든 소녀〉가 출품되어 많은 사람들이 입찰에 참여했기 때문입니다.

이 작품은 최종적으로 104만 파운드(당시 한화 약 15억 4000만원)에 낙찰되었는데, 경매사가 낙찰봉을 친 순간 놀라운 광경이 펼쳐졌습니다. 작품이 액자 아래쪽에 보이지 않게 설치된 세단기로 빨려 들어가며 절반 가까이가 조각조각 잘려 나갔기 때문입니다. 현장에 있던 입찰자들과 예술 관계자들은 패닉에 빠졌습니다. 경매장 관계자들이 그림을 황급히 액자 밖으로 꺼냈으나 이미 손상된 작품을 되돌릴 수는 없었습니다.

이 사건의 배후에는 원작자 뱅크시가 있었습니다. 그는 자신의 소셜미디어에 언젠가 이 그림이 경매될 것을 예상해 액자에 미리 세단기를 설치했다고 밝히고 그 제작 과정을 보여주는 동영상을 게시했습니다. 그리고 뱅크시를 대리하는 인터넷 홈페이지에서 작품명을 〈풍선을 든 소녀〉에서 〈사랑이 쓰레기통 안에 있다〉로 교체하고 그에 따른 인증서를 발행했습니다.

▲ 2004년 영국 런던의 건물 외벽에 그려진 〈풍선을 든 소녀〉　▲ 2018년 10월 경매 직후 반쯤 갈려버린 〈풍선을 든 소녀〉

　이에 대해 많은 대중이 볼 수 있는 거리에서 그 생명력을 보여줄 수 있는 거리 예술마저도 유명해지면 개인적으로 소유하려는 미술 시장의 과열을 비판하려는 의도가 아니었느냐고 추측하는 기사가 쏟아졌습니다. 뱅크시는 별다른 말은 하지 않았으나 '파괴하고자 하는 욕망도 창조의 욕구'라는 피카소의 명언을 인용해 언론의 의견에 일부 동조하는 듯한 뉘앙스를 남겼습니다.

　그렇다면 이 작품은 판매되었을까요? 잠시 충격에 휩싸였던 낙찰자는 그대로 작품 구매를 원했고, "결국 이 작품은 미술계의 역사가 될 것이다."라는 소감을 밝혔다고 합니다. 3년이 지난 2021년, 이 작품은 소더비에 다시 한 번 매물로 등장해 낙찰되었습니다. 무려 약 스무 배나 오른 1,870만 파운드(당시 한화 약 300억 원)에 거래되었지요.

　뱅크시의 행동은 정말 미술 시장을 비판한 것이었을까요? 아니면 자신의 가치를 높이기 위한 일종의 브랜드 마케팅이었을까요? 미술 시장의 문제점을 경고하는 작품이 결과적으로는 미술 시장의 중심이 되어버리는 아이러니를 보여준 사건입니다.

바우하우스는 현대 미술에 어떤 영향을 미쳤을까?
_모더니즘의 국제적 전파

사용자의 필요를 충족하는 기능적 부분을 방해하지 않으면서 장식적 요소가 적당히 가미되었을 때 우리는 훌륭한 디자인이라고 말합니다.

산업혁명 이후 기계화와 대량 생산이 가능해지면서 수공예품에 대한 수요는 점차 줄어들었습니다. 제작 과정이 복잡하고 어렵다 보니 지나치게 비싸 서민층이 사용할 수 없었기 때문입니다. 하지만 대량 생산으로 만들어진 상품은 하나같이 밋밋하고 단순했습니다. 기능에만 집중하고 많이 파는 것이 목적이었기 때문입니다. 제품 디자인은 바로 이 시기에 탄생했습니다. 기계로 생산하는 제품도 예술성과 개성을 잃지 않아야 한다는 문제점을 파악하고, 이러한 문제를 해결하기 위해 완전히 다른 방식으로 접근하기 시작한 결과가 산업 디자인입니다. 이렇게 20세기에 산업 디자인이 탄생하는 데 큰 역할을 한 학교가 바우하우스입니다.

바우하우스는 우리가 살아가는 건축물과 실생활에서 사용하기 좋은 양질의 제품을 디자인한다는 목표로 1919년 독일에서 문을 열었습니다. 초대 학장인 발터 그로피우스Walter Gropius(1883~1969)는 디자이너 양성에 초점을 두었는데, 당시 교수진으로는 바실리 칸딘스키를 비롯한 파울 클레Paul Klee(18799~1940), 요하네스 이텐Johannes Itten(1888~1967), 나즐로 모홀리 나기Laszlo Moholy Nagy(1895~1946) 등이 있었습니다. 20세

▲ 마르셀 브로이어, 〈바실리 의자〉, 1925

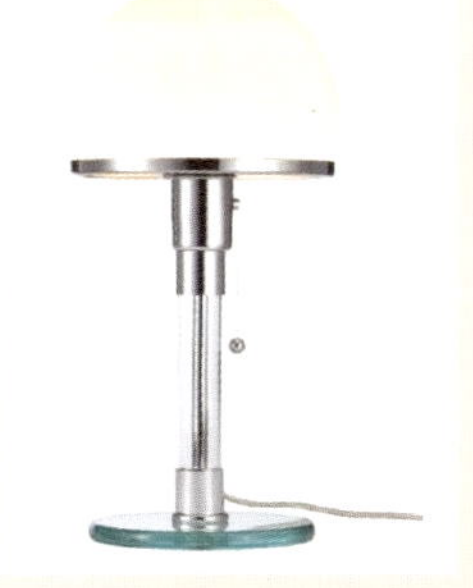
▲ 카를 야코프 유커와 빌헬름 바겐펠트, 〈바우하우스 스탠드〉, 1923

▲ 마리아네 브란트, 〈찻주전자〉, 1924

기 초반 모더니즘 예술을 이끈 이들은 단순한 선과 형태의 미적 측면을 제품과 건축에 적용할 수 있도록 학생들을 가르쳤습니다. 학생들은 1학년 때 기초 조형을 배웠고, 학년이 올라가면서 공방에서 실무를 바탕으로 산업 기술을 디자인에 적용하는 방법, 현장에서 활동하는 방법, 타이포그래피, 시각적 구성 등을 배웠습니다. 장인에게 일대일로 배우던 도제 교육에서 벗어난 바우하우스의 교육 방식은 지금의 대학 교육 시스템의 기반이 될 정도로 혁신적이었습니다.

제2차 세계대전이 발발하는 과정에서 나치에게 탄압받은 바우하우스는 몇 차례 학교를 옮기다가 결국 폐교되었습니다. 그러나 바우하우스 출신 교수와 학생들은 유럽과 미국으로 이주해 또 다른 학교를 개교하고 후학을 양성했습니다. 우리가 미니멀리즘이라고 부르는 디자인의 원류를 거슬러 올라가면 그 시초에 바우하우스가 있습니다. 바우하우스의 역사는 그리 길지 않지만 모든 영역의 예술을 통합하고 실생활과 연관된 부분까지 고려한 현실적 디자인을 만들어냈다는 점에서 오늘날에도 많은 시사점을 줍니다. 바우하우스 디자인이 지향한 바는 빠른 속도로 변화하고 있는 현대에도 반드시 필요하기 때문입니다.

현대 미술은 어떻게 구분할까?
_모던 아트와 컨템퍼러리 아트

'매우 어렵거나 매우 쉽다.'

현대 미술은 어떻게 바라보느냐에 따라 어려울 수도 있고 단순할 수도 있습니다. 개념을 완벽히 이해하기 위해 철학적 고민이나 질문에 관해 생각한다면 어려울 수 있지만 눈에 보이는 그대로 즐기는 데에 만족한다면 현대 미술을 어렵지 않게 받아들일 수도 있습니다. 이러한 평가가 나온 이유는 다다이즘의 마르셀 뒤샹이 제기한 예술 개념의 확장과 개념 미술로의 전환을 통해 현대 미술의 감상 방식이 더욱 자유로워졌기 때문입니다. 예술이 반드시 특정한 기술이나 형식적 아름다움을 갖추어야 한다는 고정관념이 사라지면서 감상자의 해석과 경험이 작품의 의미를 구성하는 중요한 요소가 되었습니다. 그렇다면 현대 미술은 무엇이라고 정의할 수 있을까요?

현대 미술을 지칭하는 또 다른 용어로는 동시대 미술, 영어로는 컨템퍼러리 아트 Contemporary Art가 있습니다. 시간상의 개념으로 우리가 살아가는 현재에 그려지고 만들어진 미술로서 실시간으로 즐길 수 있는 미술을 의미합니다. 즉 감상자와 같은 시기를 살아가는 작가들이 같은 시대상을 바탕으로 제작한 작품들을 동시대 미술이라고 설명합니다. 이러한 기준으로 본다면 바로크 시대에는 바로크 미술이, 20세기 초반에는 입체파와 야수파 등이 동시대 미술이었다고 할 수 있지요.

　　현대 미술을 영어로 번역할 때 컨
템퍼러리 아트 외에 또 다른 단어가
있는데 바로 모던 아트Modern Art입니
다. 모던 아트와 컨템퍼러리 아트 사
이에는 어떤 차이가 있을까요? 아직
예술적·사회적 합의가 필요하지만
일반적으로 1945년을 기점으로 두
경향을 구분 짓습니다. 모던 아트는

▲ 뉴욕 현대 미술관에서 잭슨 폴록의 작품을 감상하고 있는
아이들

이름에서도 알 수 있듯이 모더니즘이 주요 사상입니다. 19세기 후반에서 20세기 중
반까지, 고전미술의 전통을 깨고 새로운 표현 방식을 찾았던 예술을 지칭합니다. 인
상주의의 태동기부터 추상 표현주의 작가 잭슨 폴록이 사망한 1970년대까지가 여기
에 해당합니다. 컨템퍼러리 아트는 1945년 이후부터 현재까지의 미술을 포괄하며,
실험성을 드러내고 현대적 주제를 다루는 예술 사조로서 시간상으로 '오늘날'이라는
의미를 내포하고 있습니다. 두 단어 모두 현대적 미술을 가리키며 시간에 따라 구분
된다고 볼 수 있습니다.

　　비평가들은 19세기 이후 오늘날까지의 미술을 지칭할 때에는 보통 모던 아트라
는 용어를 선택하고, 오늘날에 가까운 미술을 설명할 때에는 컨템퍼러리 아트라는
용어를 씁니다. 우리가 살아가는 현재의 미술은 하나로 정의하기에는 너무나도 다양
하고 복잡합니다. 그러나 시간이 지나면 하나의 사조나 시기로 구분되며 새로운 명
칭이 붙게 되고, 사람들은 또 다른 컨템퍼러리 아트를 향유하게 되지요. 영원할 것만
같던 과거의 영광도 시간이 흐르면 변하듯이 미술도 끊임없이 변해갈 것입니다.

4장

재료와 기법

- ☑ 캔버스
- ☐ 유화 물감
- ☐ 스푸마토
- ☐ 마티에르
- ☐ 아크릴 물감
- ☐ 콜라주
- ☐ 모자이크
- ☐ 데페이즈망
- ☐ 아상블라주
- ☐ 파스텔
- ☐ 에칭
- ☐ 실크 스크린
- ☐ 문방사우
- ☐ 삼원법
- ☐ 복채법

캔버스

캔버스는 종이가 아니라고?

우리가 아는 대부분의 명화는 거의 다 캔버스에 그려졌습니다. 캔버스는 그림이 그려지는 바탕이 되는 재료로, 면이나 리넨을 창문처럼 생긴 나무 프레임에 팽팽히 당겨 고정한 것입니다. 우리가 흔히 메고 다니는 에코백의 천과 같은 종류이지요. 일반적으로는 주로 종이에 그림을 그리기에 캔버스가 천이라는 사실을 모르는 사람이 많습니다.

캔버스가 개발되기 전에는 주로 목판에 그림을 그렸습니다. 르네상스 시대에 직조물 제작 기술이 발전하면서 처음 만들어진 캔버스는 식물로 만들었기 때문에 제작 단가가 저렴하고 종이나 목판처럼 기름을 흡수하지 않으므로 유화를 그리기에 최적이었습니다. 덕분에 지금까지도 캔버스는 가장 많이 사용되는 바탕재입니다.

캔버스는 약간 누르스름한 고유색을 지니고 있고 직물 사이사이에 미세한 틈이 있습니다. 틈을 채우고 표면을 고르게 하기 위해 일반적으로 캔버스에 젯소를 한 번 칠한 후 그림을 그립니다. 젯소는 분필, 석고, 아교 등을 혼합한 재료로 마치 하얀 페인트처럼 생겼습니다. 캔버스에 젯소를 칠하면 표면이 매끄러워져 물감의 접착력이 높아지고 색이 선명하게 표현된다는 장점이 있습니다. 또한 표면이 튼튼해져 유화나 아크릴같이 물감을 쌓아서 질감을 표현하는 안료의 효과를 더욱 높여줍니다.

"이 그림은 20호야."

그림(캔버스)의 크기를 이야기할 때 '호'라는 단위를 사용합니다. 사이즈는 손바닥

▲ 캔버스 뒷면의 모습과 프레임

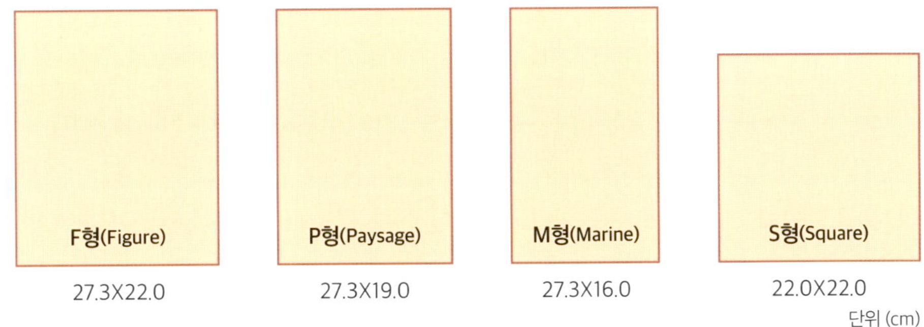

▲ 캔버스 크기 비교(3호 캔버스 기준). 세로 길이는 호수에 따라 세 가지 형태 모두 동일하며(정방향은 제외), 가로 너비는 F=S>P>M 순입니다.

만 한 0호(18.0×14.0cm)부터 500호(333.3×248.5cm)까지 있습니다. 보통 캔버스의 크기가 클수록 작품의 가격도 비싸지지요. 한편, 캔버스는 비율에 따라 F(인물형), P(풍경형), M(해경형), S(정방형)으로 나눌 수 있습니다. 즉, 같은 3호라도 'F3호'는 27.3×22.0cm, 'P3호'는 27.3×19.0cm, 'M3호'는 27.3×16.0cm로 세로와 가로 비율이 각기 다르지요. 캔버스의 형태는 일반적인 사각형뿐만 아니라 원형, 삼각형, 육각형, 하트형 캔버스도 있습니다.

유화 물감

천 년 전 그림이 지금까지도
잘 보존될 수 있는 이유는?

그림에 색을 칠할 때 여러분은 어떤 재료를 사용하나요? 아마 크레파스나 색연필, 수채 물감 등 주변에서 구하기 쉽고 익숙한 재료를 주로 사용할 것입니다. 그러면 그림의 형태를 더 견고하게 만들고 오래 보관할 수 있게 하려면 어떤 재료를 써야 할까요? 바로 유화 물감입니다.

수채 물감과 유화 물감에서 색을 나타내는 안료는 사실 동일합니다. 만드는 방법만 다를 뿐이지요. 수채 물감은 아라비아검이라는 일종의 고무액에 안료를 개어 만들고, 유화 물감은 아마씨유나 양귀비씨유 같은 식물성 기름에 안료를 개어 페이스트 형태로 만듭니다. 고무줄을 당겼다 놓으면 탄력 있게 튕기며 원래 형태로 돌아가듯이 고무에는 원형을 보존하려는 성질이 있습니다. 즉 서로 끌어당기는 힘이 있어 아라비아검을 넣은 수채 물감도 건조되면 바탕 재료에 잘 정착되지요. 하지만 시간이 지나면 안료가 가루가 되어 날아가거나 파손되는 문제점이 있습니다. 그래서 과거에 수채화watercolor painting는 연습용으로만 여겨졌습니다.

그러면 유화oil painting는 언제 처음 등장했을까요? 유화 물감이 본격적으로 사용된 시기와 장소는 15세기 유럽입니다. 그전까지 유럽에서는 작가가 직접 안료와 달걀, 벌꿀, 나무의 수액 등에 안료를 개어 만든 템페라 물감을 주로 사용했습니다. 수채화의 단점을 보완하고 그림의 내구성을 높이기 위해 이것저것 실험해 보며 찾아낸 방법이었지요. 아시아에서도 비슷한 노력을 기울였습니다. 주로 비단이나 종이에 그림을 그린 아시아 국가들은 물고기나 동물의 창자를 끓인 물에서 나오는 접착 성분인 아교와 안료를 섞어 물감을 만들었습니다.

그러던 중 15세기에 플랑드르의 화가 얀 반에이크가 유화 물감의 원형을 만들어 냅니다. 유화 물감은 기존의 물감과 완전히 다른 방식으로 접착되었습니다. 수채 물감이나 템페라 물감은 물로 농도를 조절해 목판이나 종이에 칠하면 시간이 지나 건조됩니다. 반면 기름은 공기 중에 장시간 노출되면 일부 성분이 산소와 만나며

▲ 얀 반에이크, 〈남자의 초상〉, 1433

화학반응을 일으키는 산화 과정을 거치고, 이때 남아 있는 성분이 점점 단단해져 견고한 피막을 형성합니다. 주방에 있는 식용유가 오래되면 이상한 냄새가 나고 겉에 끈적끈적한 찌꺼기가 남는 것과 동일한 원리입니다. 유화 물감으로 그린 그림도 이 과정을 거쳐 단단한 형태로 안료가 유지되었고, 천 년이 지난 오늘날까지도 손상 없이 이 작품이 전해질 수 있게 되었지요.

이 외에도 유화 물감의 장점은 또 있습니다. 다른 물감에 비해서 질감을 살리고 수정하기 쉽다는 것이지요. 농도를 옅게 해 얇게 채색하면 수채화와 비슷한 느낌을 줄 수 있고, 반대로 두텁게 채색하면 입체적인 느낌이나 거친 질감을 표현하기 쉽습니다. 기름의 부드러운 성분으로 그러데이션을 표현하기도 쉬워 역동적이고 생동감 있는 작품을 그릴 수 있습니다. 하지만 단점도 있습니다. 특유의 냄새가 두통을 유발할 수 있고 산화 과정이 길어서 작업하는 데 오래 걸립니다. 또 습기와 직사광선에 약해서 그림이 쉽게 변색되기도 해 보관에 특별히 신경을 써야 하지요.

스푸마토

모나리자의 미소가 신비하게 보이는 이유는?

레오나르도 다빈치가 그린 〈모나리자〉를 감상하기 위해 매년 수백만 명이 넘는 사람이 프랑스의 루브르 박물관을 방문합니다. 〈모나리자〉 앞은 늘 사람들로 북적이지요. 작품을 감상한 많은 사람들이 그 신비로움에 눈을 떼기 어렵다고 말하는데 이는 다빈치가 숨겨둔 매력적인 표현 방법 때문입니다.

〈모나리자〉는 온화한 미소로 유명합니다. 웃는 듯 웃지 않는 듯 엷게 띤 미소는 살짝 수줍어하는 듯한 느낌을 주지요. 보는 사람에 따라 〈모나리자〉의 표정을 달리 느끼는데, 이것은 다빈치가 빛의 상태에 따라서 눈과 입술 끝 경계선의 위치를 달라 보이게 연출했기 때문입니다. 색과 색의 경계를 부드럽게 만들어주는 표현 기법을 사용해 음영을 자연스럽게 연결했는데, 덕분에 입꼬리의 형태가 명확하지 않아 사람들 눈에는 모나리자의 표정이 조금씩 달라 보여 신비하다고 평가하게 된 것이지요.

이 같은 기법의 이름은 스푸마토sfumato로, '흐릿한, 자욱한'을 뜻하는 이탈리아어 스푸마레sfumare에서 유래했습니다. 안개가 끼면 주변이 흐릿하게 보이는 것처럼 윤곽선을 번지듯 부드럽게 표현하는 명암법으로 다빈치는 물체를 묘사할 때 공간감을 표현하기 위해 이 기법을 개발했다고 알려져 있습니다.

다빈치가 스푸마토 기법을 만들기 전까지는 인물을 뚜렷하고 명확하게 묘사하고 윤곽선을 정확하게 그려야 좋은 작품으로 평가받았습니다. 형태가 명확해야 대상을 정확하게 이해하는 것이라고 생각했지요. 초기 르네상스 시대의 화가 산드로 보티

▲ 산드로 보티첼리, 〈비너스의 탄생〉, 1485

◀ 레오나르도 다빈치, 〈모나리자〉, 1503~1506

첼리Sandro Botticelli(1445~1510)의 〈비너스의 탄생〉을 보면 인물과 배경의 경계가 명확한 것을 볼 수 있습니다.

스푸마토는 원근법과 함께 공간의 거리감을 표현하는 수단으로 점차 자리를 잡았습니다. 이런 이유로 스푸마토는 동양의 여백과 종종 비교되기도 합니다. 동양의 산수화에서는 뭉게뭉게 피어오르는 듯한 모습을 표현하기 위해 하늘과 구름, 안개 등의 모습을 조금씩 흐릿하게 만들어 평면적인 산수화에 깊이감과 공간감을 부여합니다. 이처럼 색의 명암 정도를 조절해 물체의 멀고 가까움을 표현하는 기법을 공기 원근법이라고 하지요.

어떤가요? 알고 보니 〈모나리자〉의 미소가 더 신비롭게 느껴지지 않나요?

마티에르

보기만 해도 질감이 느껴지는 그림이 있다고?

팟캐스트 미술식탁 213회

옆에 제시한 비닐로 포장된 사탕을 보고 비닐의 반짝거리고 얇은 느낌을 살려 그린 소묘를 한번 보세요. 그림을 만져본다고 해서 실제 질감이 느껴지지는 않겠지만 눈으로만 봤을 때는 비닐처럼 보일 정도로 비닐 특유의 질감이 잘 살아 있습니다.

이렇게 재료의 재질감이 느껴지는 작품을 보고 전문 미술 용어로 '마티에르 matière가 잘 느껴진다'라고 표현합니다. 마티에르란 작품의 화면에서 느껴지는 울퉁불퉁하거나 평활한 질감을 지칭하는 프랑스어입니다. 넓은 의미에서는 작가가 재질에 익숙해져 원하는 대로 재료를 사용할 수 있는 기술 자체를 의미하지요. 앞서 본 사탕 소묘의 반짝거리는 마티에르와는 정반대로 거칠고 두꺼운 마티에르를 놀랍도록 잘 구사한 사람도 있습니다. 누구일까요? 자신의 이름 자체가 하나의 장르가 된 빈센트 반 고흐입니다. 이름만 들어도 작품의 울퉁불퉁함이 떠오르지요?

아예 캔버스에 실재 재료를 붙이는 경우도 있습니다. 독일 작가 안젤름 키퍼 Anselm Kifer(1945~)는 비회화적 재료의 독특한 질감을 다양하게 활용해 회화 작품을 표현한 것으로 유명합니다. 지푸라기나 말린 식물을 붙이거나 납을 녹여 물감과 섞어 바르는 등 다양한 방법을 사용해 재료의 질감이 생생히 느껴지도록 표현했습니다. 키퍼는 이러한 재질감의 연출을 통해 나치 독일 시대에 홀로코스트의 유골과 전후 폐허가 된 독일의 상황, 그에 따른 도덕적 부패를 표현하려 했습니다. 마침내 갱생 의지를 다지는 방향으로 나아가게 된 현대 독일을 조명하며 자국의 치부를 격렬

비닐로 포장된 사탕 소묘 ▶

안젤름 키퍼, 〈믿음, 소망, 사랑〉, 1984~1986 ▶

하게 드러내는 수단으로 마티에르를 이용한 것이지요.

마티에르는 이렇듯 사람의 감정이나 시대 상황을 대변할 수 있는 추상적이지만 직관적인 수단입니다. 만일 여러분의 감정을 매일매일 마티에르로 기록한다면 어떤 재질감을 이용할 수 있을까요?

아크릴 물감

플라스틱으로 그림을 그릴 수 있을까?

유화 물감은 오랜 시간 회화에서 절대적 위상을 차지했습니다. 그 어떤 재료도 유화 물감만큼이나 단단하고 견고한 피막을 형성하지 못했기 때문입니다. 그런데 산업혁명 이후 유화 물감을 대체할 만한 제품이 등장했습니다. 현대 사회에서 화가들이 작품을 제작하는 데 가장 많이 쓰는 물감인 '아크릴 물감'이 탄생한 것입니다.

자동차나 기계 등에 사용되는 공업용 도료는 큰 장점이 하나 있었습니다. 건조가 빠르다는 점이었습니다. 상품을 빨리 생산하고 납품해야 하므로 신속하게 건조되고 발색이 좋은 도료를 개발해야 했지요. 처음에는 공업용 도료에도 석유 기름 성분을 넣어서 제작했습니다. 그러다가 20세기 초 인류는 새로운 소재를 개발합니다. 바로 플라스틱입니다. 플라스틱 혹은 합성수지는 석유에서 추출한 페놀과 폼알데하이드를 혼합해 만듭니다. 이렇게 등장한 합성수지가 바로 폴리에스터를 비롯한 폴리카보네이트, 폴리에틸렌 등 다양한 범플라스틱인데, 잘 휘고 단단하며 빨리 굳는 아크릴 수지도 플라스틱의 일종입니다. 이 아크릴 수지의 혼합 용액을 안료에 섞어 만든 것이 바로 아크릴 물감입니다. 그렇습니다! 바로 여러분이 잘 알고 있는 아크릴 물감이 바로 플라스틱으로 만든 물감이라는 뜻이기도 하지요.

아크릴 물감은 빠르게 유화 물감의 자리를 대체했습니다. 수용성이어서 유화 물감처럼 별도로 기름을 준비할 필요가 없고, 작업을 끝낸 후 뒤처리가 깔끔한 것이 가장 큰 장점이었습니다. 또 유화가 산화 건조에 오랜 시간이 걸리는 데 비해 아크릴

▲ 예술가 아만다 핑보디파키야가 미국 아이오와주 드레이크 대학교에 그린 벽화 〈성장하는 장소 A Place to Grow〉

물감은 수채화와 거의 비슷한 속도로 마르기 때문에 작품을 빠른 시간 내에 완성할 수 있었습니다. 합성수지의 특성상 부착성이 좋아서 벽돌같이 표면이 울퉁불퉁한 바탕재에도 쉽고 편하게 그릴 수 있었습니다. 다 건조된 후에는 습기에 영향을 받지 않아 유화 물감으로 그린 작품보다 오래 지속되는 특성도 가지고 있습니다.

　하지만 빠른 건조 속도 때문에 작은 부분을 수정하기가 어려워 아크릴 물감을 선호하지 않는 작가들도 있습니다. 기술이 발전해 아크릴 물감이 미술계에 새롭게 등장했듯이 시간이 흐르면 이러한 단점을 해결할 새로운 물감이 다시 등장할 수도 있겠지요?

콜라주

재료를 붙이는 것만으로도 작품이 될 수 있다면?

하나의 장르로 자리 잡은 취미 활동이 있습니다. '다꾸'라고 줄여서 부르는 다이어리 꾸미기입니다. 다이어리에 예쁜 종이나 사진, 재질감 있는 스티커나 마스킹 테이프, 다양한 장식을 덧붙여 자신만의 감성을 표현하는 취미이지요.

별개의 조각들을 붙여 새로운 이미지를 만드는 기법을 콜라주Collage라고 합니다. 카메라 앱의 효과에서도 콜라주를 찾아볼 수 있습니다. 사진에 귀여운 동물의 얼굴이 그려지거나 특이한 모양의 머리띠를 쓴 것처럼 보이는 효과, 원하는 문구를 넣는 효과 등도 실제의 이미지에 무엇인가를 붙이는 것이지요. 그러나 콜라주가 처음 등장했을 때에는 그리 환영받지 못했습니다.

콜라주는 미술에서 시작되었습니다. 입체파 화가인 파블로 피카소와 조르주 브라크Georges Braque(1882~1963)가 최초로 신문지나 벽지, 인쇄물 등을 붙여 작품을 제작했는데 이 기법을 '파피에 콜레Papier collé'(종이를 붙이다)라고 합니다. 예술 작품에 현실의 재료를 붙여 넣어 새로운 느낌을 주려 한 실험적 과정이 콜라주의 시작인 것입니다. 광고 속의 진공청소기를 닮게 묘사해서 그려내는 것이 아니라 진공청소기 사진을 작품에 붙임으로써 현실 그 자체를 보여주려 한 것이라고 생각하면 이해하기 쉽습니다. 처음에는 벽지, 신문지, 악보처럼 평평한 종이를 붙여서 표현하는 수준이었지만 콜라주가 점점 대중화되자 현대 작가들은 털실, 모래, 철사, 헝겊 등 다양한 재료를 캔버스에 붙였습니다.

다이어리 꾸미기 예시 ▶

리처드 해밀턴, 〈Interior〉, 1964 ▶

　　팝 아트 작가들도 콜라주를 적극적으로 이용했습니다. 대중성을 추구한 팝 아트의 성향으로 인해 잡지나 사진, 껌 종이 등을 붙여 작품을 제작하는 데 거리낌이 없었습니다. 영국 화가 리처드 해밀턴Richard Hamilton(1960~2011)은 패션 잡지나 앨범 커버, 사진 등 대중매체에서 보이는 이미지를 오려 붙여 재미있는 공간을 연출했지요. 반항적인 느낌이 들면서도 현대적이고 키치한 구성은 일반인들도 콜라주를 시도해 보는 데 일조했습니다. 현재의 다이어리 꾸미기와 폰 케이스 꾸미기도 팝 아트의 콜라주로부터 영향을 받은 것이라고 할 수 있습니다.

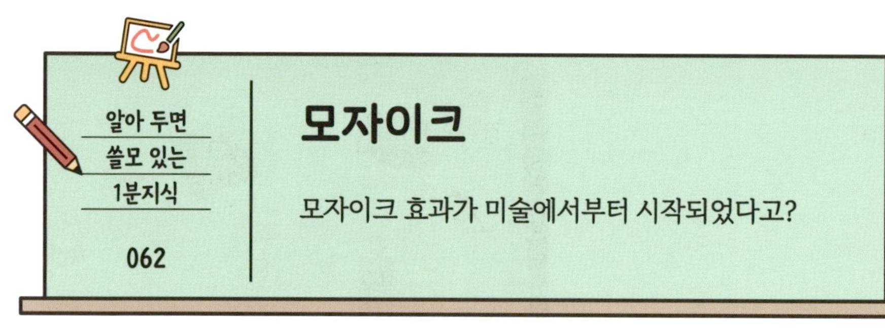

스페인 바르셀로나에는 세계적인 건축가 안토니오 가우디Antonio Gaudí(1852~1926)가 설계한 구엘 공원이 있습니다. 언덕 위에 위치해 바르셀로나 도시를 내려다볼 수 있는 이 공원은 도시의 야경만큼이나 독특한 건축과 조각 기법으로 유명합니다. 중앙 광장과 도마뱀 분수 등 공원 곳곳이 다양한 색의 타일을 조각조각 붙인 모자이크로 표현되어 환상적인 느낌을 자아내지요. 공원을 방문한 사람들은 동화책을 현실로 구현한 것 같다고 감탄합니다.

작은 조각들을 모아 붙여 형태를 만들어내는 모자이크mosaic 기법은 여러 가지 색깔의 돌, 유리, 타일, 금속, 조개껍데기 등 다양한 재료를 붙여 가며 만드는 기법을 지칭합니다. 중세의 비잔틴 제국 시기에 크게 성행해 지금까지 예술의 여러 분야에서 활용될 만큼 오랜 역사를 자랑합니다. 비잔틴 제국에서는 기독교를 국교로 공인하면서 기독교의 교리를 대중에게 널리 전파하고자 했는데 당시에는 문맹률이 높아 글이 아닌 그림 형상으로 교리를 전달하는 방법이 더욱 효과적이었습니다. 색색의 유리로 만든 모자이크 회화가 성당 내부를 장식하고, 창문을 통해 들어온 빛이 작품을 비추었을 때의 분위기는 성스러운 느낌을 배가시켰습니다.

모자이크라고 하면 떠오르는 또 다른 효과가 있습니다. 바로 사진이나 영상물의 특정 영역 또는 전체 영역의 화질(해상도)을 고의적으로 흐리게 만드는 기법이지요. 이 효과를 모자이크라고 부르는 이유는 사진을 여러 개의 작은 네모 칸으로 나눠 색

안토니 가우디, 구엘 공원, 1914년 ▶

6세기 중반 이탈리아 북부 도시 ▶
라벤나 산 비탈레 성당의 모자이크 벽화
〈유스티니아누스 황제와 수행자들〉

상을 뒤섞은 뒤 새로 붙이는 편집 방식이 모자이크 기법과 닮았기 때문입니다. 영상 편집 기술이 발전함에 따라 사진과 영상이 독립된 분야로 자리 잡으면서 모자이크의 개념을 구분할 필요가 생겼습니다. 영미권에서는 모자이크 효과를 픽셀레이션-모자이크pixelation-mosaic라고 부르다가 현재는 픽셀레이션pixelation이라고 줄여 부르고 있습니다. 그러나 영어 사용 국가가 아닌 한국에서는 모자이크라는 용어가 이미 대중화되어 현재까지 사용되고 있지요.

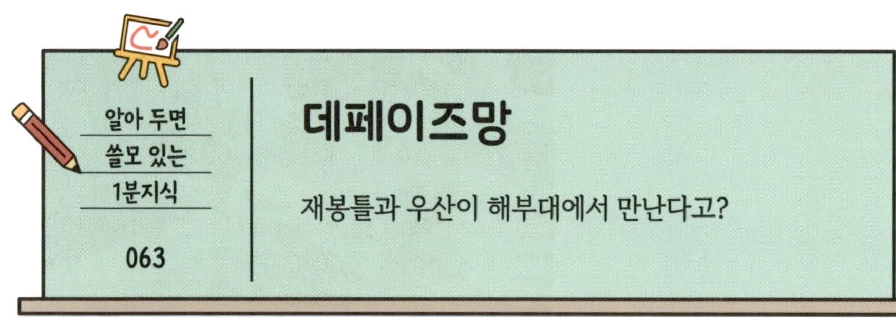

"해부대 위 재봉틀과 우산의 우연한 만남처럼 아름다운"

해부대는 해부할 대상을 올려놓는 판입니다. 일반적으로 해부의 대상은 생물이지요. 그런데 어떻게 재봉틀과 우산이 해부대에서 만나며, 심지어 그 만남이 아름다울 수 있을까요? 위의 구절은 초현실주의 시인 로트레아몽이 지은 시의 일부로, 데페이즈망dépaysement의 예시로 자주 언급됩니다(〈046. 초현실주의〉 참고).

데페이즈망이란 일상적인 사물을 본래의 위치에서 떼어내 낯선 위치에 배치함으로써 기이함을 연출하는 방식을 의미합니다. 앞서 초현실주의는 이성의 지배를 벗어나 꿈과 무의식의 비현실적 세계를 표현했다고 설명했습니다. 꿈속에서는 현실과 전혀 관련이 없는 물체가 등장하는 데에 착안해 만들어진 기법이 데페이즈망입니다. 데페이즈망 기법을 사용하면 일상적인 사물을 그리면서도 비현실적 표현이 가능해집니다. 르네 마그리트René Magritte(1898~1967)나 막스 에른스트Max Ernst(1891~1976)의 회화에서 쉽게 찾아볼 수 있습니다.

마그리트의 〈개인적 가치〉에서는 현실의 비례 법칙을 무시한 화면 구성이 나타납니다. 기이할 정도로 큰 빗과 와인잔, 성냥개비, 비누가 방 안의 침대, 장롱과 대비되어 낯선 느낌을 줍니다. 어디에서나 볼 수 있는 사물이지만 비현실적으로 확대하고 축소해 이대로라면 사용할 수 없는 제 기능을 잃은 물건들이지요. 와인잔은 무엇

르네 마그리트, 〈개인적 가치〉, 1952 ▶

프랭크 게리, 〈물고기 댄스〉, 1986 ▶

을 나타낼까요? 옷장 위에 있는 붓은 화장용일까요, 청소용일까요? 빗은 왜 침대 위에 있을까요? 여러분이 눈을 떴는데 이런 장면을 본다면 어떤 기분이 들까요? 계속해서 의문점만 생기는 이 그림을 보고 실재하는 현실 자체에 의구심을 품게 만드는 것이 마그리트의 의도였습니다.

오늘날 데페이즈망은 회화뿐 아니라 디자인이나 건축 등 다양한 분야에서 활용됩니다. 예상치 못한 것에서 아이디어를 얻는 창의적인 발상법으로 쓰이지요. 포스트모더니즘 건축가로 유명한 프랭크 게리Frank Gehry(1929~)는 르네 마그리트의 그림에서 아이디어를 얻어 실제보다 거대화된 물고기를 콘셉트로 건축물 〈물고기 댄스〉를 제작했습니다. 1987년 고베 개항 120주년을 기념해 고베 메리켄 파크에 설치된 높이 21미터의 이 건축물은 당혹스러움과 유머러스함을 동시에 제공합니다.

아상블라주

버려진 물건을 쌓기만 해도 예술 작품이 된다고?

일상에서 흔히 사용하고 버리는 종이컵, 빨대 같은 일상용품에서부터 폐기된 자동차 부품이나 기계 파편, 폐타이어에 이르기까지 각종 물건을 쌓아 올린 것만으로도 예술 작품이 될 수 있다면 믿어지나요?

아상블라주assemblage는 '모으기, 집합, 집적'이라는 뜻의 프랑스어로 폐품이나 일용품을 비롯해 여러 물체를 한데 모아 미술작품을 제작하는 기법을 말합니다. 앞서 살펴본 '콜라주'와 무언가 붙여 나간다는 개념은 비슷하지만, 평면에 다양한 재료를 붙여 표현하는 기법인 콜라주와 달리 3차원의 형태로 표현한다는 점이 다릅니다.

아르망 피에르 페르난데스Armand Pierre Fernandez(1928~2005)는 아상블라주 기법으로 일상용품과 버려진 폐기물을 원상태 그대로 쌓아 올리거나, 자르고 태워 형태에 변화를 준 뒤 쌓아 올려 새로운 조형물을 만들어냈습니다. 그는 왜 버려진 물건들을 쌓아 올렸을까요?

1960년대 사회는 많은 변화의 바람을 맞이했습니다. 제2차 세계대전이 끝난 후 혼란했던 사회가 안정을 찾아가면서 본격적으로 시작된 산업사회는 많은 상품을 생산하고 소비했습니다. 손쉽게 물건을 사고팔면서 낭비하는 문화가 형성됨에 따라 대량의 쓰레기가 발생하게 되었습니다. 아르망은 이렇게 버려진 물건들을 작품의 소재로 사용하여 소비 사회의 이면을 드러낸 것이지요.

아르망은 폐차량을 콘크리트와 함께 겹겹이 쌓아 거대한 자동차 탑을 만들고

▲ 아르망, 〈모두를 위한 시간〉, 생라자르 기차역

▲ 아르망, 〈장기 주차장〉, 1982

〈장기 주차장〉이라는 제목을 붙였습니다. 무려 59대의 폐차량이 사용된 이 작품은 높이가 19.5미터에 이릅니다. 아르망은 버려진 물건들을 집적하여 보여줌으로써 소비 사회가 발생시킨 환경 문제를 우리가 어떻게 받아들여야 할지, 어떻게 해결해야 할지 생각하게 만듭니다.

이러한 문제의식은 버려진 쓰레기를 소재로 이용하는 '정크 아트Junk Art'라는 흐름으로 이어집니다. 개선되기는커녕 점점 심화되어가는 현대 사회의 무분별한 쓰레기로 인한 문제들을 떠올리게 함으로써 지난 몇 십 년 동안 과연 무엇이 바뀌었는지 반성하는 계기가 되어주지요.

파스텔

크레파스와 파스텔은 어떻게 구분할까?

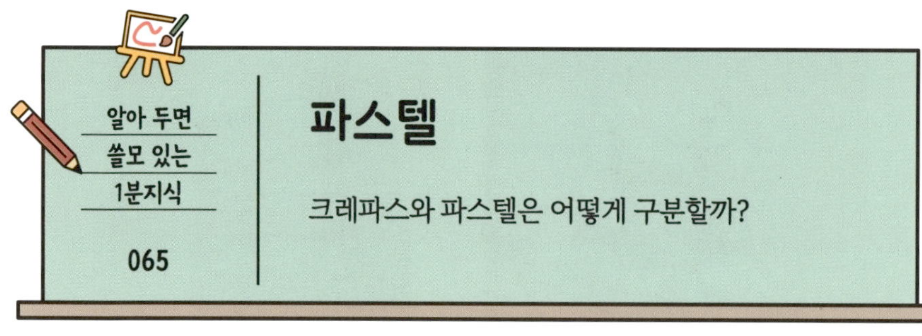

"어젯밤엔 우리 아빠가 다정하신 모습으로

한 손에는 크레파스를 사 가지고 오셨어요."

익숙한 멜로디의 동요 가사에 크레파스가 등장합니다. 밤새 꿈나라에서 아기 코끼리가 춤을 추고 크레파스 병정들이 나뭇잎을 타고 논다는 내용의 동요에 왜 하필 크레파스가 등장할까요? 아동이 그림을 그리기에 가장 쉽고 색이 다양한 미술 재료가 바로 크레파스이기 때문입니다. 그런데 크레파스가 원래 미술 재료의 이름이 아닌 상표명이라는 사실을 알고 있나요?

크레파스의 정확한 이름은 오일 파스텔입니다. 기본적으로 파스텔은 안료와 흰색 점토, 풀을 섞어 만드는 것으로 우리가 아는 분필과 유사합니다. 흰색 점토를 섞어서 만들기 때문에 모든 색상이 미세하게 흰색 입자를 지니고 있어 원색보다 색감이 부드럽고 더 밝은 느낌을 주는 것이 특징이지요. 오일 파스텔은 찰흙 대신 기름과 왁스를 굳힌 성분을 섞어 만듭니다. 기름을 섞어 만드는 유화 물감이 건조되면서 견고한 피막을 형성해 보존성이 뛰어나듯이 파스텔에 오일 성분을 더해 잘 점착되고 진하고 선명한 색감을 주도록 만든 것이지요.

파스텔을 사랑한 작가로는 인상주의 화가 에드가 드가Edgar De Gas(1834~1917)가 있습니다. 과거에는 파스텔을 주로 드로잉이나 습작을 그릴 때 사용했는데 드가는 드로잉부터 채색까지 모두 파스텔로 작업해 파스텔화라는 장르를 대중화했습니다. 드가는 주로 무용수나 여성의 인체를 관찰하고 표현했는데, 부드러운 화풍으로 발레가 지닌 분위기를 전달하는 데 파스텔만큼 적합한 재료는 없었지요.

오일 파스텔에 크레파스라는 이름이 붙은 것은 20세기 초 일본 내 인상주의 화풍의 유행 때문이었습니다. 인상주의가 일본에 소개되면서

▲ 에드가 드가, 〈발레 수업〉, 1874

드가의 작품과 그 재료인 파스텔도 함께 사용되기 시작했지요. 그러나 오일 파스텔이라는 단어는 일본인들에게 생소했습니다. 오일 파스텔을 제조해 판매하려던 일본 회사는 사람들의 입에 착 감길 만한 이름을 고민한 끝에 '크레용crayon'과 '파스텔pastel'의 앞 글자를 따 '크레파스cray-pas'라는 상표명을 개발했습니다. 그리고 이 이름이 시간이 지나면서 오일 파스텔이라는 단어를 대체하게 되었습니다.

요즘에는 크레용, 크레파스, 오일 파스텔을 안료에 섞인 기름과 왁스, 점토의 비율에 따라 세밀하게 구분하기도 합니다. 왁스가 주성분으로 질감이 가장 딱딱한 것은 크레용, 점토의 비율이 높아 부드러우면서 뭉개지는 질감인 것은 오일 파스텔, 그 중간 정도인 것은 크레파스로 구분합니다.

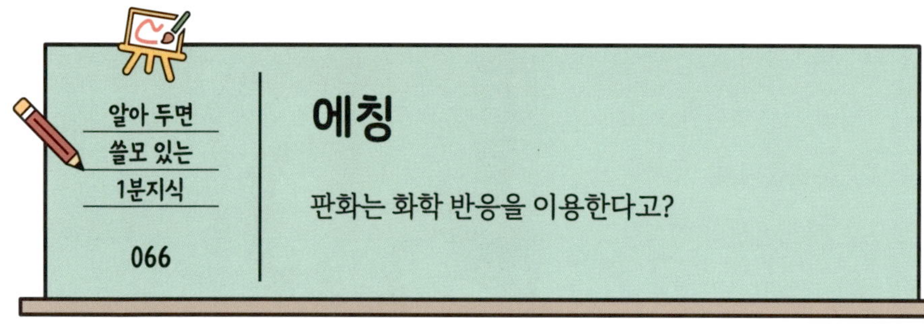

빨간 인주를 묻혀 찍는 도장은 우리가 일상생활에서 흔히 볼 수 있는 판화의 한 형식으로 볼록판에 해당합니다. 매끈한 판면에는 인주가 묻고 칼로 새겨진 부분에는 인주가 묻지 않아 종이에 찍으면 이미지가 나타나는 원리이지요. 이 방식은 선명하기는 하지만 명암이나 그러데이션은 표현할 수 없습니다. 판화는 판에 이미지를 새기면 여러 장을 찍어낼 수 있다는 장점으로 인해 화가들에게는 아주 매력적인 제작 방식이었습니다. 하지만 명암을 표현할 수 없다는 것은 치명적인 단점이었지요.

화가들은 볼록 판화를 대신하는 방법으로 오목 판화를 개발했습니다. 먼저 금속제 판에 뾰족한 도구나 바늘로 이미지를 긁어내듯이 그립니다. 그 위에 잉크를 바른 뒤 판면의 잉크를 닦아냅니다. 판화를 찍어야 하는데 왜 잉크를 닦아낼까요? 원리는 간단합니다. 아주 세밀하게 새겨진 이미지 사이사이에 끼어 있는 잉크는 닦이지 않기 때문이지요. 판에 종이를 얹고 아주 무겁게 누르는 롤링 프레스로 찍어내면 금속이 약간 눌리면서 금속판 사이사이에 끼어 있던 잉크가 종이에 찍힙니다. 이 기법이 드라이포인트dry-point이며, 가는 선을 겹쳐 새겨 펜으로 그린 듯한 느낌을 줍니다.

그런데 화가들은 더욱 자연스러운 명암을 원했습니다. 연구를 거듭한 끝에 화학적 방법인 에칭etching을 개발했습니다. 금속판 표면에 산성에 강한 그라운드(바니시나 왁스)를 얇게 코팅한 뒤 이미지를 새긴 뒤 질산 희석액에 판을 담급니다. 그러면 그라운드로 덮인 판면은 부식되지 않지만 바늘로 인해 파인 곳, 즉 이미지 부분은 조금씩

▲ 오목판용 프레스

▲ 렘브란트, 〈그리스도의 설교〉, 1646~1650

부식되기 시작합니다. 일정 시간이 지난 후 판을 건져내 판면을 닦고 잉크를 발라 찍어내면 판화가 완성됩니다. 이 과정은 판화에 어떤 차이를 만들어냈을까요?

드라이포인트는 뾰족한 바늘로 직접 금속판을 긁어내는 방식으로, 프레스 압력으로 인해 선 주변에 미세한 잉크 번짐이 생겨 독특한 질감을 만듭니다. 반면, 에칭은 산을 이용해 금속을 부식시키는 방식이므로 선의 가장자리가 보다 부드럽고 자연스러운 표현이 가능합니다. 드라이포인트가 펜으로 그린 듯한 날카로운 선을 만든다면, 에칭은 연필로 그린 듯한 부드러운 느낌을 줍니다.

에칭과 드라이포인트 기법이 모두 잘 활용된 대표적인 작품으로 〈그리스도의 설교〉가 있습니다. 렘브란트의 작품으로 에칭 기법을 사용해 예수의 후광과 배경의 부드러운 분위기를 표현했으며, 드라이포인트를 활용해 옷감의 질감과 선의 강약을 강조했습니다. 그는 판을 여러 차례 수정하며, 명암 대비를 조정해서 한 장의 판화에서도 회화적인 깊이를 만들어냈습니다. 이 외에도 렘브란트는 당시 시민들이 선호하던 풍경화, 정물화, 가족 초상화, 그리고 성경을 주제로 한 판화 작품들을 다수 제작하여 판매했습니다. 제작 과정은 복잡했지만 한 장의 원본 판에서 여러 장을 찍어낼 수 있다는 점에서 판화는 화가들의 중요한 생계 수단이 되어 주었습니다.

실크 스크린

판화로 티셔츠를 만들 수 있다고?

팟캐스트 미술식탁 79회

실크 스크린은 뚫린 구멍으로 잉크를 밀어 넣어 인쇄하는 공판화의 일종입니다. 일반적인 판화는 좌우가 반전되어 찍히는 반면, 실크 스크린은 잉크를 투과시키는 방식으로 보이는 이미지 그대로 작품을 만들 수 있습니다. 단순하고 강렬한 이미지를 찍어낼 수 있고 색상이 선명하다는 장점이 있지요. 그뿐만 아니라 종이, 나무, 천 등 여러 소재에 인쇄할 수 있어 티셔츠와 에코백, 달력 등 여러 용도로 폭넓게 활용됩니다.

알루미늄이나 나무로 된 프레임에 촘촘한 스크린(비단 또는 나일론으로 만든 망사)을 팽팽하게 고정한 후 인쇄되지 않는 부분에 풀 또는 아교(동물의 가죽, 뼈를 원료로 한 접착제)를 발라 잉크가 통과되지 못하게 막습니다. 판 아래에 종이나 천을 놓고 스퀴지로 밀면서 판의 미세한 구멍으로 잉크를 통과시키면 인쇄가 됩니다.

실크 스크린을 작품 제작에 적극 활용한 아티스트로는 팝 아트의 대가 앤디 워홀이 있습니다. 그가 이 기법을 활용한 방법이 무척 재미있습니다. 한 사람이 하나의 작품을 처음부터 끝까지 완성하는 게 아니라 일종의 분업 시스템으로 제작했지요. 워홀이 조수들에게 각각 담당할 공정을 알려주면 조수들은 각자 맡은 공정 단계에서 실크 스크린의 판면을 찍어내기면 하면 되었습니다.

워홀의 실크 스크린 작품을 자세히 살펴보면 이미지의 핀트가 조금씩 맞지 않는 부분을 볼 수 있습니다. 이는 그의 작품이 단순히 기계적으로 복제된 것이 아니라 각

실크 스크린으로 포스터를 만드는 과정 ▶

다양한 색으로 찍어낸 앤디 워홀의 작품 ▶
〈마릴린 먼로〉

각의 개성을 지닌 개별적인 예술 작품임을 보여주기 위해 의도한 것이라고도 합니다. 모두 똑같아 보이지만 실제로 똑같은 것은 하나도 없지요.

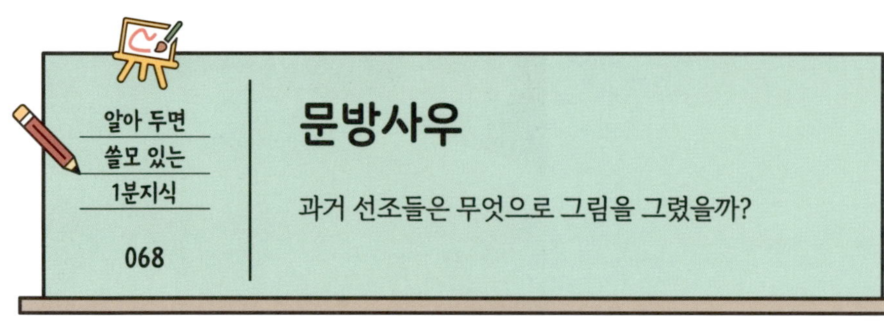

집집마다 삶의 방식이나 분위기가 다릅니다. 그 집안의 삶의 태도를 가장 잘 보여주는 것이 바로 가훈이지요. 오래된 고택이나 시골집에 가면 가훈을 붓글씨로 멋지게 써서 마루 한가운데에 걸어놓고 보물처럼 여기는 집들이 아직 남아 있습니다. 과거에는 이런 가훈을 집집마다 걸어두는 것이 일반적이었습니다.

가훈을 왜 붓글씨로 쓸까요? 선조들은 손으로 써 내려간 글자 하나하나에 힘이 담겨 있다고 생각했기 때문입니다. 예로부터 선비는 정신을 가다듬기 위해 붓글씨를 무수히 많이 썼습니다. 벼루에 먹을 갈고, 한 자 한 자 글자의 뜻을 새기며 종이 위에 글씨를 쓰는 모든 과정이 정신 수련이었지요. 붓글씨를 쓸 때 필요한 붓, 먹, 벼루, 종이를 통칭해 문방사우文房四友라고 합니다. 한자어의 의미를 풀어 쓰면 '글을 쓰거나 그림을 그릴 때 필요한 네 가지 친구'라는 뜻으로 선비에게 없어서는 안 되는 필수품이었습니다. 글을 공부하는 사람들에게는 가장 친한 벗일 수밖에 없었지요.

선비들이 문방사우로 글씨만 쓰지는 않았습니다. 사군자나 산수화 같은 그림도 그렸지요. 그런데 바탕의 흰색과 먹물의 검은색만으로 어떻게 그림을 그렸을까요? 바로 진한 윤곽선을 그리고 그 안을 다양한 농담의 먹으로 채우는 '구륵법', 윤곽선 없이 붓의 놀림과 농담만으로 형태를 표현하는 '몰골법' 등을 사용해 그림을 그렸습니다. 재료는 단순했지만 표현까지 단조롭지는 않았습니다.

문방사우를 만드는 데에는 재미있는 재료가 많이 활용되었습니다. 붓을 만들 때

▲ 문방사우(붓, 먹, 벼루, 종이)

최고의 재료는 말꼬리 털이었지만 용도에 따라 돼지나 쥐의 털을 이용하기도 했습니다. 벼루는 전통적으로 돌로 만들었는데 우리나라에서는 충남 보령에서 나는 남포석을 최고로 쳤다는 기록이 있습니다. 그러나 찰흙으로 빚은 뒤 굽거나 쇠로 만든 벼루도 있었습니다. 먹은 나무를 태워 얻은 재를 모아 아교와 기름으로 굳혀 만들었습니다. 그래서 먹을 갈면 기름이 떠다니는 모습을 볼 수 있습니다. 먹의 입자가 곱고 먹물이 빛을 잘 반사할수록 최상품이라고 합니다.

과거에는 문방사우가 선비의 친구였다면, 오늘날의 현대인에게 문방사우 역할을 하는 것은 무엇일지 궁금하네요.

삼원법

누워서 산속을 체험할 수 있다고?

'산수의 형태는 걸음마다 다르게 보인다.'

동양의 산수화는 풍경화와 달리 단순히 자연을 표현하는 것을 넘어 우주를 이해하는 세계관을 대변하는 그림입니다. 중국 송대의 화가 곽희郭熙(1023~1085)가 한 말을 통해 동양의 자연관을 짐작해볼 수 있습니다.

"산은 대물大物이라 사계절마다 다르고, 아침저녁으로 다르고, 날씨에 따라 다르고, 정면·측면·배면이 다르고, 가까이 볼 때와 멀리 볼 때가 다르고, 하나의 산은 수십 수백의 산의 형상을 겸하고 있어 다 알 수 없다. 즉 산의 형태는 걸음걸음마다 다르기에〔步步異也〕산의 형태는 면면마다 봐야 한다〔面面看也〕."

동양에서 산수는 기운을 가진 존재로 여겨졌습니다. 자연의 경물 하나하나를 모두 신이라고 여겼지요. 그렇기에 산수화는 속세를 벗어난 공간이기도 했습니다. 또한 산이 시시각각 다르게 보인다는 생각은 산도 인간처럼 지속적으로 변하고 살아 숨 쉬는 존재라고 여기는 태도에서 나왔음을 알 수 있습니다. 그렇기에 동양에서는 보이는 그대로 그림을 그리는 것이 아니라 적당한 여백을 두거나 실제의 경치와는 조금씩 다르게 배치했습니다. 화가가 감상하며 느낀 바를 반영해 표현한 것이지요. 그렇게 보면 산수화는 화가 자신의 우주를 그린 것이라고 이해할 수도 있습니다.

이런 산세를 표현하는 동양의 방법으로는 삼원법三遠法이 있습니다. 하나의 고정된 시점에서 그리는 산수의 모습은 대상을 정확하게 파악한 것이 아니라는 생각으로 산수를 세 가지 각도에 따라 바라보고 그림으로 종합하는 방식입니다.

삼원법에는 산 아래에서 위쪽을 바라보는 고원법高遠法, 가까운 산에서 먼 산을 바라보는 평원법平遠法, 산 위에서 아래쪽을 굽어보는 심원법深遠法이 있습니다. 삼원법은 동양에서 공간을 이해하는 원근법으로 설명되기도 합니다.

▲ 곽희, 〈조춘도〉, 1072

곽희의 〈조춘도〉는 삼원법이 잘 드러나는 작품입니다. 하단 중앙에는 산으로 걸어 들어가며 보이는 풍경처럼 나무와 산의 전면을 평원법으로 그렸으며, 상단 중앙에는 우뚝 솟아오른 산의 정상을 고원법으로 그렸습니다. 좌측의 중앙에는 산의 정상에 오른 후에 하산하며 산의 뒷자락으로 펼쳐진 언덕과 강이 깊게 흘러가는 장면을 심원법으로 그려 삼원법이 유기적으로 연결되도록 구성했습니다.

산수화를 보고 있으면 감상자는 실제로 산수를 거니는 듯한 느낌을 받기도 합니다. 함께 여행하는 기분을 느낄 수 있도록 화가가 의도적으로 다양한 시점으로 산을 그렸기 때문이지요. 실제로 과거에는 산수화를 방에 걸어두고 누워서 감상하면서 눈으로 산세를 좇는다는 '와유臥遊'가 유행하기도 했습니다.

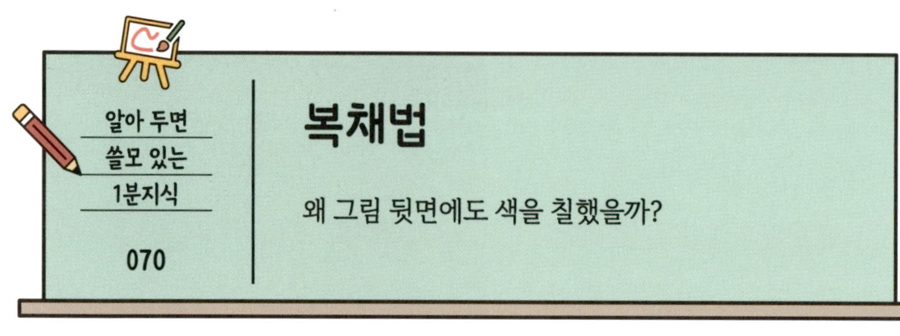

고려의 불화를 본 적 있나요? 컴퓨터 화면으로만 봐도 정말 화려해서 눈이 번쩍 뜨일 정도지요. 이는 복채법伏彩法 혹은 배채법背彩法이라 불리는 채색 기법을 사용했기 때문입니다. 비단이나 종이의 앞면이 아닌 뒷면에 색을 칠해서 앞으로 색이 점차 배어 나오도록 하는 기법입니다. 왜 물감을 굳이 뒷면에 칠하는 방식으로 그림을 그렸을까요?

비단이나 종이 같은 바탕재는 얇지만 어느 정도의 두께감을 가지고 있습니다. 바탕재의 뒷면에 물감을 칠하면 앞면에는 은은하고 부드러운 색감이 올라오지요. 특히 고려 불화는 흰 살결과 붉은 의복을 표현하는 데 이 효과를 적극적으로 사용했습니다. 뒷면에 백색 안료를 칠한 뒤 앞면에 붉은색이나 황토색 계열 안료를 엷게 칠해 부드러운 피붓결을 묘사했고, 눈을 그릴 때는 뒷면에 흰색을 칠하고 앞면에 눈동자와 눈매를 그려 마무리함으로써 입체적인 느낌을 살렸습니다. 이렇게 완성한 그림을 족자에 붙이면 그림의 뒷면이 족자와 달라붙어 물감의 손상이 적고 보존력을 높일 수 있었습니다. 이렇듯 복채법을 쓴 그림은 손이 많이 가고 뛰어난 기술이 필요해 상류층만이 누리는 호사였습니다.

조선 시대에는 초상화 제작에 복채법을 주로 사용했습니다. 조선 왕들의 어진이나 높은 벼슬자리에 있는 양반의 공신 초상을 그리는 데 복채법이 쓰였지요. 조선의 복채법이 특별해진 것은 조선 후기부터입니다. 그전까지는 명암을 부드럽게 표현했

▲ 〈이재 초상〉 부분, 18세기 초

으나 조선 후기에는 서양화의 영향을 받아 살결의 음영을 보다 입체적으로 표현하고 눈코입의 골격을 더욱 뚜렷하게 그리기 시작했습니다.

조선 후기 문신이자 화가였던 이재의 초상화를 보면 움푹 팬 눈가와 코 옆의 주름, 수염 아래쪽의 음영에서 인물의 개성을 강하게 느낄 수 있습니다. 특히 사람을 꿰뚫어 보는 듯한 형형한 안광을 잘 표현한 눈동자가 매우 인상적입니다. 복채법을 사용한 뒤 앞면에 흰 수염과 검은 수염을 번갈아 한 올 한 올 세심하게 그리고 얼굴의 잔주름을 엷게 표현해 사실성을 높인 〈이재 초상〉은 인물의 성품이나 정신까지 그림에 담아낸다는 '전신사조'와 이목구비에 넣은 음영으로 입체감을 살려 더욱 실제와 닮아 보이게 표현하는 서양화법이 훌륭히 조화를 이룬 명작입니다.

미술 분야는 어떻게 구분할까?
_회화, 조소, 설치

미술 작품은 벽에 걸려 있거나 입체로 만들어진 것 등 그 형태가 다양하며 크게 회화, 조소, 설치 분야로 구분할 수 있습니다.

캔버스나 종이에 그린 2차원 평면 작품을 '회화'라고 하는데 쉽게 말해 벽에 걸 수 있는 작품입니다. '조소'는 3차원의 입체물로서 조각과 소조를 합친 말입니다. 조각은 돌, 나무처럼 단단한 재료를 깎아서 만드는 것이고, 소조는 점토처럼 말랑한 재료를 덧붙여가며 만드는 것입니다. 세계적으로 유명한 조각상 중 하나인 로댕의 〈입맞춤〉은 대리석을 깎아 만든 작품이지요. 더 사실적으로 표현하기 위해 조각가들은 캐스팅casting이라는 방법을 사용하기도 합니다. 흙으로 소조상을 만든 뒤 거푸집을 씌우고 속을 파낸 후 빈 공간에 청동을 부어 넣어 굳힌 뒤 거푸집을 제거하면 손으로 직접 조각한 듯 정교한 조소상이 만들어지지요. 우리나라의 불상 중에도 캐스팅 기법으로 만들어진 것이 많습니다.

그런데 회화는 벽에, 조소는 좌대 위에 놓여 있어야 한다는 고정관념이 현대에 와서 철저히 깨져버렸습니다. 현대의 예술가들은 예술 밖의 세계를 예술 안으로 끌어들이려고 노력했고, 회화도 조각도 아닌 새로운 방식을 찾아 나섰지요. 이 과정에서 생겨난 것이 '설치'미술입니다. 설치미술이란 여러 가지 매체와 TV, 컴퓨터 등을 예

술적 목적에 따라 설치
하는 미술 분야입니다.
여러 의도와 방식에 따
라 설치 방법도 달라지
므로 정확히 말하자면
'설치'를 미술의 장르나
사조가 아니라 작품을
관객에게 제시하는 방
법으로 보는 것이 적절
합니다.

▲ 로댕, 〈입맞춤〉, 1882

▲ 볼프강 라이프, 〈헤이즐넛 꽃가루〉

볼프강 라이프Wolfgang Laib(1950~)의 〈헤이즐넛 꽃가루〉는 회화도 조각도 아닙니다. 작가가 수십 년간 수집한 꽃가루를 체에 내려 사각형 형태로 설치한 작품으로, 관객은 작품 주변을 걸어 감상할 수 있습니다. 작품을 이루는 꽃가루는 섬세하고 민감한 재료이므로, 공간 속에서 색감과 질감을 감상하는 명상적 경험을 유도합니다. 앞서 살펴본 대지 미술(《007. 대지 미술》 참고)도 대표적인 설치미술입니다. 이처럼 전시장을 벗어나 특정한 실내나 야외에 작품을 설치하고 공간을 구성하는 예술을 설치미술이라 합니다. 감상자는 단순히 작품을 눈으로만 보는 것이 아니라 공간을 직접 걸으며 경험하고 감각적으로 인식하게 됩니다.

현대 미술에서는 미디어 아트, 퍼포먼스, 가상현실(VR) 등 다양한 요소가 접목되면서 기존의 회화, 조소, 설치라는 분야의 경계가 모호해지는 탈장르화 현상이 점점 두드러지고 있습니다.

검은색을 독점한 작가가 있다고?
_아니쉬 카푸어와 스튜어트 셈플

2014년 세상에서 가장 진한 검은색이라는 '반타 블랙Vanta black'이 개발되었습니다. 영국의 서리 나노시스템에서 개발한 이 물질이 유명해진 계기는 엉뚱하게도 3년이 지난 2017년 예술계에서 시작된 독점 논란이었습니다. 인도 출신 예술가이자 건축가인 아니쉬 카푸어는 개발업체에 거액의 돈을 지불한 뒤 '예술을 목적으로 한 반타 블랙 안료의 사용에 관한 독점적 권리'를 취득했습니다. 검은색을 표현할 수 있는 안료는 이미 너무나도 많은데, 그가 반타 블랙을 독점적으로 사용하기 위해 큰돈을 지불한 특별한 이유가 있을까요?

99.965퍼센트의 빛 흡수율을 자랑하는 이 물질은 굴곡진 표면에 바르면 육안으로 굴곡을 전혀 구분할 수 없을 정도의 어둠을 보여줍니다. 지구에서 볼 수 있는 블랙홀이라는 별명을 지닐 만큼 존재감이 대단하지요. 실제로 빛을 벽을 비추면 반사광이 생기지만 반타 블랙이 칠해진 곳은 빛을 아예 흡수해버려 흔적을 찾을 수가 없습니다. 이렇게 독보적인 존재감의 반타 블랙은 새로운 예술적 가능성을 보여줄 수 있기에 예술계에서도 많은 기대감을 가지고 있었습니다. 그런데 아니쉬 카푸어가 이를 독점해버린 것이지요. 전 세계 예술가들은 '표현의 자유'를 침해했다며 비판에 나섰습니다. 예술 역사상 안료와 색을 독점한 작가는 없었기에 그의 행보에 대중도 관

▲ 반타 블랙을 입힌 조각상(왼쪽)과 동일한 형태의 조각상(오른쪽)

▲ '가장 분홍다운 분홍'을 입힌 손 모형을 들고 있는 스튜어트 셈플

심을 보였습니다. 몇몇 사람들은 반타 블랙을 사용하는 방법 자체가 매우 까다로워 카푸어의 행동을 예술적 퍼포먼스로 보아야 한다는 의견을 제시했지만 대부분은 카푸어의 행동을 비판했습니다.

이 소식을 들은 영국 예술가 스튜어트 셈플Stuart Semple(1980~)은 '오직 카푸어만 반타 블랙을 독점할 수 있다면 카푸어만 제외하고 모두가 가질 수 있는 색을 만들겠다'고 결심하고 '가장 분홍다운 분홍Pinkest Pink'을 개발했습니다. 그러고는 '아니쉬 카푸어만 사용 제외'라는 경고문을 붙였지요. 나아가 셈플은 반타 블랙만큼 빛을 흡수하는 안료인 '블랙3.0'을 출시해 대중에게 진정한 블랙을 돌려주었습니다.

아이러니하게도 이 일로 인해 카푸어와 셈플 두 사람의 인지도가 전 세계적으로 크게 높아져 두 사람의 작품 가격은 동반 상승했습니다. 또한 예술계에 긍정적인 영향을 미치기도 했는데 일반 대중에게 색에 대한 관심을 불러일으키고 안료의 중요성에 대한 논의를 활발하게 만들었습니다. 그런데 이 논란은 의외의 해결책이 나타나 자연스럽게 끝이 났습니다. 2019년 미국 매사추세츠 공과대학교(MIT)에서 빛을 99.995퍼센트나 흡수하는 새로운 물질을 개발한 것이지요.

쓰레기도 예술 작품이 될 수 있을까?
_정크 아트

무심코 버리는 쓰레기도 예술 작품이 될 수 있을까요? 현대 미술에 재료의 제한은 없습니다. 쓰레기로도 멋진 예술 작품을 만들 수 있는 세계에 우리는 살고 있지요. 일상생활에서 생긴 폐품이나 쓰레기를 소재로 삼아 작품을 만드는 예술을 정크 아트Junk Art라고 부릅니다.

'예술적 의지를 가지고 만들어낸 것은 모두 예술이 될 수 있다'는 말은 정크 아트에 정당성을 부여합니다. 쓰레기나 나뭇가지, 잎사귀 등으로도 예술 작품을 만들 수 있기에 몇몇 학자들은 정크 아트의 기원을 아주 오랜 옛날부터 존재한 것으로 보아야 한다고 주장하기도 합니다.

그렇다면 현대 미술에 정크 아트를 도입한 사람은 누구일까요? 많은 학자들이 여러 가지 잡동사니를 붙여 작품을 만드는 '콤바인 페인팅Combine Painting' 스타일을 창안한 로버트 라우션버그Robert Rauschenberg(1925~2008)를 꼽습니다. 그는 말 그대로 나무, 금속, 폐타이어, 버려진 병처럼 현대 사회의 폐기물로 여겨지는 재료들을 평면적인 회화에 '결합'해 입체와 회화의 중간쯤 되는 결과물을 만들어냈습니다. 당시 한 평론가가 그의 작품이 정말 쓰레기 같다는 논조로 '정크 아트'라고 부른 것이 용어의 시초였지요. 제2차 세계대전 직후에 활동한 라우션버그는 전쟁의 잔해인 산업폐기물

▲ 로버트 라우션버그, 〈모노그램〉, 1955~1959

▲ 김하늘, 〈Stack and Stack〉, 2023. 팬데믹 기간에 버려진 마스크를 의자로 업사이클링했다.

과 공업 제품의 폐품 등을 적극적으로 이용했습니다.

쓰레기는 현대 사회에 여러 가지 질문을 던집니다. '쓸모를 다 한 뒤 버려진 것인가?', '재활용되지 못하는 쓰레기는 어떻게 처리해야 하는가?' 등등 지속 가능한 성장을 추구하는 오늘날에는 쓰레기를 단순히 버린 물건이 아니라 재사용할 수 있는 방법을 모색해서 사용 기한을 연장해야 하는 존재로 바라보고 있습니다. 그런 점에서 정크 아트는 시작부터 예술적 가치와 환경적 가치의 메시지를 분명하게 갖추었다고 볼 수 있습니다. 이제 많은 예술가들이 정크 아트를 더욱 발전시켜 새로운 활용법을 갖춘 업사이클링Upcycling 아트를 창조해내고 있습니다. 2020년부터 약 3년간 코로나 19 바이러스로 인한 팬데믹을 겪으며 전 세계적으로 사용된 마스크가 동물의 죽음과 환경오염을 일으키는 새로운 주범이라는 뉴스가 쏟아지자 예술가들은 마스크를 이용해 새로운 차원의 작품으로 발전시키기도 했습니다.

이제 정크 아트는 새로운 의미를 창출하는 예술적 매개체로서 단순한 창작 활동을 넘어 환경 보호와 지속 가능성에 대한 논의를 촉진하는 중요한 예술적 흐름으로 자리 잡고 있습니다.

5장

예술가

- ☑ 베르니니
- ☐ 렘브란트와 페르메이르
- ☐ 바르비종파
- ☐ 터너
- ☐ 고야
- ☐ 로댕
- ☐ 고흐
- ☐ 세잔
- ☐ 피카소
- ☐ 마티스
- ☐ 뭉크
- ☐ 디에고 리베라
- ☐ 자코메티
- ☐ 신사임당
- ☐ 김정희
- ☐ 나혜석
- ☐ 김환기
- ☐ 이중섭
- ☐ 박수근
- ☐ 백남준

베르니니

조각으로 연극을 할 수 있다고?

팟캐스트 미술식탁 138회

로마는 고대에서부터 이어져온 역사와 문화가 살아 있는 이탈리아의 중심지입니다. 로마를 아름다운 연극의 무대처럼 표현한 조각가이자 건축가 잔 로렌초 베르니니 Gian Lorenzo Bernini(1598~1680)는 교황으로부터 "너는 로마를 위해 태어났고 로마는 너를 위해 존재한다."라는 말까지 들을 정도로 탁월한 인물이었습니다. 조각가인 아버지의 지도를 받으며 일찍이 명성을 떨친 베르니니는 미켈란젤로에 이어 성 베드로 대성당 건축의 총감독을 맡기도 했습니다.

베르니니는 조각의 범주를 회화적으로 확장한 작가로 평가받습니다. 인물의 자세와 표정을 생동감 있게 포착할 뿐만 아니라 여러 개의 조각상을 제작해 연극의 등장 인물들처럼 구성하는 연출을 보여주었지요. 베르니니가 젊은 시절에 제작한 대리석 조각 〈다윗〉에서 볼 수 있는 공간의 확장성은 이런 연극적 연출의 시작을 잘 보여주는 사례입니다.

산타마리아 델라 비토리아 성당의 예배당에 소장된 〈성녀 테레사의 환희〉에서 베르니니 조각 세계의 완전체를 볼 수 있습니다. 빛이 쏟아지는 듯한 배경을 뒤로 하고 천사는 한 손에 화살을 들고 있고 성녀 테레사가 몸을 약간 뒤로 젖힌 채 환희에 찬 표정으로 있습니다. 실제로 베르니니는 조각 위쪽으로 관람자에게 보이지 않는 위치에 창문을 만들어 빛이 들어오게 함으로써 하늘에서 신의 은총이 내리는 듯한 효과를 연출했습니다. 꿈에서 천사의 창을 맞은 테레사가 창이 뽑혀 나갈 때 고

통과 함께 영적 환희의 순간
을 경험했다는 내용을 표현한
것입니다.

그런데 이 작품은 종교계
에 큰 논란을 불러일으킵니
다. 보통 종교적 인물은 성스
럽고 고귀하게 묘사되는 데
반해 성녀의 황홀한 표정이
그에 어긋난다는 이유였지요.
눈을 반쯤 감고 입을 벌린 표
정이 너무나 관능적이고 퇴폐
적이라 베르니니가 종교적 환
희의 순간을 표현한 게 맞느
냐는 논란이 일어납니다. 조

▲ 베르니니, 〈성녀 테레사의 환희〉, 1647~1652

각 양쪽의 테라스에 천사와 성녀를 지켜보며 수군거리는 모습의 조각상들을 배치한
구성 때문에 이러한 논란은 더욱 가열되었습니다. 예배당에 들어온 사람들은 이 조
각상 주변을 왔다 갔다 하며 갑론을박을 펼쳤다고 합니다.

논란이 커지는 만큼 베르니니의 명성은 더욱 높아졌고, 작품 의뢰도 증가했습니
다. 베르니니가 작품을 통해 보여준 극적인 연출과 역동적인 표현은 바로크 미술의
정수를 보여주며 후대의 예술가들에게 많은 영감을 주었습니다.

렘브란트와 페르메이르

네덜란드의 황금기는 어떤 모습이었을까?

팟캐스트 미술식탁 137회

17세기 네덜란드는 스페인의 식민 지배에서 벗어나 공화국을 세우고 종교 개혁을 통해 개신교를 인정하며 시민 중심의 전근대 국가로 성장했습니다. 또한 유럽 대륙의 중심에 있다는 지리적 위치를 이용해 해상무역을 중심으로 한 경제 발전을 이루었습니다. 어마어마한 발전을 이룩한 이 시기를 네덜란드의 황금기Golden age 또는 네덜란드 바로크라고 지칭합니다.

황금기의 풍요로움은 렘브란트의 그림에 잘 나타나 있습니다. 네덜란드의 국민 화가라고 불리는 렘브란트는 여러 명의 인물이 등장하는 집단초상화를 주로 제작했습니다. 그런데 그의 집단초상화는 이전 시대 작가들의 것과는 사뭇 달랐습니다. 여러 인물을 나란히 배치하여 동일한 포즈를 취하게 한 것이 아니라 등장인물들이 서 있는 자리를 각기 달리하고 조금씩 다른 포즈와 표정을 취하게 해 전체적으로 역동적인 느낌을 살렸습니다. 여기에 빛과 명암을 더해 인물의 성격을 더욱 분명히 드러내고 풍부한 공간감을 보여주었습니다. 중세 시대 초상화처럼 일렬로 늘어선 어색한 모습과는 달리 렘브란트 그림 속 사람들은 진정한 현실에 있는 것처럼 보입니다.

렘브란트의 대표작 〈프란스 바닝코크 대장의 민병대〉에서 인물들의 개성 있는 포즈와 표정을 보면 마치 각기 다른 사연이 있을 것만 같은 느낌을 받게 됩니다. 각각의 인물들이 자신의 행동에 집중하고 있지요.

이 작품에는 재미있는 사연이 있습니다. 그림의 원래 제목보다는 '야경' 혹은 '야

▲ 렘브란트, 〈프란스 바닝코크 대장의 민병대〉, 1642

간순찰'이라는 제목으로 잘 알려져 있는데, 사실 이 그림은 밤의 풍경을 그린 것이 아
닙니다. 원래는 밝게 빛나는 낮의 풍경을 그린 그림입니다. 그런데도 지금처럼 어두
운 밤의 풍경으로 보이는 이유는 그림에 빛의 질감을 더하고 표면을 보호하기 위해
렘브란트가 바니시varnish로 니스를 칠했기 때문입니다. 처음 완성된 작품은 황금빛
으로 반짝이며 민병대의 영웅적인 면모를 더욱 잘 보여주었을 것입니다. 그러나 시
간이 지나면서 점차 니스가 어둡게 갈변해갔고, 18세기가 되어 지금의 모습처럼 어
두워지자 밤의 모습을 그린 그림으로 여겨지며 대중에 의해 〈야경〉 혹은 〈야간순찰〉
이라고 불리게 되었습니다. 어두운 연극 무대에 조명을 비춘 듯한 효과가 생기자 오
히려 이 작품은 네덜란드뿐만 아니라 전 세계적으로 유명해지게 되었습니다.

렘브란트는 이처럼 인물화에 역동성을 불어넣음으로써 18세기 이후 집단초상화
에서 자유로운 자세와 연출이 등장하는 데 큰 역할을 했습니다.

네덜란드 황금기에 렘브란트와 동시대를 살았던 또 다른 초상화가로 얀 페르메

이르Jan Vermeer(1632~1675)가 있습니다. 화가는 초상화를 그리려면 모델을 관찰해야 합니다. 오늘날에는 연출된 사진을 보고 똑같이 그릴 수 있지만 사진기가 발명되기 전인 17세기 네덜란드에서는 어떤 방법으로 초상화를 그렸을까요? 페르메이르는 그 답을 알려준 작가입니다.

렘브란트가 인물화를 통해 네덜란드의 웅장함을 표현했다면 페르메이르는 지극히 평범한 가정의 모습을 세밀하고 사실적으로 기록했습니다. 생생하게 표현된 그의 작품을 보고 있노라면 색이 진동하는 느낌이 든다고 말한 비평가도 있지요. 비밀은 바로 '카메라 옵스큐라Camera Obscura'입니다. 캄캄한 방 한쪽 벽에 작은 구멍을 뚫어 빛을 통과시키면 반대쪽 벽에 외부의 풍경이 거꾸로 나타나는 현상으로, 바늘구멍 사진기의 원리와 동일합니다.

페르메이르는 거대한 박스에 작은 구멍을 뚫은 뒤 렌즈를 장착해서 인물상의 형태가 더욱 또렷하게 보이도록 했습니다. 여기에 거울로 형상을 반사시켜 캔버스에 인물상을 투사했지요. 페르메이르는 투사된 형상을 따라 세밀하게 스케치하고 실제와 유사한 색을 만들어 칠했습니다. 페르메이르의 작품이 놀랍도록 생생한 데에는 과학의 발전이 한몫을 한 것입니다. 항해술이 발전하면서 광학도 발전해 망원경에 필요한 렌즈 제조 기술이 개선되었고, 페르메이르가 이것을 예술에 적용함으로써 카메라의 가능성을 확인하게 된 것이지요.

〈회화의 기술〉을 보면 어떤 과정을 거쳐 페르메이르가 작품을 제작했을지 상상해볼 수 있습니다. 실내에는 불이 꺼져 있고 유리창을 통해 빛이 들어오고 있습니다. 소품을 든 모델이 포즈를 취하고 있고 페르메이르로 보이는 화가가 작품에 색을 칠하는 중입니다.

▲ 카메라 옵스큐라의 원리

▲ 페르메이르, 〈회화의 기술〉, 1666~1668년경

▲ 페르메이르, 〈우유를 따르는 여인〉, 1658

화가는 모델에게 포즈를 취하게 하고 카메라 옵스큐라로 모델을 촬영한 뒤 캔버스에 형상을 반사시켜 먼저 스케치를 진행했을 것입니다. 어느 정도 형상을 그린 뒤에는 카메라 옵스큐라를 치우고 직접 모델을 보며 작품을 마무리했을 것입니다.

그렇다면 작품을 제작하는 데 얼마나 걸렸을까요? 남아 있는 현재 확인된 페르메이르의 작품 수는 35점 정도로 작가의 일생에 비하면 매우 적습니다. 초상화가 하루 아침에 완성되는 게 아닌 데다, 비슷한 색으로 그리기 위해 처음 촬영한 조건과 유사한 날씨에만 모델을 세워 그림을 그렸다고 하니 꽤 오랜 시간이 걸렸으리라고 충분히 짐작할 수 있습니다.

동시대 두 작가의 작품을 함께 비교하여 감상한다면 네덜란드 황금기의 웅장함과 일상의 평범함을 모두 느낄 수 있을 것입니다.

바르비종파

산업혁명의 영향으로
화가들이 자연에 관심을 갖게 됐다고?

팟캐스트 미술식탁 154회

18세기 후반부터 유럽에서는 산업혁명이 본격적으로 진행되며, 도시화가 급격히 진행되었습니다. 철도가 들어서면서 이동이 편리해지고, 많은 사람들이 더 나은 일자리를 찾아 농촌을 떠나 도시로 몰려들었습니다. 당시 유럽의 분위기는 어땠을까요? 도시 주변의 숲은 자원으로 사용되기 위해 개발되었고, 농촌은 인구가 줄어들면서 도시와 농촌의 양극화가 시작되었습니다. 그러자 일부 화가들은 자연의 아름다움과 평온함을 되찾고자 했습니다. 경쟁하고 갈등하는 시끄러운 도시를 벗어나 프랑스 파리 근교의 작은 마을 바르비종Barbizon에 하나둘 모여들었지요. 파리에 집이 있는 화가가 바르비종 지역에 화실을 차리는 경우도 많았습니다.

바르비종에는 퐁텐블로라는 우거진 숲이 있습니다. 프랑스의 노래나 역사에 자주 등장할 만큼 프랑스 사람들이 사랑하는 장소입니다. 퐁텐블로 숲을 중심으로 고요하고 목가적인 자연 풍경, 전원생활의 따뜻한 모습, 농부들의 일상 등을 세밀하게 그려낸 화가들을 마을의 이름을 따 '바르비종파'라고 불렀습니다. 〈만종〉으로 유명한 장 프랑수아 밀레Jean-François Millet(1814~1875) 역시 바르비종파에 속한 화가입니다.

대부분 도시 출신인 바르비종 화가들은 야외로 나가 동경하는 휴식처 같은 풍경을 찾아서 그렸습니다. 테오도르 루소Théodore Rousseau(1812~1867)는 당시 상용화되기 시작한 튜브 물감을 활용해 자연의 변화를 즉각적으로 포착하여 풍경화를 그렸습니

▲ 테오도르 루소, 〈아르프몽 떡갈나무〉, 1850~1852

카미유 코로, 〈사랑의 신과 놀고 있는 요정〉, 1870 ▶

다. 여행가 카미유 코로Camille Corot(1796~1875)는 퐁텐블로 숲의 평온한 분위기를 담아 내면서도, 신화적 요소를 가미해 낭만적 감성을 더한 작품을 제작했습니다. 그렇기에 바르비종파의 그림을 보고 있으면 마음이 편안해집니다. 동시대의 프랑스 혁명과 신고전주의, 낭만주의가 보여주는 사회적이고 역사적인 내용, 정치적 선전에 신물이 난 사람들은 바르비종파가 보여주는 따스함에 매료되었습니다.

흥미로운 점은 산업혁명으로 인한 과학의 발전이 오히려 바르비종파에도 영향을 미쳤다는 것입니다. 당시 자연 과학이 발전하면서 화가들 역시 자연을 보다 체계적으로 관찰하고 기록하려는 경향이 강해졌습니다. 이러한 시대적 분위기 속에서 바르비종파 화가들은 단순히 이상화된 풍경이 아니라 빛과 대기의 변화, 나무와 풀의 질감, 계절에 따른 색감의 변화를 면밀히 연구하며 더욱 사실적인 표현을 추구하게 되었습니다. 이러한 사실적인 관찰 태도와 자연에 대한 경외심은 이후 등장한 인상주의 화가들에게도 큰 영향을 미쳤습니다.

터너

터너는 어떻게
영국의 국민 예술가가 되었을까?

팟캐스트 미술식탁 192회

영국인이 가장 사랑하는 작가는 누구일까요? 영국인 열 명 중 아홉 명이 선택한 작가는 바로 윌리엄 터너William Turner(1775~1851)입니다. 영국 국립 미술관인 테이트 브리튼의 방 약 70개 중 11개에 터너의 작품이 전시되어 있을 만큼 그는 전 국민적으로 사랑을 받고 있습니다. 그의 작품은 어떤 점이 그토록 특별할까요?

터너도 처음에는 전통적인 아카데미 화풍의 그림을 그렸습니다. 열한 살 때부터 건축가의 조수로 일하면서 원근법에 근거해 정확하게 대상을 묘사하는 방법을 배운 덕에 사실적으로 그림을 그릴 수 있었지요. 열네 살에 영국 왕립 아카데미에 입학한 터너는 풍경화를 그리며 실력을 키웠습니다. 터너의 재능을 알아본 아버지의 후원에 힘입어 여름에는 유럽 곳곳을 돌아다니며 스케치하고, 겨울이면 집으로 돌아와 그림을 마무리 지으면서 자신의 여행기를 그림책으로 만들어 팔기도 했지요. 덕분에 터너의 집에는 그의 작품으로만 가득 채워진 독자적인 공간이 있을 정도였습니다. 그리고 이곳이 사람들에게 입소문을 타면서 일종의 전시장이 되어 많은 관람객이 드나들게 되었고, 터너는 당대에 가장 유명한 화가가 되었습니다. 1811년 서른일곱 살이 되던 해에 터너는 영국 왕립 아카데미의 최연소 원근법 교수로 발탁되었고 1845년에는 아카데미의 회장을 역임하며 '영국의 미술이 곧 터너'라는 말이 생겨날 정도였습니다.

하지만 현재 가장 잘 알려진 터너의 걸작들에서는 원근법을 찾아보기가 힘듭니

▲ 윌리엄 터너, 〈전함 데메테르의 마지막 항해〉, 1839

▲ 터너의 작품으로만 전시되어 있는 테이트 브리튼의 35-45번 방

다. 오히려 형태가 뭉개져 있고 지평선 끝에서 하늘과 땅, 바다는 하나가 되어버리지요. 1830년대 이후 오십 대가 된 터너는 기존의 화풍을 버리고 새로운 대상을 연구했습니다. 바로 빛과 안개, 색이었습니다. 이전과 달리 밝은 색으로 공기의 층을 두텁게 표현해 추상적으로 그렸고, 빛과 번개를 관찰하기 위해 폭풍우 치는 바다 위 선박에 자신을 묶어달라고 요청하기도 했습니다. 새로운 경향의 작품은 아카데미에서 환영받지 못했지만 그는 꾸준히 자신이 관찰한 방식으로 빛을 표현했습니다.

시간이 흐르면서 영국 대중은 그의 새로운 화풍을 더욱 좋아하게 되었습니다. 1800년대 산업혁명과 도시화로 인해 피폐해진 대중의 마음을 터너의 빛과 색채가 위로해주었기 때문이지요. 또한 터너는 사후에 모든 작품을 국가에 기부하여 많은 사람의 귀감이 되었습니다. 그에 따라 영국에서는 1년에 한 번씩 뛰어난 활약을 보인 영국의 현대 미술가에게 그의 이름을 딴 터너상을 수여하며 터너의 업적을 기리고 있습니다.

고야

고야는 왜 '검은 그림'을 그렸을까?

팟캐스트 미술식탁 155회

1806년 나폴레옹은 영국을 경제적으로 고립시키기 위해 유럽 대륙 봉쇄령을 선포합니다. 하지만 포르투갈이 정책에 따르지 않자 프랑스군은 공격에 나섭니다. 포르투갈로 가기 위해서는 스페인을 통과해야 했는데 이 과정에서 프랑스는 스페인 국왕을 퇴위시키고 나폴레옹의 형인 조제프 보나파르트를 국왕으로 옹립합니다. 이에 반발한 스페인 국민들은 대규모 저항 운동을 벌였고, 스페인 전역에서 항전이 일어나게 됩니다. 이 시기의 모습을 담은 그림이 바로 〈1808년 5월 2일〉입니다.

이 작품을 그린 프란시스코 고야Francisco José de Goya(1746~1828)는 원래 스페인의 궁정화가로 활동하며 왕가나 귀족의 의뢰를 받아 초상화를 그렸습니다. 그러나 프랑스의 스페인 점령과 전쟁의 참혹함을 목격한 후 사회 고발적이고 비판적인 주제를 다룬 작품을 남기며, 시대정신을 대변하는 화가로 자리 잡게 됩니다.

마드리드 시민들이 칼을 든 기병들과 격렬하게 싸우는 모습이 실감 나게 묘사되어 있는 〈1808년 5월 2일〉은 〈맘루크 기병들의 돌격〉이라는 제목으로도 불립니다. 1808년 5월 2일, 스페인 시민들의 봉기를 진압하기 위해 프랑스군은 이집트 출신 용병인 맘루크 기병대를 투입했는데, 작품에서 그들은 날카로운 칼을 휘두르는 모습으로 강조되어 있습니다. 이는 시민들의 처절한 저항과 외세에 대한 분노를 극대화하기 위한 의도적인 연출로 해석됩니다. 반면 프랑스군은 한쪽으로 밀려나 있거나 땅바닥에 쓰러진 주검 등 나약한 모습으로 표현했지요.

전쟁 후에도 고야는 정치적 불안과 건강 문제로 마드리드 외곽에 있는 작은 저택 '검은 집'을 구입하고 은둔 생활을 시작했습니다. 그는 집의 벽면에 어둡고 무거운 분위기의 벽화 14점을 그렸는데, 이를 '검은 그림'이라 부릅니다. 외로움과 우울함, 전쟁 트라우마, 먼저 떠나보낸 자녀들, 청력도 잃고 병약해진 상태를 겪으며 느낀 인생의 회한을 그려낸 것으로 추측할 수 있습니다.

검은 그림 중 〈개〉라는 작품에서 개는 거대한 공간 속에서 고개만 내밀고 위쪽을 바라보고 있습니다. 어둡고 황량한 배경은 불안과 고독감을 강조하며, 개의 시선은 희망을 찾으려는 듯하지만 동시에 절망에 가깝게 보이기도 합니다. 많은 미술사학자들은 이 개를 고야 자신과 동일시해 죽음을 앞둔 늙은 화가의 외로움과 불안을 담아낸 작품으로 해석합니다. 이 그림들은 고야가 사망한 후에야 발견되었습니다. 누군가에게 보이려고 그린 게 아니었지요. 이 그림들은 화가의 인생과 사회의 관계, 회화의 심리적 요소 등의 연구에도 많은 영향을 미쳤습니다.

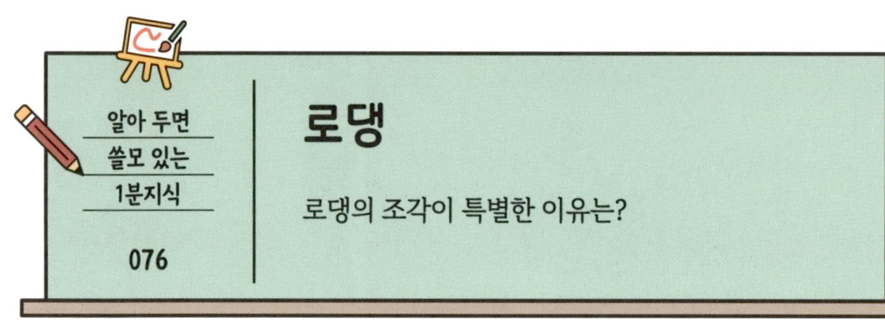

평범한 청년의 모습을 표현한 조각상이 논란의 중심에 서면서 조각가가 의도치 않게 많은 비난과 공격을 받는 사건이 일어났습니다. 그 주인공은 1876년 오귀스트 로댕Auguste Rodin(1840~1917)으로, 그가 프랑스 살롱전에 출품한 〈청동 시대〉를 두고 심사위원들 사이에 논쟁이 일어났습니다. 심사위원들은 조각의 자세와 표현이 너무나 사실적이어서 로댕이 살아 있는 모델의 석고형을 떠서 옮긴 게 아니냐고 의심했습니다. 로댕은 작품의 모델 사진과 주물을 뜰 때 사용한 틀, 사람의 본을 떠서 만든 작품과의 차이점 등을 제출하여 〈청동 시대〉가 자신이 직접 흙으로 빚고 주물을 뜬 창작물임을 증명했습니다. 이 논란으로 로댕은 실력과 작품성을 인정받았고, 바야흐로 로댕의 시대가 열립니다. 로댕 이전에도 사람을 사실적으로 표현한 작가들이 많았는데 왜 로댕만 이런 논란에 휩싸였을까요?

여기에는 두 가지 이유가 있습니다. 첫째, 주변에서 볼 수 있는 인물을 그대로 표현했다는 점입니다. 로댕은 기존의 조각 경향에서 벗어나 신화나 역사 속 주제가 아닌 인물과 인체 자체를 보여주려 했습니다. 그렇기에 이상화된 황금비율을 따르지 않고 모델의 인체 비율을 그대로 묘사했습니다. 로댕이 '청동 시대'라는 제목을 붙인 것도 그런 이유 때문입니다.

둘째, 조각 표면에 손자국을 그대로 남겨 거칠게 표현한 점입니다. 매끈한 피부결을 보여주어야 한다는 기존 관념에서 벗어난 로댕은 흙을 빚을 때 완벽하게 마감

하지 않았습니다. 덕분에 청동으로
주물을 뜨자 여러 면으로 꺾인 부분이
빛을 반사하여 장식적 효과를 냈습니
다. 이런 방법을 통해 로댕은 인물의
삶과 내면의 감정까지 끌어와 주관적
으로 작품을 했습니다. 하지만 심사
위원들은 너무나도 사실적이고 거친
질감을 보고 사람의 몸에서 직접 본을
뜬 게 틀림없다고 생각한 것이지요.
로댕의 조각이 보여주는 반짝이는 빛

▲ 로댕, 〈청동 시대〉,　▲ 로댕, 〈지옥의 문〉, 1917
1876

때문에 그는 인상주의 조각가라는 타이틀을 얻었습니다.

　그는 더욱 실험적인 방식을 추구해 나갔습니다. 한 번 등장한 형상을 독립시켜
다시 만든 것이지요. 우리에게 익숙한 〈생각하는 사람〉은 사실 로댕의 다른 작품에
먼저 등장했습니다. 단테의 〈신곡〉 제1부에 등장하는 인페르노, 즉 지옥을 표현한
〈지옥의 문〉의 일부로 지옥으로 향하는 여러 인물들을 바라보는 위치에서 작게 표현
되어 있지요. 이는 고뇌하는 단테의 모습을 표현한 것이라고 합니다.

　같은 모양의 조각이지만 두 작품의 의미도 같을까요? 단테의 〈신곡〉을 바탕으로
제작한 〈지옥의 문〉 속 생각하는 사람은 종교적인 의미를 내포하고 있지만, 독립적
으로 제작된 〈생각하는 사람〉은 '생각한다'는 그 자체에 집중하여 관람자가 조각을
보고 다양하게 해석할 수 있도록 하였습니다. 학업, 사랑, 취업 등 각자가 관심 갖는
주제대로 해석할 수 있지요. 로댕 이전의 전통적인 조각품들은 역사적, 종교적으로
중요한 인물이나 사건을 이상화해 보여주는 방식으로 제작한 반면에 로댕은 보는 이
에 따라, 전시된 장소에 따라 조각품이 새로운 의미를 가질 수 있도록 조각을 독립시
켰다는 점에서 현대조각의 아버지라고 불리기도 합니다.

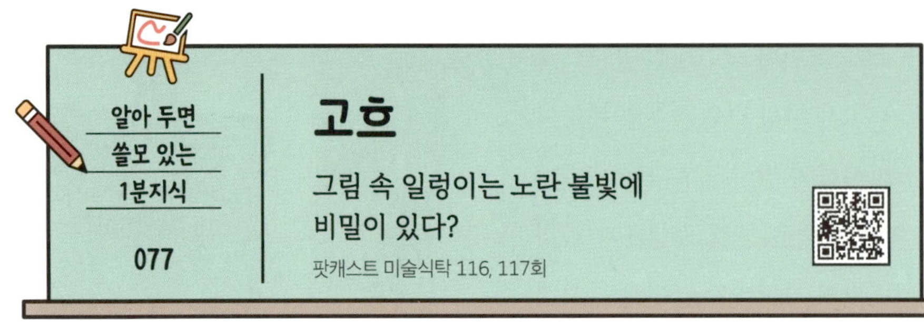

'예술은 삶에 의해 상처받은 이들을 위로해준다.'

빈센트 반 고흐Vincent van Gogh(1853~1890)는 우리나라 사람들이 가장 좋아하는 화가를 꼽을 때 항상 등장합니다. 우리나라를 넘어서 전 세계적으로도 사랑받는 작가로, 네덜란드 암스테르담에는 반 고흐 미술관이 설립되어 있습니다. 그러나 그의 삶은 현재의 유명세와는 다르게 지독하게 외로웠고 힘들었습니다.

1853년에 태어난 반 고흐는 아버지를 따라 목사가 되고자 했지만 몇몇 사건을 계기로 목회자의 길을 걷는 데 실패하고, 친척이 있는 런던과 파리를 거쳐 미술 재료상에서 근무한 뒤 화가가 되기로 결심합니다. 1881년, 고흐가 이십 대 후반에 접어들었을 때의 일입니다. 한창 인상주의가 유럽을 강타하고 있을 무렵 고흐는 인상주의의 영향을 받아 다채로운 색채를 사용했지만 물감을 두껍게 사용한 마티에르(《059. 마티에르》 참고) 표현 때문에 주류 미술계에서 환영받지 못했습니다. 그를 유일하게 지지해준 예술가가 바로 고갱이었다고 합니다. 정신병을 앓게 된 고흐는 동생 테오의 권유로 아를과 생레미 지역에 머물다가 1890년 스스로 생을 마감했다고 알려져 있습니다. 하지만 그의 마지막 행적에 미스터리한 부분이 많아 여러 의혹과 추측이 이어지고 있지요.

반 고흐의 작품과 삶에 관해서는 여러 가지 재미있는 가설과 의견이 있습니다. 그를 대표하는 색을 꼽자면 하나는 코발트블루, 또 하나는 크롬 옐로입니다. 반 고흐

는 특히 크롬 옐로를 사용해
밤의 야경과 별빛을 아름답게
표현했는데, 몇몇 의학자들은
그가 황시증을 앓았을 것이라
고 주장합니다. 당시 크게 유
행한 술인 압생트는 웜우드라
는 식물로 만든 술인데, 독성
이 있어서 많이 마시면 환영
을 보거나 사물이 노랗게 보
이는 증상을 보일 수 있다고
합니다. 알코올 중독자였던
반 고흐에게 충분히 일어날
만한 일이었지요.

▲ 고흐, 〈회색 펠트 모자를 쓴 자화상〉, 1887~1888

또 다른 주장은 그가 뇌전
증을 앓았을 것이라는 견해입니다. 일반적인 간질 발작이 아닌 뇌의 깊은 부분에서
간질이 일어나 행동 장애가 발생하는 '초점 간질'을 가지고 있었다는 것입니다. 따라
서 불안, 망상, 환각에 시달려 일상생활이 거의 불가능했을 것이라고 추측합니다. 미
술계뿐만 아니라 정신분석학이나 의학 분야에서 반 고흐의 작품을 분석하는 이유이
기도 합니다.

반 고흐가 작품을 제작한 시기는 약 10년밖에 되지 않습니다. 그렇지만 그 기간
동안 그는 무려 900여 점의 작품을 남겼으며 어떤 날은 하루에 4~5점을 그리기도 했
습니다. 그의 작품을 더욱 생생하게 감상하고 싶다면 꼭 실물을 보거나 아니면 유화
애니메이션인 〈러빙 빈센트〉를 감상해보세요. 아름다운 색채와 거친 듯 감성적인 그
림을 보고 있노라면 반 고흐에게 깊은 연민과 애정을 느끼게 될 것입니다.

세잔

온 세상이 원뿔, 구, 원기둥 모양이라면?

팟캐스트 미술식탁 114회

정물, 인물, 자연을 사진과 똑같이 그린 그림이 있는가 하면 실제 대상의 외형적 특징을 제거하고 내면을 표현하거나 눈으로 그 실체를 확인할 수 없는 것들을 표현한 그림이 있습니다. 그것을 추상화라고 부릅니다. 추상 미술의 시대가 본격적으로 열리기 전에 추상화로 가는 길을 열어준 작가가 바로 폴 세잔Paul Cézanne(1839~1906)입니다.

세잔은 많은 인상주의 작가들과 교류했고 모든 대상을 원뿔, 구, 원기둥의 기본 형태로 바라보았기 때문에 무언가를 그릴 때 눈에 보이는 그대로 화폭에 옮기는 것은 의미가 없다고 생각했습니다. 사과 하나, 꽃병 하나를 그리더라도 그 정물의 존재감을 드러내는 본래 모습을 보여줄 수 있는 형태와 색채로 표현해야 한다고 여겼지요. 예를 들어 잘 익은 사과를 그릴 때도 '사과'의 본질을 보여줄 수 있는 '구'의 형태와 잘 익은 사과의 고유한 색깔인 붉은색만으로 사과를 나타내야 한다고 보았습니다. 세잔은 여러 정물을 테이블 위에 올려놓고 함께 그릴 때 각각의 정물이 가장 균형적인 위치에 있도록 여러 번 배치를 바꿔가며 구도를 정했습니다. 또 정물의 특성에 따라 병은 옆에서 본 시선으로 그리고 사과 바구니는 위에서 본 시선으로 그리기도 했습니다. 세잔이 재구성한 화폭에서 정물들은 각각 다른 시점으로 그려졌고 그에 따라 그림자의 방향도 다양해졌습니다. 이렇게 다양한 방향에서 보는 방식을 다시점이라고 하는데, 입체파의 피카소가 세잔의 그림을 보고 영감을 받아 한 사람을 다양한 방향에서 바라본 모습을 그리기도 했지요.

세잔, 〈사과가 있는 정물〉, 1890 ▶

세잔, 〈생트빅투아르산〉, 1902~1904 ▶

세잔은 고향에서 생트빅투아르산을 반복적으로 그렸습니다. 그는 생을 마감하기 며칠 전까지도 이 산을 오르내리며 자연 자체를 화면에 어떻게 담을지를 고민했습니다. 세잔의 작품 속 생트빅투아르산의 모습은 조각조각의 색면이 색종이 덩어리처럼 붙어 있는 모양입니다. 세잔이 온몸으로 느낀 생트빅투아르산의 색채들을 한 면 한 면 나타냈다고 할 수 있습니다.

표현 방식이 사실적이지는 않지만 자신만의 시선으로 대상을 바라본 세잔의 노력이 있었기에 오늘날 더욱 다양한 표현 방법이 발전할 수 있었습니다. 이러한 면에서 폴 세잔은 '현대 미술의 아버지'라고 불리기도 합니다.

피카소

피카소 그림은
어린아이도 그리겠다고?

팟캐스트 미술식탁 88회

삐뚤빼뚤하게 그려진 그림이나 어린아이가 그린 것같이 서툴러 보이는 그림을 보고 사람들은 '피카소처럼 그렸다'고 이야기하곤 합니다. '동시성'(《043. 동시성》 참고)을 표현하기 위한 피카소의 시도가 여러 면으로 쪼개진 형태로 나타나서 마치 못 그린 그림처럼 보이기 때문이지요. 하지만 피카소는 천재이자 현대 미술의 거장으로 칭송받고 있습니다. 1940~1950년대에 활동한 잭슨 폴록은 새로운 시도를 하려고 할 때마다 이런 말을 했다고 합니다. "망할 피카소! 이미 모든 걸 해버렸잖아!"

피카소가 천재라고 불리는 이유는 무엇일까요? 그의 유년 시절을 보면 그 이유를 알 수 있습니다. 피카소가 유년 시절에 그린 그림들은 대부분 매우 고전적이며 사실적인 사생에 기반을 두었습니다. 아홉 살에 이미 혼자 풍경화를 그렸고, 열다섯 살에 그린 〈첫 성찬식〉은 표현 기술이 완숙한 경지에 이르러 대가들의 작품과 견줄 만했습니다. 화가인 아버지의 영향을 받아 피카소는 말보다 그림을 먼저 배웠습니다.

일찍이 피카소의 재능을 알아본 아버지는 어린 피카소에게 잔혹할 정도로 엄하게 그림을 가르쳤습니다. 더 사실적으로 관찰하고 그릴 줄 알아야 한다며 크게 혼내거나 매질을 하기도 했습니다. 그로 인해 어린 천재라는 말을 들었지만 가족 간의 애정을 느끼지 못한 채 성장했습니다. 이런 영향 때문이었을까요? 성인이 된 피카소는 자신의 방식을 모두 버리고 회화의 가장 기본인 형태를 완전히 해체합니다. 고전적 표현 방법에서 벗어나 보이지 않는 면까지 표현하기 위해 사물을 해체한 후 재구성

▲ 파블로 피카소, 〈첫 성찬식〉, 1896

▲ 1908년 몽마르트 작업실에서의 피카소

하는 기법을 사용하지요. 이것을 프랑스어로 '데콩포제décomposer'라고 합니다. 앞서 말한 동시성의 시작이지요.

그림에 종이를 붙이는 기법인 파피에 콜레를 통해 콜라주를 최초로 시도한 것부터 철을 이용한 조각과 아프리카 대륙의 조각에 영감을 받은 작업까지 그가 시도한 모든 미술 행위는 확실히 현대적이었습니다. 과거에는 상상조차 할 수 없던 것들이지요. 심리학자들은 피카소가 이렇게 끊임없이 기존 질서를 해체하고 새로운 무언가를 만들어내고자 활동한 것이 어쩌면 고전적 미술 교육에 억압받은 자신의 과거를 이겨내려 한 것일지도 모른다고 설명합니다.

마티스

색에 대한 고정관념이 있다고?

팟캐스트 미술식탁 30회

우리가 가진 색깔에 대한 고정관념으로 무엇이 있을까요? 사과는 빨간색, 바나나는 노란색이라고 단정 지어 생각하는 것이 대표적인 예시입니다. 사실 사과의 색깔은 빨간색, 초록색, 노란색 등 다양하고 속살은 밝은 아이보리색에 가깝지요. 바나나도 숙성도에 따라 초록색에서 노란색으로, 다시 검은색으로 변하는 것을 생각하면 색에 대한 고정관념이 인간에 미치는 영향이 꽤 크다는 사실을 알 수 있습니다.

여기 색에 대한 고정관념을 깨고 자신의 주관에 따라 색을 칠한 작가가 있습니다. 바로 피카소의 친구이자 야수파의 리더 앙리 마티스Henri Matisse(1869~1954)입니다. 〈모자를 쓴 여인〉을 보면 인물의 얼굴을 초록색, 노란색, 옅은 분홍색 등 일반적으로 쓰지 않는 색깔로 칠했습니다. 이로 인해 얼굴에 있어야 할 명암도 잘 느껴지지 않습니다.

입체파가 인물을 조각냄으로써 오히려 완전한 형태를 묘사하려 했다면, 야수파는 원근감을 파괴하여 회화를 평평하게 보이도록 만들었습니다. 마티스의 그림에서 보듯이 맹렬한 색채들이 서로 충돌하며 명암과 원근감을 삭제함으로써 오로지 색 자체만 남은 것이지요. 고전적인 그림에서 보이는 고정된 색채의 틀을 깨부수고, 분출하는 '색의 환희' 그 자체를 보여주고자 했습니다. 그림의 소재는 색을 표현하는 데 필요한 수단일 뿐이었죠. 즉, 사실을 재현하기 위해 색을 칠하는 것이 아니라 화폭 안에 색을 주관적으로 사용하면서 작가의 개성을 드러내는 표현방식으로 예술을 통

▲ 마티스, 〈춤〉, 1910

◀ 마티스, 〈모자를 쓴 여인〉, 1905

한 자기 표현의 영역을 확장했습니다. 실제 사물이나 현실의 풍경처럼 외부의 것을 묘사하는 것이 아닌 작가 내면의 것을 표현하기 시작한 것입니다.

마티스는 피카소와 함께 현대 미술을 연 거장으로 평가됩니다. 마티스의 작품에서는 서로 반대되는 색인 보색이 한 화면에 나타나는 경우가 많습니다. 색상환의 정반대에 위치한 두 가지 색인 보색은 서로 같이 사용되면 강렬한 시각적 충격을 줍니다. 크리스마스 트리의 초록색과 산타 옷의 빨간색, 제주도의 파란색 바다와 감귤의 주황색의 대비가 대표적인 보색 관계입니다. 마티스는 보색을 적극적으로 이용해 색에 대한 고정관념을 깨뜨림으로써 화가들이 색채를 완전히 자유롭게 사용할 수 있도록 해방시켰습니다. 거의 모든 화가가 일상의 풍경이나 인물을 사실적으로 그리고 있을 때 마티스를 중심으로 한 몇몇 화가들은 자유분방한 붓터치와 과감한 색채로 20세기 회화에 큰 영향을 끼쳤습니다. 이들에게 '야수파'라는 이름이 붙은 것을 보면 화단과 대중이 받은 충격이 얼마나 컸는지를 짐작할 수 있습니다.

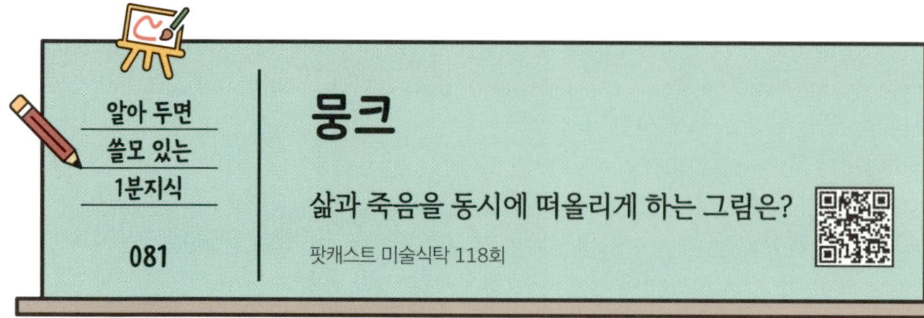

'미친 사람만 그릴 수 있다.'

에드바르트 뭉크Edvard Munch(1863~1944)의 대표작인 〈절규〉의 왼쪽 위에 연필로 쓰인 문구입니다. 뭉크는 왜 이런 문장을 써두었을까요? 스스로를 미쳤다고 생각했던 걸까요? 뭉크의 곁에는 항상 죽음과 질병이 가까이 있었습니다. 다섯 살 때 어머니가 결핵으로 세상을 떠나자 뭉크는 이모 밑에서 자랐습니다. 열네 살이 되던 해에는 누나 소피가 결핵으로 사망했고 곧이어 남동생마저 같은 병으로 죽고 맙니다.

어린 나이에 어머니와 형제를 잃는 아픔을 겪은 뭉크는 스물여섯 살 때 파리로 떠납니다. 그림 수업을 받고 미술관을 방문하며 고흐, 모네, 파사로, 마네 등의 그림을 접합니다. 인상주의 화풍을 보면서 색의 사용에 대해 고민하며 어떤 그림을 그릴까 고민하기도 했지요. 그러던 중 아버지마저 뇌졸중으로 사망하자 뭉크는 우울증에 시달리게 되었습니다. 그는 1886년부터 '생의 프리즈' 연작이라 불리는, 인간의 삶과 존재에 관한 갖가지 면모를 담은 작품들을 그려내며 죽음과 함께해온 자신의 삶을 돌아봤습니다. 사랑, 불안, 질투, 배신과 같은 감성을 주제로 다루었는데, 그중 가장 잘 알려진 〈절규〉도 이 연작 중 하나입니다. 그의 일기에는 〈절규〉의 상황을 묘사하는 듯한 글이 있습니다. "해가 지기 시작했고 갑자기 하늘이 핏빛으로 물들었다. 나는 두려움에 떨며 서 있었다. 그때 난 자연을 관통하는 끝없는 절규를 들었다."

무섭기도 하고 불안해 보이기도 하는 이 작품들은 예상과 달리 많은 사람들에게

▲ 뭉크, 〈절규〉, 1893

▲ 뭉크, 〈마돈나〉, 1894

인기를 얻었습니다. 불안감을 불러일으킨다며 논란의 중심에 서기도 했지만, 동시에 가장 인간적인 감정을 솔직하게 드러낸다는 평가를 받았습니다. 〈마돈나〉는 뭉크가 느낀 아름다움과 고통, 죽음과 삶, 그리고 미묘한 환희가 한 화면에 공존하는 작품입니다. 이 그림은 우리가 언젠가 마주할 죽음의 순간을 떠올리게 하지만, 동시에 삶을 어떻게 살아가야 하는지에 대한 질문을 던진다는 점에서 인간 존재의 덧없음과 생의 의지에 관한 철학적 질문을 던집니다.

뭉크는 정신적 피로와 알코올 의존증에 시달렸음에도 작품 제작에 열정을 쏟았습니다. 그러나 1916년 노르웨이 오슬로 대학의 벽화를 작업한 뒤 칩거에 들어갔고, 1944년 여든한 살의 나이로 생을 마감할 때까지 작품 활동을 하지 않았습니다. 28년이란 세월은 그에게 과연 어떤 의미였을까요? 어쩌면 그에게는 외부와 단절된 시간이 아니라, 자신의 내면을 더 깊이 마주한 시간이었을지도 모릅니다.

디에고 리베라

멕시코 정부가
벽화 작업을 지원한 이유는?

팟캐스트 미술식탁 25회

민족주의란 국가 형성에 있어 민족의 정체성을 가장 중요한 요소로 삼는 정치적 이념입니다. 과거 많은 단일 민족 국가들이 정당성을 주장하며 이를 표방했고 대한민국도 일제강점기 동안 민족주의를 바탕으로 독립운동을 전개하며 정체성을 지켜나갔습니다. 비슷한 시기, 멕시코도 민족주의로 국가 정체성을 확립하고자 했습니다.

멕시코는 1821년 에스파냐로부터 독립했지만 이후에도 정치적 혼란과 내전이 이어졌습니다. 19세기 내내 독재 정권과 군사 쿠데타가 반복되었고, 20세기 초에는 포르피리오 디아스 정권이 30년 가까이 독재를 유지하며 사회적 불평등이 극심해졌습니다. 결국 1910년, 불평등한 토지 소유 구조와 독재에 저항하는 멕시코 혁명이 발발하게 됩니다. 10여 년간 이어진 혁명기에 정부는 국민 통합을 위해 민족주의를 적극적으로 활용합니다. 원주민과 혼혈인, 농민-노동자와 부르주아 사이의 갈등이 복잡했기 때문입니다. 정부는 멕시코 땅에 사는 원주민 인디오와 혼혈인 메스티소를 중심으로 민족 정체성을 재구성하고, 국민을 하나로 묶을 구체적 방법을 고민합니다.

당시 문맹률이 높았던 점을 감안해 정부는 많은 사람들이 모이는 공공장소에 벽화를 그려 민족주의를 고양하려는 계획을 세웠습니다. '대통령궁과 박물관, 교육부 건물에 자국의 화가가 벽화를 그린다면?'이라는 아이디어에서 시작된 대대적인 프로젝트는 국민화가 디에고 리베라Diego Rivera(1886~1957), 다비드 알파로 시케이로스

David Alfaro Siqueiros(1896~1974), 호세 클레멘테 오로스코José Clemente Orozco(1883~1949)를 탄생시켰습니다. 그중에서도 디에고 리베라는 멕시코의 피카소라 불리며 국민적 사랑을 받았습니다.

▲ 디에고 리베라, 〈멕시코 사람들의 서사시〉, 1929~1935

멕시코 벽화 운동의 가장 큰 특징은 첫째, 멕시코의 기원과 전통을 복원하려 했다는 점입니다. 300년간 에스파냐의 식민지였기에 무엇보다 역사적 정통성을 강조하기 위해 멕시코의 역사와 신화를 주요 모티브로 활용했습니다. 둘째, 유럽의 화풍을 거부하고 독자적인 표현 방식을 추구했습니다.

정부는 리베라를 유럽에 보내 미술을 연구하게 했으나 당시 유럽 미술계는 모더니즘과 추상화가 주류였습니다. 그는 피카소, 브라크 등과 교류하며 입체파 등 다양한 양식을 익혔지만, 민중을 위한 그림에는 맞지 않는다고 판단했습니다. 대신 이탈리아 중세 성당의 벽화와 르네상스 프레스코화에 영향을 받아, 역사와 민중의 삶을 담은 대형 벽화를 선택하게 됩니다.

리베라가 그린 멕시코 벽화에서는 대부분 민중이 중심을 차지합니다. 리베라는 멕시코 원류인 인디오 문명, 에스파냐 정복과 식민지 시절의 아픔, 독립과 개혁, 혁명, 반외세 등을 주제로 그림을 그렸습니다. 문맹률이 높던 시기, 벽화는 글보다 훨씬 효과적인 전달 수단이었으며 국민들에게 큰 감동을 주었습니다. 이는 멕시코 국민을 하나로 뭉치게 했고, 멕시코의 근대화를 위해 외세의 침입으로부터 국가를 방어하는 정체성을 확립하는 데 구심점 역할을 했습니다. 또 내부 분열을 끝내야 한다는 주장에 많은 국민이 동의하는 계기가 되었습니다.

자코메티

앙상한 인체 조각에서 강인한 생명력이 느껴진다고?

'어디로 가야 하는지 그리고 그 끝이 어딘지 알 수는 없지만 나는 걷는다. 그렇다. 나는 걸어야만 한다.'

거의 뼈대만 남은 앙상한 사람이 걸어가는 모습의 조각이 있습니다. 흔히 인체 조각이라 했을 때 떠오르는 그리스 조각상이나 미켈란젤로의 다비드처럼 건장하고 근육이 돋보이는 조각과는 전혀 다른 분위기를 풍깁니다.

알베르토 자코메티Alberto Giacometti(1901~1966)는 조각가이자 화가, 철학자로 활동했고 화가 피카소, 철학자 사르트르 등과 교류하며 입체파와 초현실주의 작품을 만들었습니다. 젊은 시절 1, 2차 세계대전을 몸소 겪은 그는 삶과 죽음을 철학적으로 사색하고 탐구하게 됩니다. 인간이 만든 살상 무기로 수많은 사람의 목숨이 희생됐으며, 이토록 참혹한 전쟁의 결과를 낳은 인간의 이성은 무엇인가에 대해 다시 생각하게 되었지요. 자신이 몸담고 있던 초현실주의적 환상 세계에서 벗어나 삶의 의미와 목적, 존재의 의미를 고민하는 실존주의를 탐구하기 시작했습니다. 그의 작품 세계는 2차 세계대전 이후 달라집니다. 이때부터 가느다란 인체 조각을 만들게 되지요. 자코메티는 죽음이 가까운 듯 앙상한 사람이 걷는 모습을 통해 한없이 약한 존재일지라도 꺼지지 않는 생명력과 강인함을 지니고 있음을 보여주었습니다.

'죽음'에 대해 고찰한 계기는 또 있었습니다. 열아홉 살의 자코메티는 이탈리아를 여행하던 중 우연히 한 노인을 만납니다. 평소 다양한 방면으로 학식이 깊었던 자코

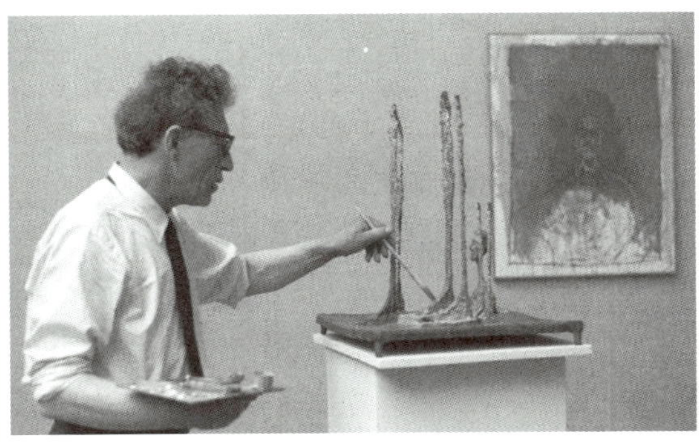
▲ 작업 중인 자코메티

◀ 자코메티, 〈가리키는 남자〉, 1947

메티는 노인과 많은 이야기를 나누게 됩니다. 훗날 노인은 신문에 광고를 내 자코메티를 찾았고, 자신이 모든 경비를 지불할 테니 함께 여행하자고 제안합니다. 하지만 함께 여행한 지 하루도 되지 않아 갑자기 고열에 시달리던 노인은 다음 날 사망합니다. 이 세상 그 어떤 것도 영원할 수 없음을 목격한 자코메티는 죽음에 대한 공포와 허망함을 느끼게 됩니다.

자코메티의 〈걷는 사람〉(1960)은 2010년 소더비 경매에서 무려 6,500만 파운드(약 1,170억 원)에 팔렸습니다. 그로부터 5년 후 뉴욕 크리스티 경매에서는 〈가리키는 남자〉(1947)가 1억 4,130만 달러(약 2,084억 원)에 낙찰되어 기록을 경신했습니다.

자코메티는 "인간이 두 번 죽을 수 있다면 이 세상이 얼마나 더 진실해질까?"라고 말했습니다. 단 한 번만 살 수 있기에 우리의 인생은 불완전할 수밖에 없습니다. 하지만 생명과 죽음, 고뇌와 삶, 불안과 희망, 이 모든 것이 있기에 인생이 다채로운 것은 아닐까요? 삶의 진정한 의미와 이유에 대해 스스로 답해봅시다.

신사임당

조선 시대 가장 유명했던 여성 화가는?

팟캐스트 미술식탁 158회

조선에서 가장 널리 이름을 알린 여성 화가. 바로 신사임당을 지칭하는 말입니다. 현모양처이자 조선 시대 지식인으로 평가되는 신사임당은 현재 5만 원권 화폐의 주인공이기도 합니다. 40편이 넘는 작품을 남겼다고 알려진 그녀의 정체는 무엇일까요?

신사임당의 그림과 관련해 전해 내려오는 몇 가지 일화가 있습니다. 〈초충도草蟲圖〉의 표현이 너무나 사실적이어서 새들이 그림의 풀벌레를 진짜라고 착각해 쪼았다는 이야기나, 잔칫집에서 국을 나르던 어느 부인이 빌려 입고 온 치마에 국을 쏟아 당황해하자 신사임당이 치마에 탐스러운 포도송이와 잎사귀를 그려주었다는 이야기는 그녀의 솜씨가 실로 대단했음을 알려주는 일화입니다.

신사임당을 조명하려면 첫째, 그림 실력을 이해해야 합니다. 현재 신사임당이 그렸다고 명확하게 파악된 작품은 거의 없습니다. 그 당시에는 보통 그림을 완성한 후 그린 사람이 낙관을 찍거나 이름을 남기는데 신사임당은 거의 그렇게 하지 않았기 때문입니다. 하지만 일곱 살 때부터 안견의 산수도를 따라 그릴 정도로 실력이 뛰어났다는 문헌의 기록이나 숙종이 신사임당의 그림을 보고 감탄해 그림에 발문을 작성해 남겼다는 기록을 통해 화가로서 그녀의 지위가 상당히 높았음을 알 수 있습니다.

둘째, 신사임당이 살았던 시대가 조선 초기였다는 점을 감안해야 합니다. 조선 초기는 유교적 질서가 확립되어가던 시기로 여성의 사회 진출이 용이하지는 않았지

▲ 신사임당, 〈초충도〉, 16세기

만 사회적 지위는 높았습니다. 당시에는 결혼한 후 처가살이를 하는 집이 많았는데, 신사임당과 결혼한 율곡 이이의 아버지 이원수는 강릉 오죽헌에서 처가살이를 했습니다. 신사임당이 조선 초기의 여성이었기에 상대적으로 그녀의 그림이 더 널리 알려질 수 있었던 것으로 보입니다.

셋째, 그림의 소재입니다. 신사임당이 주로 생활한 곳은 친정집인 '오죽헌烏竹軒'이었습니다. 어머니이자 집안의 안주인으로서 살림을 도맡은 그녀가 주로 볼 수 있는 대상은 마당 한편에 있는 풀이나 벌레, 포도 등이었습니다. 거대한 산수가 아닌 주변의 정물과 곤충, 작은 동물을 그린 신사임당의 작품은 조선의 여성이기에 가능한 표현방식이자 일상을 따뜻하게 바라보았던 그녀만의 독보적인 시선이라고 평가받기도 합니다.

김정희

별명이 540여 개나 되는 사람이 있다고?

팟캐스트 미술식탁 19회

호號라는 단어를 들어보았나요? 일종의 별명과 비슷한 것으로 부르기 편하도록 지은 또 다른 이름입니다. 대개 스승이 지어주었으나 자신이 좋아하는 물건 또는 살았던 건물의 이름에서 따오는 경우도 많았습니다. 호가 여러 개라는 것은 그만큼 많은 사람과 교류했고 신망이 두터웠다는 의미도 됩니다.

조선 시대 말의 서예가이자 금석학자*인 김정희金正喜(1786~1856)는 가장 널리 알려진 추사秋史라는 호 외에도 완당阮堂, 예당禮堂, 시암詩庵 등 무려 540여 개의 호를 가졌다고 합니다. 다방면에 능통했던 김정희는 무엇보다도 글을 잘 썼습니다. 여섯 살 때 쓴 '입춘대길立春大吉'이라는 글씨를 본 실학자 박제가는 김정희의 글솜씨에 감탄하여 스승이 되겠다고 자청해 사제지간이 되었습니다. 스무 살에는 그의 이름이 조선을 넘어 중국과 일본에까지 알려졌고, 김정희의 글씨를 사겠다는 사람이 온갖 금은보화를 보냈다는 일화도 유명합니다. 김정희는 청나라의 유명한 유학자 옹방강, 완원과도 편지를 주고받으며 인연을 이어갔습니다. 완당은 바로 완원에게서 비롯된 호이지요. 이들은 김정희에게 편시와 함께 옛 서적도 보내주었습니다. 김정희는 책을 통해 옛 문자를 공부하고 우리나라의 비석을 해독하는 연구를 했습니다. 북한산 정상에 있는 비석이 신라시대 진흥왕이 한강 유역을 정복한 후 자신의 영토임

---

* 금석학: 비석같이 돌이나 금속에 새겨진 글을 연구하는 학문.

▲ 김정희, 〈죽로지실〉, 1850년대

▲ 김정희, 〈세한도〉, 1844

을 알린 진흥왕 순수비라는 사실을 처음 밝힌 사람이 바로 김정희입니다. 진흥왕 순수비 옆에는 김정희가 내용을 해독하고 쓴 글이 새겨져 있습니다.

하지만 그의 삶은 평탄하지 않았습니다. 정쟁에 휘말려 제주도에서 9년 동안 유배 생활을 했습니다. 김정희는 글을 쓰고 마음을 다스리는 데 몰두하며 인내의 세월을 보냈습니다. 이렇게 탄생한 서체가 바로 추사체秋史體입니다. 추사체는 직선과 곡선, 문자와 여백이 조화로우며 글자 하나하나의 구성이 돋보입니다. 정자체와 달리 마치 어린아이의 글씨 같은 자유분방함이 매력입니다.

〈죽로지실竹爐之室〉은 김정희가 친구의 다실茶室 이름을 짓고 써준 편액의 글씨로 글자의 의미를 형상으로 표현한 것입니다. 화로 '로爐'는 네 발 달린 화로의 모습이며 그 부수 '화火'는 화로의 손잡이처럼 작게 표현했습니다. 갈 '지之'는 연기가 피어오르는 모습을, 방 '실室'은 처마와 활짝 열린 창문을 연상케 합니다. 글씨에 조형적 아름다움을 더한 그의 서체는 현대에도 많은 영향을 미쳤습니다. 김정희의 고향인 충남 예산 일대에는 추사체를 현대적으로 해석한 '추사사랑체'를 이용한 간판이 사용되고 있을 정도입니다.

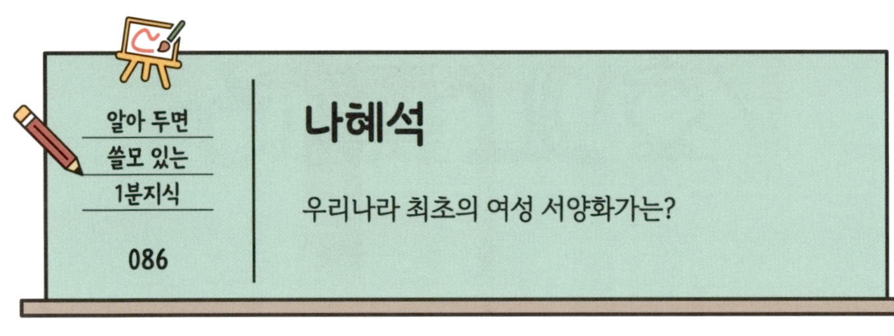

나혜석羅惠錫(1896~1948)은 한국 근현대 미술사에서 '최초'와 '여성 작가'라는 타이틀로 소개됩니다. 그녀의 작품뿐만 아니라 삶에 대한 가치관을 우리가 조명해야 하는 이유는 남성 우월주의와 여성에 대한 사회적 편견이 만연한 시대에 자신의 목소리를 내고 맞섰기 때문입니다.

당시 여성에게 요구되는 사회적 역할은 결혼 후 현모양처가 되는 것이었습니다. 이런 시기에 나혜석은 최초의 여성 유학생으로서 일본에서 학업을 마치고 귀국한 엘리트였습니다. 그녀가 유학을 다녀올 수 있었던 것은 어릴 적부터 동생의 재능을 알아본 오빠의 지원 덕분이기도 했지만, '스스로 익혀 무엇이든 해나갈 수 있는 실력을 기르자'라는 그녀의 신념이 있었기 때문입니다.

근대기 신여성인 나혜석은 1918년 「경희」, 「정순」 등 여성을 주제로 한 소설을 발표하는 한편 1919년 3·1운동에 가담했다가 체포되어 옥고를 겪기도 할 만큼 열의가 넘쳤습니다. 1920년에는 자그마치 6년간 구애한 김우영의 청혼을 받아들여 결혼식을 올렸고, 1921년 3월에는 경성일보사에서 조선 여성으로서 처음으로 유화 개인전람회를 개최하는 등 성공 가도를 달렸습니다. 1927년부터는 남편과 함께 유럽을 여행하며 직접 유럽의 예술과 사회를 체험하게 됩니다. 특히 일본을 통해 배운 양화가 아닌 직접 파리에서 화실을 다니며 야수파의 화풍을 접하고 작품 세계를 넓혀가게 된 나혜석은 이 시기 자신의 모습을 굉장히 대담하게 표현했습니다. 사실적 묘사

를 배제하고 간결하고 굵직한
붓질, 강한 명암의 대조로 표
현한 자화상에서 작은 체구의
나혜석은 온데간데없고 강인
하고 고뇌에 찬 모습만이 화
폭을 가득 채우고 있습니다.

승승장구할 것만 같았던
그녀의 삶은 파리에서 남편의
친구와 불륜을 저질렀다는 논
란과 이혼으로 빛을 잃어가기
시작합니다. 당시에는 남자가
여러 명의 부인을 두는 일은
암묵적으로 용인되었지만 여
자에게는 엄격한 정조를 요구

▲ 나혜석, 〈자화상〉, 1928년경

했기에 그녀의 남편 역시 다른 여자를 만났음에도 비난은 오로지 나혜석이 짊어져야
했습니다. 나혜석은 이혼 후 여성에게만 가혹하게 요구되는 정조관념을 비판하는 글
을 발표했으나 혹평이 잇따랐습니다. 생활이 점점 곤궁해지는 가운데 큰아들마저 세
상을 떠나자 실의에 빠진 그녀는 사찰과 친구의 집을 전전하다 생을 마감했습니다.

시간이 지나 오늘날에는 그녀의 앞선 시대정신이 재조명되어 고향인 수원 팔달
구에 나혜석 거리가 만들어지고 문화예술제도 열리고 있습니다. 비록 굴곡진 삶을
살았으나 여성이라는 한계를 극복하고 새로운 세계를 개척하려 했던 나혜석은 한국
미술사와 여성운동사에서 기념비적 인물로 평가받고 있습니다.

김환기

그림으로 시를 지을 수 있을까?

팟캐스트 미술식탁 73회

김환기金煥基(1913~1974)에게는 '작품 가격이 가장 높은 한국 화가', '한국 추상화를 연 선구자', '셀럽이 가장 사랑하는 화가' 같은 수식어가 많이 붙습니다. 하지만 그에게 가장 잘 어울리는 수식어는 '뿌리를 잃지 않은 화가'가 아닐까요?

1930년대에 일본에서 수학하고 한국으로 돌아온 김환기는 1950년대에 홍익대학교에서 교수직을 역임합니다. 프랑스 파리에서 약 3년간 머무르며 유럽의 예술을 배워 온 뒤에는 1970년대까지 한국과 미국을 오가며 활동했습니다. 이렇게 전 세계를 누비며 활동한 김환기는 각각의 시기마다 작품 스타일은 조금씩 변화되었지만 전 시기를 관통하는 키워드가 있습니다. 바로 고향에 대한 향수와 한국적 정서입니다.

그의 작품에 주로 나타나는 소재는 조선 시대 백자, 산과 달이 있는 풍경, 매화나무 등 한국의 아름다움을 떠올리게 하는 형상입니다. 김환기는 실제로 많은 도자기를 수집하고 감상할 정도로 한국 도자기를 사랑했습니다. 간결하고 깨끗하면서도 모든 것을 품어줄 듯 넉넉한 달 항아리 모티브는 1940년대부터 그의 작품에 자주 등장하고, 그림의 주조색인 푸른 청색은 고려청자의 빛깔을 연상시킵니다.

1963년 미국으로 근거지를 옮기고 추상화의 세계에 뛰어든 김환기는 고려청자에서 영감을 얻은 수많은 청색 점으로 캔버스를 꽉 채우면서 자연과 우주, 자연과 교감했던 시간을 함축적으로 표현했습니다. 마치 화선지에 먹이 번져 표현되는 수묵담채처럼 유채 물감으로 찍은 점은 하나의 우주를 구성했다는 평가를 받았고, 이

청색을 사람들은 '환기 블루'라고 불렀습니다.

시는 풀어서 하나하나 이야기로 설명하지 않더라도 함축적인 몇 개의 단어로 감동을 전달합니다. 김환기의 추상 작품도 그와 같습니다. '점'이라는 본질적 요소 안에 우주, 한국, 고향, 사랑, 가족 등 많은 것을 내포하고 있어 별다른 설명 없이도 한국을 넘어 전 세계 사람들에게 울림을 주지요.

모든 작품이 그렇지만 김환기의 작품은 특히 직접 눈으로 볼 때 그 감동이 큽니다. 서울 종로구에 위치한 환기미술관에 〈어디서 무엇이 되어 다시 만나랴〉, 〈매화와 항아리〉, 〈섬의 달밤〉 같은 대표작은 물론이고 오브제, 콜라주, 편지그림 등 다수의 작품이 전시되어 있으니, 꼭 한번 시간을 내서 방문해 보기 바랍니다.

▲ 작품 앞에 앉아 있는 김환기

이중섭

가족에 대한 사랑 그 자체가
예술이 된 화가가 있다?

팟캐스트 미술식탁 142회

제주도 서귀포시에는 이중섭 가족이 한국전쟁 때 피난을 와서 지내던 방이 남아 있습니다. 고시원 방 한 칸 정도 크기인 1.4평의 작은 공간에서 네 식구가 1년여 동안 살았습니다. 제주까지 피난한 이중섭 가족이 얼마나 궁핍하고 힘들었을지 알 수 있는 대목입니다. 1952년, 결국 이중섭은 고심 끝에 일본인 아내 이남덕(일본명 야마모토 마사코)과 두 아들을 일본으로 보내기로 결정합니다. 전쟁으로 인해 생계가 불안정하고 안전을 보장할 수 없는 상황에서, 가족을 일본의 처가로 보내는 것이 최선이라 여겼던 것입니다. 그러나 이 선택은 결국 영원한 이별로 이어졌고, 그는 다시는 가족을 볼 수 없었습니다.

1916년 평안남도 평원에서 부농의 아들로 태어난 이중섭은 어린 시절 아버지가 부재했고 고등학생 때부터 가족과 떨어져 서울에서 지내다 보니 가족에 대한 애착이 컸다고 합니다. 1935년 일본에서 대학을 다니다가 마사코를 만났으나 이중섭은 한국으로 귀국해야 했습니다. 1945년, 마사코 혼자 이중섭을 찾아 한국으로 건너왔습니다. 그렇게 두 사람은 결혼식을 올렸습니다. 마사코는 이중섭을 '아고리'라고 불렀는데 '아고ぁご'가 일본어로 턱, 리李는 이씨라는 뜻으로 이중섭의 얼굴이 길어서 붙인 애칭이라고 합니다. 가족과 떨어져 홀로 남겨진 이중섭은 아내에게 간절한 마음을 담아 편지를 보냈습니다. 편지 속에는 단순한 애정 표현을 넘어, 그녀와 함께하는 삶이 곧 자신의 존재 의미이자 예술적 영감의 원천이라는 깊은 애착이 드러납니다.

　　"사람들은 아고리가 제 아내만 생각한다고 여길지 모르나, 아고리는 그대처럼 멋지고 사랑스러운 아내와 하나로 일치해서 서로 사랑하고, 둘이 한 덩어리가 되어 참인간이 되고, 차례차례로 훌륭한 일(참으로 새로운 표현을 시도하는 것, 계속해서 대작을 제작하는 것)을 하는 것이 염원이오."

　　이중섭은 홀로 한국에 남아 부산, 통영, 진주, 서울을 전전하며 창작 활동을 이어나갑니다. 전시회를 열어 가장으로서 돈을 벌고 얼른 가족과 다시 만나기를 원했지만 전시회는 번번이 실패로 끝나고 말았습니다. 당시에는 전시회를 열면 잔치처럼 음식과 다과를 준비해야 했지만 준비 비용이 만만치 않았을 뿐더러 정작 그림이 팔려도 전쟁 직후다 보니 제대로 비용을 지불하는 사람이 많지 않았다고 합니다. 그림 값을 떼어먹거나 먹을거리로 지불하는 사람도 있었지요.

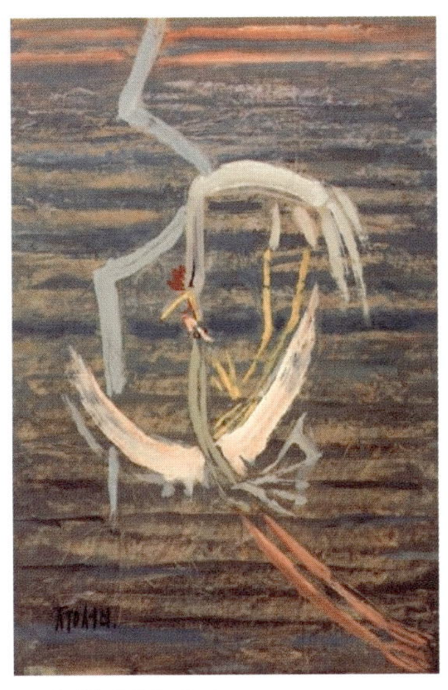

▲ 이중섭, 〈부부〉, 1953

　　〈부부〉는 휴전 협정이 체결된 해인 1953년의 작품입니다. 이 작품에는 상징적인 요소가 두드러지는데요. 위에서 푸른 닭이 내려오고 아래에서 붉은 닭이 올라와 중앙에서 뒤엉킨 모습이 곧 다시 만날 수 있으리라는 기대감을 표현하는 것처럼 느껴지기도 하고, 남북의 상황을 대변하는 것처럼 보이기도 합니다. 휴전 협정을 보며 이중섭은 얼마나 희망에 찼을까요? 이 시기에 작업한 그림의 주제 중 대부분이 가족, 아이, 부부였다는 점을 보면 그가 본격적으로 가족을 맞이할 준비를 했다는 것을 알 수 있습니다. 그러나 이중섭은 여러 악재에 시달리다가 건강이 악화되었고 결국 가족을 만나지 못한 채 1956년 만 서른아홉 살의 나이로 세상을 떠났습니다. 전쟁이 낳은 비극 속에서 가족에 대한 사랑과 그리움만을 남기고 떠난 것입니다.

박수근

가장 한국적인 질감은 무엇일까?

팟캐스트 미술식탁 211회

시대를 대표하는 예술가를 선정할 때에는 각 시대의 환경과 사회·문화적 특징, 주류를 이룬 가치관을 작품에 잘 담아냈는지를 함께 고려합니다. 근대 미술의 거장 박수근朴壽根(1914~1965)은 1950년대 한국전쟁 시기의 아픔을 서민층의 입장에서 있는 그대로 가장 잘 담아냈다는 평가를 받고 있지요. 그는 한 시대를 넘어 우리나라를 대표하는 '가장 한국적인 화가'로도 꼽힙니다.

빨래터에서 빨래하는 여인들, 아이를 업고 엄마를 기다리는 소녀의 모습, 물동이를 지고 가는 아낙네 등 박수근 작품 속의 여인들은 집 밖에서 활동하고 일과를 보내는 모습으로 등장합니다. 하나같이 무명 저고리에 검정 치마와 고무신을 신은 소박한 모습이며, 화려한 기교나 자세한 묘사 없이 단순하게 그려졌습니다. 6·25 전쟁 시기 위험을 피해 남하한 박수근은 어려운 생활 속에서도 붓을 놓지 않고 작업을 이어갔습니다. 변변한 화실 하나 없이 집이 곧 화실이었던 그는 아내를 포함하여 주변에서 흔히 만나는 마을 사람들을 그림의 소재로 삼았습니다. 가난한 환경에서도 선한 마음으로 살아가는 평범한 인간의 모습을 따뜻한 시선으로 화폭에 담아냈지요. 그래서 그의 작품 중에는 유난히 사이즈가 작은 그림이 많습니다. 언제 어디서든 그림을 그리려면 소지하기가 편해야 했으니까요.

박수근의 작품에서 가장 큰 특징은 거칠거칠한 돌 표면에 그린 것 같은 독특한 질감입니다. 캔버스에 밝은 색과 어두운 색의 유화 물감을 번갈아가며 바르고 말리

▲ 박수근, 〈노상〉, 1962, 하드보드에 유채, 15X30cm, ©박수근연구소

▲ 화강암

고 긁어내는 과정을 여러 번 거쳐 배경을 만들고, 배경과 이미지가 자연스럽게 결합되어 나타나도록 했습니다. 그는 거친 재질이 느껴지는 듯한 마티에르 기법으로 화강암 같은 느낌을 냈습니다. 화강암은 우리나라 국토 대부분을 차지하면서 단단하고 비와 바람에 강한 돌로, 박수근은 화강암의 특징과 우리 민족의 특징이 닮았다고 생각했습니다. 그래서 여러 번 칠하고 벗겨내는 과정을 거친 배경 위에 그림을 그려 거칠지만 소박한 분위기를 내고 어려운 환경에서도 꿋꿋하게 살아가는 인물들을 표현함으로써 한국적인 정서가 짙게 느껴지도록 했습니다.

'이다음에 커서 꼭 밀레 같은 화가가 되게 해주세요.'

박수근이 열두 살 때 밀레의 〈만종〉 그림 도판을 보고 이런 소원을 빌었다고 합니다. 가장 한국적이며 서민적이라는 평을 받는다는 점에서 그의 소원은 이루어진 게 아닐까요?

백남준

예술에 과학기술을 융합한다면?

팟캐스트 미술식탁 210회

"예술은 사기다!"

비디오 아트의 선구자이자 세계 최초로 TV로 예술 작품을 만든 작가 백남준白南準(1932~2006)이 한 말입니다. 그는 왜 예술은 사기라고 말했을까요?

1932년 백남준은 서울 종로구 서린동(현재의 창신동)에서 태어났습니다. 부유한 집안 환경 덕분에 어린 시절에 일찌감치 유럽의 전위음악을 접할 수 있었습니다. 백남준의 첫 예술적 경험은 미술이 아닌 음악이었습니다. 특히 아놀드 쇤베르크Arnold Schonberg(1874~1951)의 음악은 훗날 백남준이 기존의 틀을 깨고 새로운 예술적 실험을 하는 데 많은 영향을 미쳤습니다. 쇤베르크는 기존 클래식의 장엄함 대신 노골적인 무조음악으로 완전히 다른 차원의 현대음악 세계를 연 작곡가입니다. 일본에서 미술을 공부한 백남준은 독일로 넘어가 뮌헨 대학교에서 철학, 음악학 석사 과정을 밟았습니다. 이때 쇤베르크의 제자이자 급진적인 현대음악가인 존 케이지John Cage(1912~1992)를 만나게 됩니다. 악보에 음표가 아닌 문자, 그림 등을 그려서 연주하는 존 케이지가 만든 가장 유명한 작품은 연주자가 등장해 피아노 앞에 앉아 아무것도 하지 않고 가만히 앉아 있다가 시간이 흐른 뒤 퇴장하는 〈4분 33초〉입니다(《044. 행위 예술》 참고). 존 케이지는 주변의 소음 자체가 곧 음악이 될 수 있다고 생각하고, 매번 다른 소음을 찾는 퍼포먼스를 보여주었습니다.

백남준과 존 케이지는 급격히 가까워집니다. 음악과 미술 모두에 능했던 백남준은 이 시기부터 완전히 전위적인 표현 방식을 탐구합니다. 1960년에는 무대에 서 피아노와 바이올린을 부수는가 하면 토마토 주스와 잉크를 섞은 물감에 머리를 담근 후 머리를 붓 삼아 그림을 그리는 퍼포먼스를 보여주었고, 자신과 생각이 비슷한 작가들을 모아 '플럭서스 Fluxus'라는 그룹을 만들었습니다. 소통 없이 일방적이었던 기존의 회화를 거부하고 관중과 실시간으로 소통하는 두 사람의 행위 예술은 급진적이고 놀라웠습니다.

▲ 백남준, 〈다다익선〉, 1988, 국립 현대 미술관

백남준은 여기서 멈추지 않고 더 나아갔습니다. 그는 이미 음악계에서는 전자기술을 주요하게 사용하고 있는데 미술에서는 왜 표현 도구로 쓸 수 없을까를 고민했고, 마침내 TV를 활용해야겠다고 결심했습니다. 2년 동안 작업실에서 TV만 연구한 백남준은 독일 부퍼탈에서 열린 첫 개인전 '음악의 전시—전자 텔레비전'에서 TV를 활용한 최초의 비디오 조각 작품들을 선보입니다. 그중에는 관객이 TV를 만지고 밟을 때마다 화면이 바뀌도록 설계해 관객을 퍼포먼스의 참여자로 이끈 작품도 있었습니다.

'예술은 사기'라는 말의 의미는 그동안 예술 작품이 일방적으로 관객들에게 메시지를 전달하는 것이었다면 앞으로의 예술은 바뀌어야 한다는 의미라고 생각해볼 수도 있습니다. 기회가 된다면 국립 현대 미술관(과천관), 대전 시립 미술관을 방문해 백남준의 작품을 직접 감상할 것을 추천합니다.

새로운 문화는 어떻게 등장할까?
_예술 속 계몽운동

17~18세기 유럽 귀족의 주된 관심사는 쾌락을 추구하는 세속주의였습니다. 부국강병이나 사회적 사명감은 잊힌 지 오래였고, 귀족들은 자신들의 삶을 더 풍족하고 화려하게 영위하기 위해 시민을 착취했지요. 그러나 1789년 민중이 주체가 된 프랑스혁명으로 모든 것이 달라졌습니다. 시민은 자신의 권리에 대해 말하기 시작했고, 사회는 빠르게 변모했습니다. 계몽주의가 가져온 사회의 변화였습니다.

계몽주의는 17세기 말에 등장했는데, 사람은 이성과 지식을 바탕으로 비판적 사고를 해야 하며 이를 통해 성장하고 발전할 수 있다는 철학 운동이었습니다. 귀족들이 사치와 향락을 즐기는 사이 시민들 사이에 계몽주의가 퍼져 나갔고, 사회의 구성원으로서 자신들도 무언가를 할 수 있다는 의식이 움튼 것이었습니다.

계몽주의는 예술에도 많은 변화를 불러일으켰습니다. 로코코 양식으로 대변되는 귀족의 미술은 서민에게 전혀 위안이 되지 못했고, 화사한 분위기의 회화나 공예품은 서민에게 오히려 고통일 뿐이었습니다. 서민을 대변하는 화가들은 사회를 풍자하거나 비판하는 그림을 그렸습니다. 당시 프랑스 사회의 위선을 4,000여 점의 풍자화로 남긴 화가 오노레 도미에가 대표적인 계몽주의 화가입니다(⟨010. 카툰⟩ 참고).

오노레 도미에가 스물세 살에 그린 ⟨가르강튀아⟩는 왕과 귀족들을 풍자하며 사

▲ 도미에, 〈봉기〉, 1860년경

▲ 쿠르베, 〈돌 깨는 사람들〉, 1849

회를 비판하는 그림입니다. 이 작품은 출판 직후 정부에 압수당했지만, 그는 거기서 멈추지 않고 서민들의 모습을 그리거나 일그러진 조각상에 빗대 귀족을 풍자하는 그림을 계속해서 발표했습니다. 귀족이 시키는 대로 행동하는 게 아니라 주도적으로 행동하고 생각하겠다는 계몽주의적 의지를 드러낸 것이지요.

19세기 중반에는 사실주의 화가 귀스타브 쿠르베가 이런 말을 남겼습니다. "나는 천사를 그릴 수 없다. 천사를 본 적이 없으니까." 그가 주로 그린 대상은 돌을 깨거나 농사를 짓는 사람 등 일상에서 흔히 보는 인물들이었습니다. 신화적으로 묘사되거나 아름답게 표현된 인물이 아닌 과장 없는 현실을 진실하게 화폭에 옮긴 것입니다. 쿠르베는 서민층의 모습이야말로 진정한 삶의 아름다움을 보여준다고 생각했습니다. 계몽주의는 오늘날에도 많은 시사점을 남깁니다. 예술과 사회의 문제점을 어떻게 바라보고 평가할지는 결국 우리의 손에 달린 것입니다.

선비들의 그림을 부르는 이름이 따로 있다고?

_남종문인화

오늘날에는 누구나 작가가 될 수 있고 자신의 주관과 개성으로 표현한 다양한 스타일의 작업도 작품으로서 널리 인정받고 있습니다. 예술의 범위가 크게 넓어짐에 따라 예술가와 대중의 거리가 가까워지고 일상에서도 친숙하게 예술 작품을 발견할 수 있게 된 것입니다. 그러나 신분 제도가 존재했던 과거에는 신분이 높은 사람의 그림을 더 뛰어난 것으로 평가하기도 했습니다.

신분제 사회인 조선에서는 양반가 선비가 그린 그림을 '남종문인화南宗文人畵'라고 부르며 직업 화가의 그림과 구분 지었습니다. 예컨대 직업 화가인 신윤복의 그림은 기술만 연마하면 그릴 수 있는 것이므로 그림에 뜻이 없다고 평가한 반면, '남종문인화'에는 선비의 기품과 숨어 있는 뜻이 함께하므로 더 좋다고 본 것입니다. 즉 그림을 볼 때 기교보다 그림에 담긴 의미를 더 중시했습니다.

남종문인화는 '남종화'와 '문인화'라는 단어가 하나로 합쳐신 것입니다. 뜻을 품은 그림을 의미하는 '남종화'는 수묵으로 운치 있는 풍경을 상상해서 그리거나 주관적인 의미를 담아서 그린 것으로 중국 당나라 때 시작된 산수화풍을 주로 의미합니다. '문인화'는 이름에서 알 수 있듯이 신분이 문인, 선비인 사람들이 자신의 생각과 의도를 담아 그린 그림을 지칭합니다. 두 이름의 구분과 경계가 모호하기에 조선 시대에는 이 두 가지를 결합하여 '남종문인화'라고 불렀습니다.

남종화의 표현적 특징은 보이는 그대로 묘사하는 데 치중하지 않고 주관적으로 해석하여 먹의 번

▲ 이인문, 〈단발령망금강도〉, 1745

짐 효과를 이용하거나 과감하게 표현을 생략하고 여백을 강조한다는 것입니다. 흰색의 여백이 서양화에서는 완성하지 못한 부분으로 여겨지지만 한국화를 비롯하여 중국과 일본의 그림에서는 빈 공간이자 안개, 구름 등으로 여겨지는 차이가 여기에서 비롯되었습니다.

우리나라에서는 조선 중기에 청나라의 화보가 유입되면서 중국의 남종화풍이 성행하기 시작했고 임진왜란 이후에 본격적으로 남종문인화가 크게 성행했습니다. 남종문인화의 또 다른 특징으로는 기존의 그림을 그대로 따라 그리는 방식인 '방작倣作'이 유행했다는 것입니다. 좋은 의미나 뜻을 품은 그림을 그대로 따라 그리는 행위는 그 뜻을 그대로 받아들이는 것과 마찬가지라고 생각했기 때문입니다. 이렇게 누군가의 그림을 따라 그린 경우에는 〈방倣+원작의 작가+작품 제목〉으로 이름을 지어 모방해서 그렸음을 밝혔습니다. 현대의 개념에 비교하자면 일종의 오마주라고도 할 수 있지요. 이런 특징으로 인해 남종문인화는 복고적 성향을 띠어서 보수적인 화단 분위기를 형성했다는 비판을 받기도 하지만, 우리 선조들의 사상과 생각을 엿볼 수 있는 수준 높은 지적 표현이라는 평가를 받기도 합니다.

작품 속으로 빨려 들어가는 듯한
느낌을 받아본 적 있나요?
_숭고미

예술은 아름다움, 미美를 추구합니다. 그렇다면 모든 예술은 동일한 아름다움을 지니고 있을까요? 과거 동양에서는 통통한 체형과 길고 가느다란 눈매가 아름다움의 기준이었고, 서양에서는 허리가 가늘어 보이는 것이 중요했습니다. 과거의 예술은 보이는 그대로를 재현하는 것이 목표였지만 모더니즘 시기에는 예술가의 생각을 철학적으로 잘 설명하는 작품이 아름답다는 평가를 받았습니다.

이처럼 미의 기준은 다양한 갈래를 지닙니다. 그러나 '숭고미'만큼은 모든 세대와 지역을 통틀어 만국 공통이라고 여겨지지요. 이 단어는 신념이나 미덕을 보여주는 상황, 도달할 수 없는 높은 경지에서 느끼는 아름다움을 나타내는 개념으로 '고상하고 훌륭하다'는 의미의 '숭고하다'에 '미'라는 글자를 덧붙인 말입니다. 조금 더 구체적으로 설명하자면 시각적 아름다움보다는 선한 영향력을 보여주는 예술이나 압도적인 예술이나 압도적인 스케일의 무언가를 맞닥뜨렸을 때 느끼는 감정을 지칭합니다. 문학에서는 주로 미덕이 있는 상황이나 희생 등을 통해 전달하는 아름다움을 숭고미라 합니다. 예를 들어 이육사 시인의 〈광야〉나 윤동주 시인의 〈별 헤는 밤〉은 독립을 향한 염원을 주제로 희망과 저항 정신을 표현합니다. 한국인이라면 이 시를 읽고 숭고한 감동을 느낄 수 있습니다. 그러나 미술에서 숭고미는 더 넓은 범주로 이해됩니다.

▲ 프리드리히, 〈해변의 수도승〉, 1809

▲ 로스코 〈주황, 빨강, 노랑〉, 1961

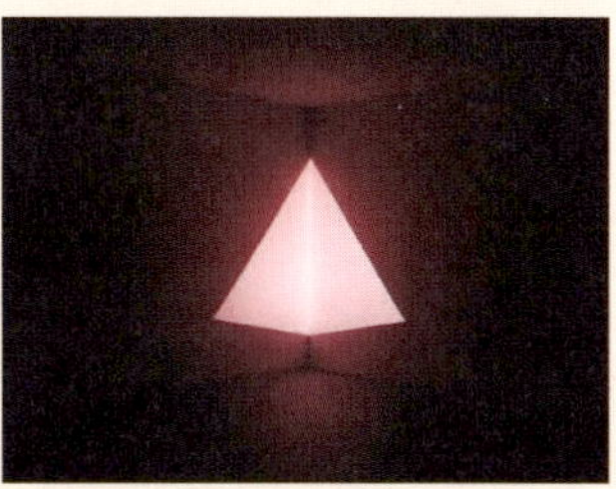
▲ 터렐, 〈레트로 핑크〉, 1968

　카스파르 다비트 프리드리히의 〈해변의 수도승〉을 봅시다. 작품의 제목에 따르면 수도승이 주인공이지만 정작 감상자가 보는 것은 끝없이 펼쳐진 바닷가입니다. 170×110센티미터 크기의 이 작품을 실제로 마주하면 구름 아래 검은 그림자 속 바다가 마치 수도승과 감상자를 집어삼킬 듯 무섭게 느껴지기도 합니다. 거대한 자연 앞에서 인간은 한낱 미물에 불과하다고 선언하는 듯합니다. 이처럼 미술에서의 숭고함은 경외감과 두려움을 내포한 철학적 아름다움입니다.

　현대 미술에서도 숭고미의 개념은 이어지고 있습니다. 예를 들어 미국 미니멀리즘 화가인 마크 로스코의 대형 추상화들은 깊은 색채와 단순한 구성을 통해 관람자가 작품에 몰입하도록 유도하며, 초월적인 감정을 불러일으킵니다(〈048. 올오버 페인팅한〉 참고). 그는 단순한 아름다움이 아닌, 영적인 감흥과 존재론적 질문을 유도하는 작품을 만들고자 했습니다. 또한 제임스 터렐James Turrell(1943~)의 빛과 공간을 활용한 설치 미술도 숭고미의 개념을 현대적으로 재해석한 사례로 볼 수 있습니다. 그의 작품 속에서 관람자는 무한한 공간과 색채 속에 머물며 인간 존재와 우주의 관계를 사색하게 됩니다.

　결국, 숭고미는 단순히 '아름다운 것'을 넘어 감상자로 하여금 자신을 둘러싼 세계와 인간의 본질에 대해 깊이 사유하도록 하는 강력한 감정적, 철학적 힘을 지닌 개념이라고 하겠습니다.

6장

미술관·박물관

- ☑ 큐레이터와 도슨트
- ☐ 감상 가이드
- ☐ 문화재 보존학
- ☐ 루브르 박물관
- ☐ 영국박물관
- ☐ 메트로폴리탄 미술관
- ☐ 국립중앙박물관
- ☐ 비엔날레
- ☐ 아트 페어
- ☐ 미술품 경매

1day

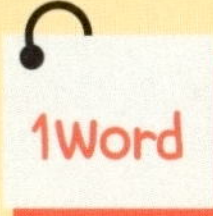

1Word

큐레이터와 도슨트

작품을 설명해주는 사람의 정체는?

미술관(박물관)에서 마이크를 들고 관람객에게 작품을 해설해주는 사람을 '도슨트 docent'라고 합니다. '가르치다'라는 뜻의 라틴어 'docere'에서 유래한 단어로 작품이나 작가에 대해 설명해줌으로써 전시를 쉽게 이해하고 많은 정보를 짧은 시간 내에 습득할 수 있도록 도와주는 역할을 합니다. 1845년 영국의 여러 미술관과 박물관 규모가 커지자 작품을 전문적으로 해설해주는 사람들을 선발해 도슨트라고 부르게 되었지요. 우리나라에서는 '전시해설사'라고도 합니다.

초기의 도슨트는 자원봉사에 가까웠습니다. 작가와 작품, 유물에 대한 지식을 타인에게 전달하는 것에서 즐거움과 보람을 느낀다는 점에서 전문 직업이라기보다는 취미에 가까웠지요. 그러나 전시가 다양해지고 문화 수요층이 두터워지면서 보수를 받는 하나의 직업으로 성장했습니다. 현재 도슨트 해설은 대부분 무료로 운영되나 전시의 규모와 형태, 전시 주관 기관에 따라 유료로 운영되기도 합니다. 도슨트가 되려면 교육 프로그램을 이수해야 하며, 전시 해설을 하려면 전시를 주관하는 기관에서 공식적으로 전달해야 하는 내용을 배우고 전시장 이동 동선, 소개할 작품 등을 구체적으로 공부해야 합니다.

도슨트가 관람자와 직접 소통하는 사람이라면 전시를 기획하고 운영하는 사람은 '큐레이터curator'라고 합니다. 큐레이터는 기획과 운영뿐만 아니라 작품의 수집 및 관리와 학술 연구 등도 종합적으로 담당합니다. 한국에서는 '전시기획자'라는 명칭으

▲ 전시 작품 앞에서 관람객에게 작품을 해설해주는 도슨트

로도 불리며, 규모 있는 미술관과 박물관에서 오래 근무한 전문 전시기획자와 연구가에게는 '학예사'라는 공식 명칭을 사용합니다.

미술관과 박물관의 주제와 형태에 따라 큐레이터가 하는 일과 역할, 전시의 특징이 매우 다양합니다. 대부분의 큐레이터가 공통적으로 하는 일은 전시를 기획하고 전시 주제에 맞는 작가나 작품을 선정하는 것입니다. 이 과정에서 작품을 소장한 컬렉터나 박물관과 의견을 조율하며 여러 사람과 오랫동안 협의하기도 하지요. 이 단계가 마무리되면 전시 디자이너와 작품 배치 및 조명에 관해 논의한 후 공사에 들어갑니다. 전시 포스터와 광고를 제작하는 한편 작품 설명과 도록을 제작하고, 도슨트 섭외와 교육 프로그램도 함께 기획합니다. 교육을 전문적으로 진행하는 큐레이터를 에듀케이터educator라고 하지요.

우리가 즐겁게 감상하는 전시의 이면에는 큐레이터들의 노고가 숨어 있습니다. 미술관 큐레이터가 되려면 미술사학, 예술학, 미술교육학, 민속학 등의 전문 지식을 갖추어야 하며 외국어 능력은 필수적입니다. 깊이 있는 지식과 커뮤니케이션 능력, 실행력을 모두 갖춰야 하는 만큼 큐레이터가 되기도, 실무를 하기도 쉽지 않지만 그만큼 매력적인 직업입니다.

감상 가이드

작품을 더 재미있게 감상하는 방법은?

미술관에 갔는데 어디서부터 어떻게 감상해야 할지 감을 잡지 못했던 적이 있나요? 도슨트가 없거나 해설 시간을 놓쳤다면 어떻게 할까요? 이럴 때는 작품 옆에 붙어 있는 캡션caption을 자세히 읽어보면 됩니다.

캡션은 작품의 자기소개라고 할 수 있습니다. 캡션에는 기본적으로 작가 이름, 작품 제목, 제작된 연도와 재료, 크기 등이 적혀 있습니다. 작품의 의미와 제작 과정, 작품과 관련한 일화 등이 설명된 경우에는 작품을 보다 깊이 있게 감상하는 장치가 되기도 합니다.

캡션을 효과적으로 보는 방법은 크게 두 가지입니다. 첫 번째는 캡션을 먼저 읽고 작품을 감상하는 방법입니다. 전시장에 입장하면 입구 벽면에 전시의 주제와 기획 의도를 설명하는 글이 인쇄되어 있습니다. 이 글을 읽으면 전시의 큰 흐름을 알 수 있어 감상하는 데 매우 유용합니다. 각 작품 옆에 붙어 있는 캡션은 주제에 따라 배치된 작품의 의미를 설명해주는 역할을 합니다. 캡션을 읽을 때 제작 연도를 눈여겨보면 작가의 성장 과정을 유추할 수 있어 더욱 흥미롭게 감상할 수 있습니다.

두 번째는 작품을 먼저 감상하고 재료와 의미를 추측해본 뒤 캡션을 통해 확인해보는 방법입니다. 현대 미술이나 추상 작품의 경우에는 예상치 못한 재료를 사용하거나 작품이 지닌 의미를 파악하기 어려울 때가 많습니다. 먼저 작품을 본 후 느낀 점을 머릿속으로 정리하고 나서 캡션을 읽으면 감상의 폭을 훨씬 더 넓힐 수 있습니

▲ 오디오 가이드를 들으며 작품을 관람하는 사람

다. 작가의 의도가 항상 정답은 아니므로 감상자의 의견도 작품에 관한 또 다른 비평과 해석이 될 수 있지요. 이렇게 캡션을 활용하다 보면 전시를 보는 눈, 좋은 작품을 평가하는 자신만의 안목을 기를 수 있습니다. 최근에는 시각장애인용 점자 캡션을 추가하거나 작품의 질감을 느낄 수 있도록 복제품을 만들고 그 위에 캡션을 부착하는 등 다양한 방식으로 발전하고 있습니다.

작품에 대해 더 많은 정보를 얻고 싶다면 오디오 가이드를 이용해봅시다. 많은 전시장에서 작품에 대해 설명해주는 오디오 기기를 대여해주고 있고, 최근에는 해당 미술관 앱을 다운받거나 스마트폰으로 큐알 코드를 찍으면 해당 전시물의 설명 페이지가 나오는 서비스도 제공되고 있습니다. 오디오 가이드는 시간과 공간에 구애받지 않고 전시 작품에 대한 해설을 들을 수 있다는 것이 장점입니다. 도슨트의 해설을 들으려면 정해진 시간에 모여서 다른 관람객과 함께 다녀야 하지만, 오디오 가이드를 이용하면 혼자서도 편한 시간에 작품 설명을 들으며 쾌적하게 관람할 수 있습니다.

캡션이나 오디오 가이드가 감상자의 자유로운 해석을 막는다고 보는 부정적 견해도 간혹 있습니다. 기본적인 배경 지식은 도움을 얻되, 자신만의 관점으로 감상하고 해석하며 작품을 온전히 즐기는 자세도 중요할 것입니다.

문화재 보존학

오래된 문화재는 어떻게 다루어야 할까?

2008년 2월 10일 늦은 밤, 서울 한복판에서 충격적인 사건이 벌어졌습니다. 대한민국 국보 1호인 숭례문(남대문)에 화재가 발생한 것입니다. 이 방화 사건으로 숭례문의 60퍼센트 이상이 완전히 소실되었고, 복원하는 데 자그마치 5년이 걸렸습니다. 왜 이렇게 오래 걸렸을까요?

미술관과 박물관에서는 미술품과 문화재를 연구하고 전시하는 일만큼 적절한 보관 방법으로 올바르게 보존하는 일도 매우 중요합니다. 문화유산을 후손에게 온전하게 전해주는 것은 우리의 사명이니까요. 이렇게 문화재의 보존 방법을 전문적으로 연구하는 학문을 문화재 보존학이라고 합니다. 문화재는 회화·조각·건축·도자기 등의 종류에 따라 그리고 나무·철·흙·고무 등 재료에 따라 보관 방법과 보존 방법이 다릅니다. 특히 숭례문같이 석축 위에 나무로 문루를 쌓아 올린 건물은 손상되었을 때 복원하는 과정이 복잡하고 까다로워 시간이 오래 걸릴 수밖에 없습니다. 문화재를 보존하는 데에는 몇 가지 원칙이 있습니다. 첫째, 온전한 문화재는 적절한 온도와 습도를 고려한 환경에서 보관합니다. 둘째, 발견 당시 온전하지 못했던 문화새는 더 이상 손상되지 않도록 보존 처리해 보관합니다. 셋째, 보관 중인 문화재가 손상됐을 때에는 최대한 원자재를 활용해 복원하며, 손상된 부위와 접합한 부분에는 복원했다는 사실을 알 수 있도록 색이나 재료를 다르게 부착합니다. 시간이 지나 더 정확하게 복원할 수 있는 방법이 등장했을 때를 대비하기 위해서이지요.

▲ 숭례문 화재 직후 모습

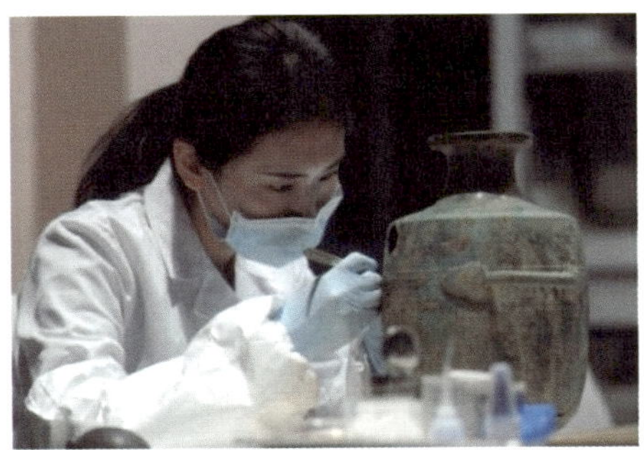
▲ '보존과학, 우리 문화재를 지키다' 전시에서 보존 과정을 보여주고 있는 전문가

숭례문 복원 과정에서는 석재의 원형을 최대한 활용했습니다. 불에 그을린 부분을 지우고 방부 처리한 뒤 원래 자리에 되돌려놓았고, 고서를 참고해 성벽을 더 크게 축조했습니다. 기존에 없던 성벽을 추가한 쪽은 원자재에 비해 색이 밝아 확실하게 구분됩니다. 그러나 불에 탄 목재와 기와는 사용할 수 없어 보존센터로 옮겼습니다. 문루를 복원하는 데는 새 나무를 이용했으며, 돌가루로 만든 전통 안료로 단청을 칠해 현재의 모습을 갖췄습니다. 예술가, 고고학자, 미술사학자, 과학자, 건축학자, 기술자 등 수많은 전문가들이 참가해 원래의 모습을 되찾기 위해 노력했습니다.

그러나 실제로 복원 과정에서 많은 논란이 발생했습니다. 새 나무를 사용하는 것이 과연 원래의 모습을 충실히 재현한 것인지, 또는 전통 기법과 현대 기술을 어떻게 조화롭게 적용할 것인지에 대해 다양한 의견이 오갔습니다. 특히 단청의 색감과 문루의 세부 디자인을 두고 역사적 고증과 현대적 해석 사이에서 많은 토론이 이루어졌습니다. 이러한 과정을 통해 복원이 단순히 과거의 모습을 재현하는 일이 아니라, 우리 문화유산에 대한 깊은 이해와 고민이 필요하다는 점이 다시 한번 강조되었습니다.

문화재 복원은 단순히 훼손된 옛것을 되살리는 일만은 아닙니다. 현재를 살아가는 우리가 미래에 무엇을 남길지를 생각하게 만드는 중요한 과정입니다. 전문가뿐 아니라 우리 모두가 문화재 복원에 관심과 지지를 보내야 하는 이유이지요.

루브르 박물관

박물관 앞에 유리 피라미드를 만든 이유는?

2018년 전 세계인을 대상으로 한 설문조사에서 네 명 중 한 명이 세계에서 가장 유명한 박물관으로 루브르를 선택했습니다. 선택한 이유로는 〈모나리자〉, 〈밀로의 비너스〉 등 미술을 잘 모르는 사람도 한 번쯤 들어본 작품들을 소장한 것, 관람 동선만 자그마치 60킬로미터로 모든 작품을 다 감상하려면 일주일은 족히 걸리는 압도적 규모 등이 꼽혔습니다.

13세기에 지어진 루브르 박물관은 처음에 프랑스 왕가의 궁전이었습니다. 시간이 지나 건물을 개축하거나 새로 지으면서 점차 규모가 확장되었고, 루이 14세가 집권한 17세기 바로크 시대에는 왕이 베르사유 궁전으로 거처를 옮기면서 루브르는 왕가의 예술품을 모아둔 수장고 기능을 수행했습니다. 1789년에는 프랑스의 역사를 뒤흔든 사건이 발생합니다. 바로 프랑스 혁명입니다. 굶주림과 가혹한 수탈에 시달리다 봉기한 시민들은 왕정을 끝내고 공화국을 건설했습니다. 공화국 초기에 왕가의 재산을 처분하는 문제가 큰 관심사로 떠올랐는데 그 중심에 루브르가 있었습니다. 1793년 프랑스 국민 의회는 루브르를 미술품 전문 박물관으로 운영하기로 결정하고 시민에게 개방했습니다. 왕의 상징이었던 궁전과 예술품이 시민의 품으로 돌아갔다는 점에서 프랑스 혁명의 정신을 계승한 선택이었지요.

현재 루브르 박물관의 상징은 뭐니 뭐니 해도 박물관 앞 광장 한복판에 솟아 있는 유리 피라미드입니다. 루브르를 찾는 관람객과 소장품이 계속해서 늘어나자 휴

▲ 루브르 박물관 전경(야경)

게공간과 추가 시설이 필요해졌고, 3개 동으로 나뉘어 있어 불편한 이동 동선을 개선할 필요성도 대두되었습니다. 많은 논의 끝에 궁전 가운데에 있는 정원을 파내고 박물관의 입구를 지하로 옮긴 뒤 지하에 3개 동을 연결하는 동선을

▲ 루브르 박물관의 유리 피라미드

만들었습니다. 그리고 유리 피라미드를 입구 위에 얹어 관람객이 개방감을 느낄 수 있게 했습니다.

이 피라미드는 처음 지어졌을 때에는 고전적 전통을 해치는 건축물이라는 비난을 받았습니다. 그러나 현재는 에펠탑과 함께 파리의 랜드마크로 자리 잡았으며 루브르의 보석이라는 별명까지 얻었지요. '과거와 현재', '예술과 역사', '왕가의 보물과 시민혁명의 정신', 루브르 박물관은 이 모든 것을 다 보여줍니다.

영국박물관

그리스 파르테논 신전 유물이
영국박물관에 있는 이유는?

전 세계의 모든 문화를 한곳에서 볼 수 있다면 누구나 한 번쯤 가보고 싶지 않을까요? 영국에 있는 영국박물관이 바로 그런 장소입니다.

1753년 영국 내과 의사이자 과학자 한스 슬론Sir Hans Sloane(1660~1753)의 컬렉션을 기초로 설립된 영국박물관은 1759년 대중에게 공개될 때 '보편적 박물관'을 모토로 무료로 개방되었습니다. 또 회화나 조각 위주의 귀족적 컬렉션에서 벗어나 여러 국가의 문화를 보여줄 수 있는 다양한 사물과 유물을 전시해 박물관의 영역을 크게 확장했습니다.

과거의 영국에 붙었던 수식어 중 하나가 '해가 지지 않는 나라'입니다. 16~20세기 초 제국주의 시대에 여러 식민지를 가진 영국의 지배력이 세계 여기저기를 장악하고, 끊임없이 성장하던 단계에서 만들어진 별명입니다. 강력한 군대의 힘을 바탕으로 영국인들은 식민지의 자원과 유물을 자국으로 가져갔습니다. 심지어 유적을 해체해서 들고 가기도 했지요.

현재 영국박물관에는 이집트의 미라뿐만 아니라 신라시내의 유물 및 김홍도의 작품, 모아이 석상 등 전 세계 유물 총 800만 점 이상이 수장되어 있습니다. 이름은 영국박물관이지만 정작 자국의 유물보다는 다른 나라의 유물이 훨씬 더 많지요. 심지어 그리스 파르테논 신전 유물의 약 70퍼센트가 영국박물관에 있어 파르테논 신전을 보려면 그리스가 아니라 영국으로 가야 하는 상황입니다. 이러한 이유로 영국박

영국박물관 전경 ▶

영국박물관 중앙 광장 그레이트홀 ▶

물관은 끊임없이 비판받고 있습니다. 제국주의 시대가 끝나고 각 국가가 독립했음에도 강제로 뺏어온 유물을 자국에 돌려주지 않고 영국이 소유하고 있기 때문이지요.

1년에 600만 명 이상이 전 세계에서 방문한다는 영국박물관은 하루에 다 관람할 수 없을 정도로 넓은 규모를 자랑합니다. 하지만 전시장에 공개된 유물의 수가 전체 유물의 20퍼센트 정도라고 하니 소장품을 다 보려면 몇 달이 필요하다고 하지요. 최근에는 디지털 이니셔티브Digital Initiative 과정을 거쳐 전시 유물을 온라인으로 감상하는 환경을 구축해 집에서도 영국박물관의 유물을 관람할 수 있습니다.

영국은 자신들이 인류를 위해 모은 문화재를 복원, 보존할 수 있는 기술을 가지고 있다며 앞으로도 영국박물관이 유물을 소장해야 한다고 주장합니다. 약탈된 유물의 반환과 보존 중 여러분은 어느 쪽이 옳다고 생각하나요?

메트로폴리탄 미술관

미국이 유럽을 상대로
문화적 자존심을 세운 방법은?

팟캐스트 미술식탁 187회

뉴요커들이 제일 사랑하는 장소로 가장 많이 손꼽히는 곳은 센트럴 파크입니다. 도심 중앙에 자리 잡은 이 녹지는 95만 평 규모로 축구장 면적의 약 133배에 이릅니다. 산책로와 연못, 울창한 숲과 동물원이 있어 자연 속에서 여유를 즐기고 싶은 뉴요커들이 자주 찾는 곳이지요. 그러나 지금의 센트럴 파크를 뉴욕의 상징으로 만든 것은 공원 동쪽에 위치한 미술관입니다.

1858년 녹지로 조성된 센트럴 파크가 대중에게 공개되었습니다. 조금씩 부지를 확보해가며 센트럴 파크가 점차 넓어지던 중에 미국인들은 뜻밖의 고민에 맞닥뜨리게 됩니다. 미국을 방문한 유럽인들이 미국의 문화가 자신들의 문화보다 수준이 낮아 볼 게 없다고 불평을 늘어놓았던 것이지요. 거대한 영토와 대자연을 가진 미국이었지만 오랜 역사와 문화를 지닌 유럽인에게 미국은 역사가 짧은 별 볼 일 없는 국가로 여겨졌습니다.

1866년 7월 4일, 파리 주재 미국 외교관이었던 존 제이John Jay(1745~1829)는 파리에서 열린 독립기념일 파티에서 한 가지 제의를 합니다. 외교관으로서 유럽의 문화적 힘을 보고 느낀 그는 미국에도 루브르, 영국박물관 같은 문화 기관을 설립해 미국인의 자존심을 회복해야 한다고 주장했지요. 미국의 정치 지도자, 사업가, 예술인, 일반 시민들까지 모두 그의 말에 동조했습니다. 그 후 4년 만인 1870년 뉴욕 5번가 도드워스 빌딩 1층에 메트로폴리탄 미술관이 설립되었습니다. 1880년에는 센트럴

뉴욕 메트로폴리탄 전경 ▶

뉴욕 메트로폴리탄 중앙 계단 ▶

파크에 건물이 완성되어 현재의 위치로 옮긴 뒤 소장품을 계속 늘렸습니다.

　현재 메트로폴리탄은 아프리카, 중동, 유럽, 아시아, 남미 등 전 세계의 예술품 약 330만 점을 소장하고 있으며 반 고흐, 모네, 렘브란트 같은 거장들의 명작과 앤디 워홀, 잭슨 폴록 같은 미국 예술가들의 작품도 다수 소장하고 있습니다. 루브르, 영국 박물관과 함께 세계 3대 박물관으로 꼽히고 있으며 해마다 500만 명 이상이 방문한다고 합니다. 또한 매해 5월에는 유명인사들을 초청해 메트로폴리탄의 운영기금을 마련하는 코스튬 행사인 멧 갈라Met Gala를 개최해 현대의 문화를 되짚어보고, 끊임없이 새로운 시도를 하기도 합니다. 이러한 노력 덕분에 현재 메트로폴리탄이 있는 뉴욕은 현대 문화의 중심지로 성장할 수 있었습니다.

국립중앙박물관

우리나라의 역사와 수난이 모두 담긴 박물관은?

우리나라를 대표하는 국립중앙박물관은 전 세계 방문객 수 5위(2022년 기준 341만 1,381명)에 해당하는 어마어마한 규모를 자랑합니다. 하지만 시작은 지금처럼 위용이 넘치지 못했습니다.

그 기원은 1909년 대한제국 황실에서 창경궁 내에 개관한 우리나라 최초의 박물관인 이왕가박물관으로, 주로 황실 소장품을 전시했습니다. 일제강점기에는 조선총독부가 경복궁으로 박물관을 옮기며 문화재 수가 소폭 늘었는데, 일제가 약탈을 위한 조사 과정에서 습득한 문화재들이 추가되었다고 합니다. 1945년 해방된 후 국립박물관으로 이름이 바뀌었습니다. 1950년 6·25 전쟁이 발발하자 일부 유물은 부산으로 옮겨졌고, 북한군이 박물관을 점령한 직후에 인천상륙작전으로 다행히 전세가 역전되어 대다수의 문화재를 지킬 수 있었습니다. 1972년 국립중앙박물관으로 명칭을 변경하고 몇몇 곳을 전전하다가 주한미군으로부터 돌려받은 용산 미군 부지에 건물을 지어 2005년 개관했습니다. 수장고부터 전시실, 도서관, 극장, 공원까지 잘 갖추고 있어 서울의 센트럴파크라고 불리기도 합니다.

박물관 1층에는 한국의 역사 순서에 따라 배열된 선사·고대관과 중·근세관이, 2층에는 서화관과 기증관이, 3층에는 조각공예관과 세계문화관이 있어 우리나라뿐만 아니라 외국의 유물도 관람할 수 있습니다.

국립중앙박물관 1층에 들어서면 로비 끝에 위풍당당하게 자리한 경천사지 10층

▲ 국립중앙박물관 앞에 있는 청기와를 얹은 정자와 거울못

경천사지 10층 석탑 ▶

석탑이 있습니다. 1348년 고려 수도 개경 인근 경천사에 세워졌던 탑이 왜 이곳에 있을까요? 이 탑은 1907년 일본 대신 다나카 미쓰아키가 강제로 해체해 거적에 싸서 일본으로 반출했다가 1918년에 반환한 것입니다. 커다란 탑을 해체하고 배로 일본까지 다녀오는 과정에서 엄청나게 손상된 탑을 1960년대에 일부 복원해 경복궁 앞뜰에 세워두었는데, 탑의 재료인 대리석이 산성비를 맞아 부식되고 말았습니다. 이 문제를 해결하기 위해 국립중앙박물관 설계 시 이 석탑을 실내에 세우기로 결정하고 현재의 디자인으로 박물관을 건축했습니다. 그리고 국립중앙박물관 입구에서 경천사지 10층 석탑까지 이어진 중앙 통로에 '역사의 길'이라는 이름을 붙였습니다.

이처럼 경천사지 10층 석탑은 단순한 문화재를 넘어 한국의 역사와 문화, 그리고 시대적 아픔을 담고 있는 상징적인 유산입니다. 직접 국립중앙박물관을 방문해 역사의 길을 걸으며 그간 석탑이 겪은 파란만장한 역사를 떠올리며 우리의 문화유산을 어떻게 보존하고 계승할지 고민하는 시간을 가져보면 어떨까요?

비엔날레

가장 트렌디한 작품을 볼 수 있는 곳은?

미술계에도 영화 시상식과 비슷한 축제가 있습니다. 칸 영화제나 베니스 영화제, 아카데미 시상식 등이 1년에 한 번씩 개최되는 것과 달리 미술계에서는 2년에 한 번씩 전 세계 미술 작가들이 모이는 국제 미술전을 여는데 바로 '비엔날레Biennale'입니다.

이탈리아어로 '2년마다'라는 뜻인 비엔날레는 축제와 시상식의 성격을 다 가지고 있습니다. 얼핏 미술관에서 열리는 일반적인 미술 전시와 비슷해 보이지만 구별되는 몇 가지 특징이 있습니다. 첫째, 전 세계 작가들이 자신의 작품을 들고 참가합니다. 미술관은 큐레이터가 작품을 수집한 뒤 주제에 따라 전시할 작품을 선정하고 전시관을 꾸미는 등 미술관이 주체가 되어 운영됩니다. 반면 비엔날레는 작가들이 직접 작품을 가지고 참가하여 전시, 연설, 파티 등을 운영하기에 소통의 장에 가까운 축제 분위기를 띱니다. 둘째, 가장 트렌디한 현대 미술을 감상할 수 있습니다. 비엔날레에서는 우리와 동시대를 살아가는 작가들이 신작을 선보입니다. 전 세계의 많은 작가들이 몰리는 비엔날레에는 항상 주목받는 신진 작가가 등장하고 새로운 트렌드가 만들어집니다. 비엔날레 시슨이 되면 뉴스에서는 어떤 작가가 주목받을지 추측하는 기사를 내보내기도 하지요.

그렇다면 세계에서 가장 유명한 비엔날레는 무엇일까요? 바로 베니스 비엔날레입니다. 1895년에 세계 최초로 시작된 베니스 비엔날레는 미술 분야뿐만 아니라 건축까지 아우르는 권위 있는 행사로 비엔날레의 어머니라고도 불립니다. 최고의 작

▲ 베니스 비엔날레의 황금사자상

▲ 2023 광주 비엔날레 전시관 전경

가에게 수여하는 '황금사자상'은 세계 유수의 영화제인 베니스 국제영화제의 최고상과 이름이 똑같습니다. 베니스 국제영화제가 베니스 비엔날레의 영화 부문이었다가 1932년 독립한 행사이기 때문이지요. 이 사실만으로도 베니스 비엔날레의 규모가 얼마나 컸는지 짐작할 수 있습니다. 비록 독립하여 별도의 행사로 운영하지만 권위와 명성을 유지하기 위해 동일한 명칭의 트로피를 수여함으로써 비엔날레의 명맥을 이어간다고 합니다.

한국인으로는 최초로 비디오 아티스트 백남준이 1993년 황금사자상을 받았습니다. 백남준이 수상한 후 베니스 비엔날레에 한국관이 건립되어 한국의 현대 미술이 세계에 본격적으로 소개되는 창구가 되기도 했습니다.

우리나라에서도 다채로운 비엔날레가 열립니다. 광주 비엔날레는 현대 미술을 주로 선보이며 동아시아의 문화를 전 세계에 알리는 역할을 하고 있고, 청주 공예 비엔날레는 현존하는 가장 오래된 금속활자본 직지〔『백운화상초록불조직지심체요절』(1377)〕의 도시라는 타이틀 아래 현대화된 공예 디자인 산업을 주로 선보입니다. 이 외에도 공주 금강 자연미술 비엔날레, 대구 사진 비엔날레, 미디어시티 서울 등 분야별로 다양한 행사가 개최되고 있으니 자신의 취향에 맞는 비엔날레를 찾아 여행을 계획해보세요.

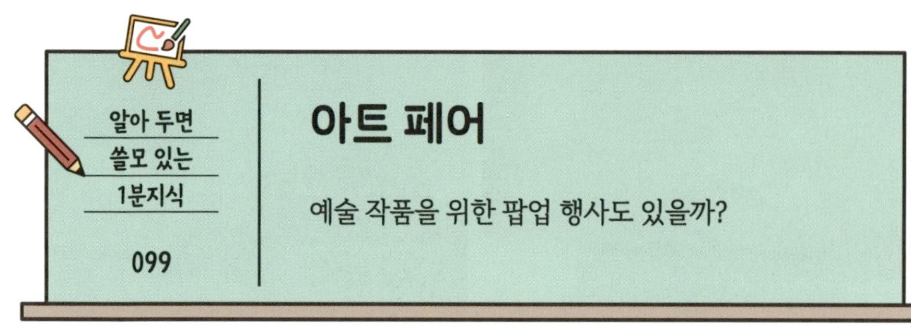

미술 작품을 구매하는 방법은 크게 두 가지로 나눌 수 있습니다. 하나는 경매장에서 구매하는 방법입니다. 경매장에서 거래되는 미술 작품은 주로 유명하거나 투자 가치가 있는 것으로 전체의 3~4퍼센트 정도를 차지합니다. 경쟁이 치열한 만큼 가격도 천문학적이지요.

또 하나는 갤러리에서 구매하는 방법입니다. 대부분의 미술 작품이 이 방법으로 거래되지요. 관람자가 전시된 작품 중 마음에 드는 것을 골라 갤러리 측에 구매 의사를 밝히고 제시된 금액을 지불하면 거래가 성사됩니다. 전시작 옆에 붙은 빨간색 스티커는 작품이 판매되었음을 의미하지요. 하지만 갤러리에서 작품을 구매하는 데는 한계가 있습니다. 많은 전시회를 모두 다 직접 방문하기도 어렵고 비매품을 전시하는 경우도 많기 때문이지요.

이 같은 문제를 해결하기 위해 갤러리들이 힘을 합쳤습니다. 전 세계 갤러리들이 작품 판매를 목적으로 하는 행사를 개최하기로 한 것이지요. 이것을 '아트 페어Art Fair'라고 합니다. 전 세계 미술 작품이 모인다는 측면은 비엔날레와 유사합니다. 그렇다면 무엇이 다를까요? 비엔날레가 작가 중심의 새로운 미술 트렌드를 보여주는 비영리적 목적의 전시 혹은 시상식이라면 아트 페어는 갤러리가 중심이 되어 작품을 판매하는 상업적 성격을 띤다는 점이 다릅니다. 또한 아트 페어는 흥행을 위해 몇몇 유명 작가의 작품을 구매할 수 있는 경매 쇼를 진행하거나 유명 연예인을 초청하

세계 3대 아트 페어로 불리는 아트 바젤, 아모리쇼, 프리즈의 로고

는 등 열정적으로 마케팅을 펼칩니다.

현재 세계에서 가장 잘 알려진 '아트 바젤Art Basel'은 1970년 스위스에서 시작되었습니다. 아트 바젤의 특징은 회화, 조각, 드로잉, 사진, 퍼포먼스 등 다양한 분야에서 가장 최고가의 작품들을 위주로 소개하는데, 미국의 마이애미나 홍콩에서도 개최되며 전 세계 미술 시장의 흐름을 이끌고 있다는 점에서 매해 가장 많은 주목을 받습니다. 그러나 작품 판매에 집중하기 때문에 많은 비판도 받고 있습니다. 지나치게 상업성을 강조하다 보니 예술에 대한 진지한 고민보다는 작품 판매가를 더 중요하게 여기게 되고, 대중이 이해하기 어려운 난해한 작품이 천문학적 금액에 판매되는 경우도 있기 때문이지요. 반면 대부분의 작가들이 생활고를 겪으며 여러 개의 직업을 가진 상황에서 아트 페어는 작가들의 중요한 생계 유지 수단이라는 의견도 있습니다. 대중에게 작품을 알리는 창구가 극히 한정적인 현실에서 이들에게 아트 페어는 가뭄의 단비 같은 기회이기 때문입니다.

미술품 경매

미술 작품은 어떻게 구매할 수 있을까?

최근 미술 작품에 관심을 가지고 구매하는 20, 30대 사람들이 늘고 있습니다. 젊은 세대들이 아트테크Art-tech에 뛰어든 것입니다. 특히 디지털에 익숙한 젊은 남성들이 온라인 플랫폼을 통해 미술품 공동구매에 적극 나서고 있어 2022년 미술품 공동구매 시장이 500억 원 규모로 증가했습니다. TV 프로그램에 젊은 연예인의 집이 등장할 때에도 벽에 유명한 미술 작품이 걸려 있는 모습을 종종 볼 수 있지요.

그렇다면 미술 작품은 어떻게 구매할까요? 가장 간단한 방법은 갤러리나 아트 페어에 가서 바로 구입하는 것입니다. 이것을 '미술품의 1차 시장'이라고 하지요. 갤러리에서 책정한 정가로 작품을 구매하는 방식인데, 원작뿐만 아니라 라이선스를 취득해 만든 인쇄 포스터, 카피 작품도 구매할 수 있습니다.

'미술품의 2차 시장'은 경매로 구매하는 방식입니다. 작품을 소장한 사람이 경매 회사에 판매를 위탁하면 소비자들이 경매에 응찰*해 구입하는 방식이지요. 경매에는 온라인과 오프라인 방식이 있는데, 온라인 경매는 경매 사이트에서 원하는 작품의 응찰 버튼을 누르기만 하면 됩니다. 오프라인 경매는 이보다 조금 더 복잡합니다. 참여하려면 몇 가지 단계를 거쳐야 하는데 먼저 경매 사이트에 소정의 가입비를 내고 회원으로 가입해야 합니다. 그 후 경매에 출품될 작품을 자세히 볼 수 있는 경매

---

* 　응찰: 입찰에 참가함.

▲ 패들을 든 응찰자와 경매를 진행하는 경매사

전 '프리뷰 전시'를 관람하면서 작품 선택에 도움이 될 만한 정보를 모읍니다. 경매 당일에는 경매장에 직접 가서 치열한 눈치싸움을 하며 패들(경매 번호판)을 들고 가격을 불러 입찰* 경쟁에 참여합니다. 이것을 현장 응찰이라고 하는데 시간이 없어서 현장 응찰을 할 수 없다면 전화 또는 서면 응찰도 가능합니다. 전화 응찰은 경매를 진행하는 동안 실시간으로 직원과 전화로 상황을 공유하며 호가**하는 것이고, 서면응찰은 사전에 원하는 작품과 응찰 최고가를 정해 접수하는 방식입니다. 때로는 대리인이 응찰에 참여하는 경우도 있습니다. 최종적으로 가장 높은 가격을 제시한 사람이 작품을 낙찰받으면 결제 후 경매 회사로부터 작품과 보증서를 배송받게 됩니다.

미술 작품을 경매 회사에 위탁하면 위탁 수수료는 낙찰가의 약 10퍼센트, 낙찰 수수료는 낙찰가의 13~19.8퍼센트 정도 부과되므로 이 비용을 고려해야 합니다. 우리나라에 잘 알려진 미술품 경매 회사로는 서울옥션, 케이옥션 등이 있으며 세계적으로 유명한 회사로는 영국의 소더비와 크리스티가 있습니다.

---

*　입찰: 경매에서 물건을 사려는 사람들에게 낙찰 희망가격을 적어 내도록 하는 일.
**　호가: 팔거나 사려는 물건의 값을 부름.

실패한 복원인가? 새로운 예술인가?
_원숭이가 된 예수

문화재와 미술품을 복원하는 과정은 다음과 같습니다. 첫째, 작품의 손상 원인을 찾아내고 복원 부위의 재질과 특성을 파악합니다. 둘째, 보존과 복원 중 어떤 방법으로 처리할지 결정한 다음 손상 부위의 오염을 제거합니다. 셋째, 복원하기로 결정한 경우 적합한 안료나 재료를 이용해 작업을 진행합니다. 그 후 추가로 훼손되지 않도록 강화 처리를 합니다. 미술품을 복원하는 데 짧게는 몇 개월, 길게는 몇십 년씩 걸리는 이유는 여러 가지 과학 지식을 동원해 작품의 원래 상태를 파악하고 최대한 세심하게 작업하기 위해 많은 전문가들이 협력하기 때문입니다. 이렇듯 문화재와 미술품의 복원 과정은 매우 복잡하고 어렵습니다.

미술품 복원과 관련해 세계적으로 유명한 사건이 있습니다. 2012년 스페인 보르하 마을에서 성당의 벽화가 습기로 인해 칠이 벗겨지고 흰 벽이 드러나자 신실한 교인이자 마을 주민인 80대 여성 세실리아 히메네스가 직접 물감을 구해 덧칠한 사건입니다. 그러나 복원한 작품은 원작의 섬세한 명암이나 세심한 붓 터치는 사라지고 몇 번의 붓질로 문질러 놓은 듯했습니다. 심지어 직접 작품을 본 사람들은 어린아이가 그린 낙서처럼 보인다고 말하며 수많은 논란을 불러일으켰지요. 복원 전문가도 아닌 데다가 프레스코화에 필요한 기법을 몰랐던 히메네스가 평소대로 그림을 그리

▲ 복원 이후 '이 사람을 보라'라는 뜻의 〈에케 호모Ecce Homo〉라는 작품명을 비꼰 〈에케 모노Ecce Mono〉(이 원숭이를 보라)라는 별명이 생겼다.

다가 최악의 결과를 낳고 만 것입니다. 원작자인 엘리아스 가르시아 마르티네스의 유족들이 원본에 대한 기록조차 찾아보지 않고 복원을 진행해 씻을 수 없는 상처를 입혔다며 세실리아 히메네스에게 소송을 걸겠다고 나설 정도였습니다.

하지만 속칭 '원숭이 예수'라 불린 이 벽화가 소셜 네트워크 서비스SNS를 통해 유명해지면서 보르하 마을을 찾는 관광객이 열 배로 늘어났습니다. 사람이 너무 많아 특별 항공편까지 취항하게 되었고, 원숭이 예수를 보기 위해 관광객이 성당에 지불한 입장료만 우리 돈으로 1억 원에 육박했습니다. 보르하시 당국은 수익금을 벽화 복원에 사용하기로 결정했으나 주민들이 복원 후 관광객이 줄어들 수 있다며 원숭이 예수 복원 반대 청원을 했습니다. 게다가 복원 전문가들이 안료가 원본을 완전히 덮어버려 원래 상태로 복원하기가 거의 불가능하다는 의견을 내자 보르하시는 사실상 복원을 포기했습니다.

예술품 복원의 관점에서 보자면 손상 원인 파악의 부재와 잘못된 안료의 선택까지 너무나도 많은 문제점을 가진 실패 사례입니다. 하지만 사회 경제적 측면에서 보면 새로운 부가가치를 창출했다는 평가를 받았지요. 올바른 보존 처리 방법이 무엇인지 화두를 던지는 사건입니다.

감상과 비평의 차이는 무엇일까?
_미술을 맛보는 방법

　미술이나 문학 작품을 보고 감상문을 써본 적이 있을 것입니다. 그럴 때는 대개 비평이라고 하지 않지요. 그렇다면 감상과 비평은 어떻게 다른 걸까요?

　감상은 작품을 경험하고 느낀 개인적인 생각과 감정을 표현한 것입니다. 감상은 개인의 주관적인 반응으로, 작품을 감상하고 난 느낌을 그림으로 그려보거나 음악으로 표현할 수도 있습니다. 반드시 글이나 말처럼 '언어'일 필요는 없습니다. 그렇다면 미술 작품을 보다 효과적으로 감상하는 방법은 무엇일까요? 먼저 작품을 보고 난 첫 느낌, 첫인상이 중요합니다. 자유로운 감상을 위해 꼭 작가의 의도를 파악하기보다는 자기만의 방법으로 관찰하고 감상해봅시다. 자신이 했던 경험과 작품을 비교해보거나 작품에 말을 걸어보아도 좋습니다. 감상에 적합한 질문으로는 '작품을 보고 떠오르는 것은 무엇인가?', '작품을 보고 느낀 점은 무엇인가?' 등이 있습니다.

　한편 비평은 감상에서 시작해 일정한 기준에 따라 작품의 의미를 분석하고 가치를 평가하는 것으로, 반드시 '언어'로 표현되어야 합니다. 꼭 비평문이 아니더라도 시, 편지 형식으로도 쓸 수도 있습니다. 비평을 하기 위해서는 미술사조, 작가의 생애, 작품이 제작된 역사적 맥락 등에 대한 배경지식이 중요합니다. 그렇다고 해서 전문가만 비평을 할 수 있는 것은 아닙니다. 비평은 개인의 견해와 해석을 표현하는 것

▲ 바실리 칸딘스키, 〈구성 VI〉, 1913

감상문 예시	비평문 예시
〈구성 VI〉을 보고 저는 동생이 그린 것 같다는 느낌을 받았습니다. 동생이 벽에 물감으로 낙서해놓은 것과 닮았기 때문입니다. 그리고 칸딘스키의 강렬한 색채와 형태에 매료되었습니다. 색채가 자유롭게 번지는 이 작품을 보면 마치 다른 차원에 빠져든 것 같은 기분이 듭니다. 그의 작품은 복잡한 감정과 생각을 단순한 형태와 색상으로 표현하는 능력을 보여줍니다.	〈구성 VI〉은 칸딘스키의 대표작으로 추상적 표현 방식이 돋보입니다. 이 작품은 전통적인 미술의 틀을 깨고 단순한 형태와 색상을 통해 감정과 생각을 표현하는 칸딘스키의 독창적인 시도를 보여줍니다. 그러나 이 작품의 추상성은 때때로 해석하기 어렵다는 단점이 있습니다. 전반적으로 〈구성 VI〉은 빨강, 파랑 등 원색, 직선과 곡선의 조형 요소가 조화롭고 작가의 개성이 돋보이므로 추천할 만한 작품입니다.

이므로 각자의 지식과 판단으로 자신만의 비평을 할 수 있습니다. 비평에 적합한 질문으로는 '작품 속 조형 요소가 조화로운가?', '작가가 살았던 사회적 배경은 무엇인가?', '작품이 갖는 미술사적 가치는 무엇인가?' 등이 있습니다.

위에 제시한 칸딘스키의 작품을 보고 쓴 감상문과 비평문을 통해 둘의 차이를 좀 더 자세히 알 수 있습니다. 감상은 개인적인 느낌과 반응을 중심으로 하고, 비평은 더 깊이 있는 분석과 평가를 포함합니다. 이 두 가지는 서로 보완적인 관계에 있으므로 감상은 비평의 기반이 되고 비평은 감상을 더 깊이 있고 풍부하게 만듭니다.

한번쯤 꼭 가봐야 하는 미술관은 어디일까?
_세계의 미술관

· 클래식한 예술 작품을 감상하고 싶다면?

내셔널 갤러리

영국 런던 중심의 트라팔가 광장에 위치한 미술관으로 1824년 설립되었습니다. 영국박물관이 주로 역사적 유물을 소장한 데 반해 순수 회화와 예술 작품 콜렉션을 보여주는 미술관입니다. 르네상스 시기부터 1900년대까지 2,300여 점의 유럽 회화를 감상할 수 있습니다. 단, 영국 작가들의 회화 작품은 내셔널 갤러리에 없으며 인근에 있는 테이트 갤러리에서 감상할 수 있습니다.

▲ 내셔널 갤러리 전경

오르세 미술관

1986년에 개관한 오르세 미술관은 프랑스 파리의 버려진 기차역 구조를 변경해 재탄생한 공간입니다. 방대한 공간인 기차 역사의 개방감을 유지하면서 벽과 바닥을 균등한 색으로 구성해 통일성을 유지한 실내 인테리어가 돋보입니다. 19세기 후반의 인상주의, 신인상주의 작품이 주요 컬렉션으로 밀레의 〈이삭 줍기〉, 〈만종〉, 로댕의 〈지옥의 문〉, 드가의 〈프리마 발레리나〉 등 이름만 들어도 알 수 있는 프랑스 화가들의 작품을 감상할 수 있습니다.

▲ 오르세 미술관의 내부와 전경

예르미타시 미술관

러시아 상트페테부르크에 위치한 박물관입니다. 엘리사베타 여제를 위해 지어진 겨울궁전의 일부를 미술관으로 사용하고 있는데 길고 화려한 구조가 특징으로, 러시아만의 독창적이고 화려한 미술 작품을 감상할 수 있습니다.

▲ 예르미타시 미술관 전경

• 현대 미술을 이해하고 싶다면?

뉴욕 현대 미술관

▲ 뉴욕 현대 미술관의 전경(록펠러 조각 공원)

미국 뉴욕 맨해튼 한복판에 위치해 있습니다. 근현대 미술 작가들의 작품 15만여 점을 수집해 전 세계에서 근현대 미술 작품을 가장 많이 소장한 미술관이지요. 잭슨 폴록과 앤디 워홀 등의 미국 작가부터 피카소, 몬드리안 등 유럽 작가들의 작품까지 볼 수 있으며 30만 권 이상의 간행물을 갖추어 방대한 아카이브를 자랑합니다. 가장 유명한 작품으로는 고흐의 〈별이 빛나는 밤〉이 있습니다.

테이트 모던

▲ 템스강에서 바라본 테이트 모던의 전경

영국 런던의 발전소를 개조하여 만든 미술관으로 테이트 갤러리에서 독립하여 20세기 이후의 작품과 동시대 작가들의 작품을 주로 전시합니다. 풍경(사건·환경), 정물(오브제), 누드(행위), 역사(기억·사회)의 네 가지 테마로 전시를 운영해 현대 미술의 흐름을 보여주며, 실험적인 동시대 작가들의 기획전도 항상 인기가 많습니다. 밤이 되면 테이트 모던의 굴뚝에서 나오는 빛이 템스강에 비쳐 장관을 이룹니다.

• 아시아의 문화를 한눈에 보고 싶다면?

대만 국립 고궁 박물관

대만의 수도 타이베이에 위치해 있으며 70만 점이 넘는 압도적 수의 소장품으로 인해 세계 5대 박물관으로 손꼽힙니다. 중국 본토의 자금성에 있던 화려한 공예품, 회화 등의 예술품과 고서적 등을 모두 대만으로 옮겨 문화대혁명 때 문화재가 소실될 뻔한 위기를 넘기는 데 큰 역할을 했습니다. 2016년에는 대만 남부에 분원을 개설하고 아시아 문화를 총망라한 유물을 테마에 따라 전시하고 있습니다.

▲ 대만 국립 고궁 박물관과 남부 분원인 아시아 예술 문화 박물관

싱가포르 아트 뮤지엄

싱가포르와 동남아시아 지역의 미술 작품을 소장한 곳으로 현재는 중국, 한국, 일본, 인도까지 수집 영역을 넓히고 있습니다. 로마 가톨릭 양식의 박물관 건물은 싱가포르 최초의 가톨릭 학교를 개축한 것입니다. 바로 옆 싱가포르 국립 미술관에서는 동

▲ 싱가포르 아트 뮤지엄과 싱가포르 국립 미술관 전경

남아시아 지역의 현대 미술을 감상할 수 있습니다.

• 우리나라의 미술관으로 여행을 떠나고 싶다면?

아라리오 뮤지엄 인 스페이스

서울 종로구에 위치한 고故 김수근 건축가가 생전에 운영한 공간 그룹의 사옥을 아라리오 재단이 구매해 미술관으로 재탄생시켰습니다. 미술관에 들어서면 대한민국 근대 건축사의 중심에 선 김수근 건축가의 건축 철학과 함께 창덕궁 주변 한옥과 어우러진 고즈넉한 분위기를 느낄 수 있습니다. 마크 퀸, 트레이시 에민, 신디 셔먼 등 세계적인 현대 미술작가들의 컬렉션을 소장하고 있습니다.

▲ 아라리오 뮤지엄 인 스페이스 전경과 건물의 중정

아미 미술관

충남 당진에 있는 폐교 미술관으
로 재탄생시킨 충남 지역 작가 중
심의 미술관입니다. 프랑스에서
미술을 공부한 관장 부부가 기획
해 '에꼴 드 아미 $école de Ami$' 같은
신진 작가 발굴 프로그램과 기획
전을 주로 진행합니다. 계절에 따

▲ 아미 미술관 전경

라 정원과 미술관 주변의 풍경이 달라져 미술 작품과 더불어 아름다운 자연을 여유
롭게 감상할 수 있습니다. 서양화와 설치미술을 전공한 관장 부부의 예술적 감각이
조경에도 반영되어 있습니다.

뮤지엄 산

원주의 한적한 산기슭에 세워진
미술관으로 '소통을 위한 단절'이
라는 슬로건을 내걸고 휴식할 수
있는 미술관이라는 콘셉트로 설립
되었습니다. 세계적인 건축가 안
도 다다오가 직접 미술관 부지를

▲ 뮤지엄 산

방문했을 때 받은 느낌을 설계에 반영해 지어 자연의 아늑함과 고요함을 잘 느낄 수
있는 건축물들이 인상적입니다. 다양한 주제로 동시대 작가들을 소개하고 있으며,
종이를 이용한 여러 작품도 선보이고 있습니다.